Eine Welt ohne Gott?

Religion und Ethik in Staat, Schule und Gesellschaft

Genshagener Gespräche
Band III

Herausgegeben vom
Berlin-Brandenburgischen Institut
für Deutsch-Französische Zusammenarbeit
in Europa

GENSHAGENER GESPRÄCHE

Eine Welt ohne Gott?

Religion und Ethik in Staat, Schule und Gesellschaft

Herausgegeben
von
Brigitte Sauzay und Rudolf von Thadden

WALLSTEIN VERLAG GÖTTINGEN

Die Deutsche Bibliothek – CIP-Einheitsaufnahme

Eine Welt ohne Gott? :
Religion und Ethik in Staat, Schule und Gesellschaft /
hrsg. von Brigitte Sauzay und Rudolf von Thadden. –
Göttingen : Wallstein-Verl., 1999

(Genshagener Gespräche ; Bd. 3)

ISBN 3-89244-362-9

Vom Verlag gesetzt aus der Adobe Garamond
Umschlaggestaltung: Basta Werbeagentur, Tuna Çiner
Druck: Hubert & Co, Göttingen

ISBN 3-89244-362-9

INHALT

B. Das französische Modell

Vorwort

Die Religionen haben es in der heutigen Welt schwer. Aber die Welt hat es mit den Religionen auch nicht leicht. Auf der einen Seite schreitet der Prozeß der Säkularisierung rapide voran; auf der anderen Seite werden die Fundamentalismen aller Art stärker.

Vor diesem Hintergrund wird allenthalben über Religion und Ethik in Staat, Schule und Gesellschaft diskutiert. Obwohl dieses Thema alle Länder und Kulturen berührt, erörtert es doch jeder für sich. Eine europäische, geschweige denn globale Diskussion gibt es kaum.

Deswegen werden hier einige Fragen aus diesem Zusammenhang aufgegriffen und grenzüberschreitend diskutiert. Es geht darum, Modelle aus dem laizistisch orientierten Frankreich und dem konfessionell geprägten Deutschland vergleichend zu betrachten und dabei nach gemeinsamen europäischen Perspektiven zu fragen.

So treten auch innerdeutsche Unterschiede in ein neues Licht. Die vor allem in Westdeutschland abgelehnte Praxis des LER-Unterrichts in Brandenburg sieht neben dem französischen Modell der laizistischen Schule ohne Religionsunterricht anders aus als im Vergleich mit dem bayerischen einer streng konfessionell geprägten Schule mit Kruzifixen im Klassenraum. Potsdam scheint näher bei Paris zu liegen als München.

Die vorliegenden Beiträge, die hier als dritter Band in der Reihe »Genshagener Gespräche« erscheinen, gehen auf eine Tagung zurück, an der neben Bischöfen, Theologen und kirchlichen Publizisten auch Vertreter zahlreicher Kultusministerien und politischer Parteien mitwirkten. An der Diskussion beteiligten sich außer Franzosen, Ost- und Westdeutschen auch Polen und Tschechen. Auch die Welt des Islam fehlte nicht.

Der erste Teil der Beiträge und Diskussionspunkte war dem Thema »Kirche und Gesellschaft im historischen Vergleich« gewidmet. Nach einer Gegenüberstellung von französischem Laizismus und dem deutschen Phänomen der »Säkularisierung« erfolgte eine parallele Betrachtung der Positionen der evangelischen und katholischen Kirche sowie des türkischen Modells des Laizismus auf islamischem Hintergrund. Darüber hinaus wurde das Verhältnis von Politik und Religion nach dem Zusammenbruch des Kommunismus im östlichen Europa erörtert.

Im zweiten Teil der Tagung ging es um die konkrete Frage des »Ethik- und Religionsunterrichts in multikulturellen Demokratien«. Nach einer kritischen Anfrage Richard Schröders an das LER-Modell in Brandenburg verteidigte Marianne Birthler den Ansatz eines konfessionsneutralen Werteunterrichts in den brandenburgischen Schulen. Diesem wurden die weniger umstrittenen Konzeptionen des Ethik- und Religionsunterrichts in Sachsen und Sachsen-Anhalt gegenübergestellt.

Abschließend kamen noch einmal die Franzosen mit pointierten Stellungnahmen zu Wort. Gegen die konsequente Verteidigung des laizistischen Modells, wie es heute in der Staatsbürgerkunde Frankreichs nach wie vor praktiziert wird, wurde die kritische Überlegung gesetzt, daß eine solche Praxis in einer völlig säkularisierten Gesellschaft ohne religionskundliche Bildung etwas anderes sei als ein antiklerikaler Laizismus des 19. Jahrhunderts, der noch von Grundkenntnissen der Christentumsgeschichte ausgehen konnte.

In der Summe standen nicht nur französische und ost- und westdeutsche Erfahrungen einander gegenüber, sondern auch Bilanzen des 19. und 20. Jahrhunderts. Es ist deswegen kein Zufall, daß die Tagung mit dem Wunsch nach einer weiteren Europäisierung der Diskussion endete.

Die Herausgeber danken Herrn Dr. Alexandre Escudier und Herrn Steffen Kaudelka für die sorgfältige Redaktion der Beiträge und Diskussionen sowie Isabel Kircher, Eric Kurzweil und Irit Pöschmann für die Übersetzung der französischen Beiträge.

Die Tagung, die am 1./2. Mai 1997 in Genshagen stattgefunden hat, und der vorliegende Band wurden möglich dank der finanziellen Unterstützung der Robert-Bosch-Stiftung. Dafür sei an dieser Stelle herzlich gedankt.

Brigitte Sauzay Rudolf von Thadden

I.

KIRCHE UND GESELLSCHAFT IM HISTORISCHEN VERGLEICH

Paul Viallaneix

Edgar Quinet, Apostel des Laizismus à la française

Aus zwei Gründen ist es unerläßlich, Edgar Quinet das Wort zu erteilen. Unerläßlich zum einen, weil Quinet in der bewegten Geschichte des Laizismus »à la française« im 19. Jahrhundert noch besser als sein Kollege und Freund Michelet eine republikanische Problematik herausarbeitet. Unabdingbar aber auch, da Quinet, während er dies tat, nachdrücklich auf das Modell der Säkularisierung im protestantischen Sinne verweist, das er während seiner Heidelberger »Lehrjahre« in Deutschland studiert hatte. Er stützt sich auf diese persönliche Erfahrung wie auf einen Gegenbeweis, um zu zeigen, wie sehr die katholische Kultur im post-revolutionären Frankreich in der Frage des Schulwesens eine wahrhaftige theologisch-politische Krise heraufbeschwört.

Seine bemerkenswerteste Leistung vollbringt Quinet während der Diskussion des Gesetzes von Falloux durch die gesetzgebende Versammlung von Januar bis März 1850. Die vorgestellten Gesetzestexte enthalten, obwohl sie das Ergebnis eines Kompromisses darstellen, nichtsdestotrotz neue Angriffe der Kirche auf das französische allgemeine Recht auf Bildung. Der Gesetzesentwurf des Grafen von Falloux wird fatalerweise eingebracht, nachdem ein Jahr zuvor die militärische Expedition gegen die junge Römische Republik unternommen worden war, um die weltliche Macht des Papstes zurückzugewinnen. Im republikanischen Lager kocht der Zorn über. Es bestätigt sich, daß die Furcht vor den »gefährlichen Klassen«, vertieft durch die Erinnerung an die Tage im Juni 1848, den Zusammenhalt aller Konservativen, seien sie nun pro-kirchlich oder liberal eingestellt, sowohl in der Nationalversammlung als auch im ganzen Land festigt. Und es wird offensichtlich, daß die II. Republik und Louis Napoléon Bonaparte im Gegensatz zur Julimonarchie und zu Guizot nicht mehr bereit sind, ein aus dem Erbe der Revolution hervorgegangenes Schulsystem vor den Boshaftigkeiten der »Pastorenpartei« zu beschützen.

Einer für seine Zeit besonders eloquenten und lauten Art und Weise der Meinungsäußerung bedient sich Hugo von der Rednerbühne der Nationalversammlung aus, um die »klerikale Partei« mit den richtigen Worten anzureden. »Ich verwechsle Euch nicht«, erklärt er, »Euch, die klerikale Partei, mit der Kirche, ebensowenig, wie ich einen Mistelstrauch mit einer Eiche verwechsle … Ignaz ist der Feind Jesus Christus. Ihr seid keine Gläubigen, sondern die Sektierer einer Religion, die Ihr nicht versteht.«[1] Einem Gesetz, das er zurückweist, »da es die Grundschule beschlagnahmt, den Gymnasialunterricht abwertet und (unser) Land schwächt«, setzt der Pariser Abgeordnete die einzige Politik entgegen, die den Frieden in der Schule bringen würde: »Ich will den Religionsunterricht der Kirche und nicht den Religionsunterricht einer Partei: Ich will den Religionsunterricht in der Kirche und nicht draußen. Mit einem Wort, ich will das, was unsere Väter wollten: die Kirche bleibt die Kirche und der Staat bleibt der Staat.«[2]

Edgar Quinet, selbst im Departement Ain gewählt, bringt vier Tage später einen Änderungsentwurf für das Gesetz von Falloux ein. In seiner Begründung verweist er, wie auch schon Hugo, auf »das Prinzip, das die Grundlage aller unserer Gesetze darstellt: *Säkularisierung* der Gesetzgebung und *Trennung* der staatlichen von der kirchlichen Macht, der laizistischen Gesellschaft von den Kirchen.«[3] Die Mehrheit der Abgeordneten will jedoch davon nichts hören. Deshalb führt Quinet seinen Gedanken einen Monat später in einem kleinen Buch (*L'enseignement du peuple*) aus, das bis zum Ende des Jahres in vier weiteren Auflagen erscheint.

Wer könnte 1850 die republikanische These vom Laizismus besser bekanntmachen als er? Hatte Quinet schon 1843, während der berühmten Vorlesung über die Jesuiten, mit der er auf eine Kampagne von Denunziationen und Beleidigungen gegen die Lehrerschaft reagierte, die Erfahrung der Kontroverse gemacht, so wird diese nun durch eine ganze Reihe theologisch-politischer Überlegungen ergänzt. Im *Génie des religions* (1841) wagt es Quinet, »die politische Gesellschaft aus der Religion abzuleiten.« Im Gegensatz zu Montesquieu, der davon überzeugt ist, daß »sich die Religion überall der politischen Form anpaßt«, vertritt er den Standpunkt, daß letztere »überall nach dem Modell der religiösen Institution ausgerichtet ist.« Dieses strukturelle Primat der Religion wird indes in der Geschichte nicht ohne Widersprüche und Konflikte umgesetzt. Die Religion als »Institution« widersteht nur zu natürlich jeder Erneuerung, die an ihr arbeitet. Sie bewahrt sich ihre »Gußform« so gut, daß diese die politische Form fortwährend überdeckt. Dies dauert so lange, bis die von der kirchlichen Institution nicht gewollte Erneuerung sich durch eine Art spirituelle Konversion auf die Gesellschaft ausweitet – die einzige Art, die ihrerseits fähig ist zu informieren und, wie in diesem Fall, die politische und bürgerliche Ordnung zu verändern. Gerade der Gesellschaft Jesu wirft Quinet vor, sich durch militärischen Gehorsam das Beharrungsvermögen der römischen Kirche und zugleich die Starrheit der Nationen, die die Autorität des Papstes anerkennen, zu erhalten.

Im Jahre 1844 kämpft er gegen den *Ultramontanismus* an. Der Kirche fehlt es nicht an schlechten Dienern, um verzweifelt eine allgemeine Säkularisierungsbewegung aufzuhalten, die seit dem 16. Jahrhundert durch die Reformation vorangetrieben wird, letztere ihrerseits fest entschlossen, im Sinne der »Tradition« jeden Gedanken, aber auch jeden Dienst, jede Tätigkeit und jede Autorität, die nicht im Sinne des Neuen Bundes ist, zu entsakralisieren. »Die Kirche«, stellt Quinet fest, »die anfangs alle Elemente des sozialen Lebens in sich vereint, verwaist nach und nach gegen Ende des Mittelalters. In jeder Epoche der Neuzeit löst sich eine andere Institution, ein anderer Bestandteil des Lebens heraus. Zuerst vollzieht sich die Abtrennung des Staates, der laizistisch wird, dann folgt die Kunst, die griechisch oder römisch wird, schließlich die individuelle Freiheit. Am Ende finden sich all diese Schismen im größten wieder, der Trennung der Wissenschaft und der Kirche.«[4]

Die Abspaltung des Staates ist vor allem für Quinet als Theoretiker mit theologisch-politischer Ausrichtung interessant. Im 17. Jahrhundert leitet sie in Großbritannien, im 18. Jahrhundert in den britischen Kolonien in Nordamerika nicht ohne Leid, aber dauerhaft den Beginn der Demokratie ein. In diesen Gesellschaften kalvinistischer Kultur gibt das scheinbare Hindernis einer Staatskirche wie der anglikanischen, dem Drängen einer Emanzipation geistlichen Ursprungs nach, die nach einer »politischen Form« sucht. In Frankreich scheint das – hier durchaus reale – Hindernis einer religiösen Institution, die ihrer »Tradition« treu bleibt, durch die Revolution von 1789 beseitigt worden zu sein. Letztere offenbart einen beispiellosen politischen Radikalismus. Sie zwingt der Kirche eine »bürgerliche Verfassung« auf, verkauft die Kirchengüter und beseitigt die Herrschaft von Gottes Gnaden. Aber warum gerät das so kurze Bestehen der Ersten Republik, die tragische Schreckensherrschaft und der schwache Widerstand der Überlebenden dann ins Visier eines Tyrannen-Zauberlehrlings? Quinet löst das Problem 1845 in *Le Christianisme et la Révolution Française* durch eine Antwort, die ihm nicht nur Freunde in den Reihen der Republikaner schafft. Statt weiter anzuprangern – dieses Mal allerdings unbedacht – eine Kirche, die ihrer sichtbaren Macht beraubt ist – bezichtigt er die Akteure der Revolution des katholischen Atavismus. Durch keine Glaubenserneuerung ausgerottet, überlebt dieser unbeschädigt innerhalb ihrer Ideologie und beeinflußt mehr denn je ihr praktisches Handeln. Die »großen Väter« von 1789, »extrem in Mißtrauen und politischer Intoleranz, wie man es früher in Bezug auf die Religion war«, lassen sich in ihren Fehlern oder Verbrechen vom »Temperament ihres (anerzogenen) Glaubens« leiten. Unfähig, die Republik, die sie dekretierten, zu laizisieren, errichten sie sie, ohne es zu wissen, nach dem Vorbild einer übermäßig zentralisierten, selbstbewußten und herrschsüchtigen Kirche. Frankreich, das »eine politische und soziale Revolution erlebt hat, bevor die religiöse Revolution stattgefunden hatte«,[5] erweckt in der Schreckensherrschaft den Wahnsinn der Inquisition zu neuem Leben.

Wird Frankreich 1850 besser auf die Laizisierung der Republik vorbereitet sein? Die Verabschiedung des Gesetzes von Falloux widerspricht der scheinbaren republikanischen Konversion, die man im Namen der Freiheit und mit dem Segen der Kirche hochleben läßt. Die Hoffnung der Republikaner bleibt durch einen Klerikalismus belastet, den immer noch kein geistliches Erwachen vertrieben hat, trotz des zweifellos gestiegenen Ansehens der Kirchenmissionare. Unversehens von Angst gepackt – vor einer Schule, der es gelungen war, während der zeitweiligen Verdunkelung der Republik so recht und schlecht den pädagogischen Idealen Condorcets und der Konventionellen zu dienen, urteilen die gewählten Vertreter des Volkes wie Sektenanhänger. Es scheint ihnen dringlich geboten, Lehrer, die in den normalen Schulen von Guizot ausgebildet wurden, verstärkt zu überwachen – und gleichzeitig die Einstellung von Kongregationisten zu erleichtern. Sie erreichen, daß Bischöfe in den leitenden Gremien der Universitäten vertreten sind. Quinet, der mit seinem Protest nur noch eine Minderheit vertritt, zieht es vor, den Volksschullehrer zu verteidigen, dem, unabhängig von seiner eigenen Konfession und trotz des Prinzips der Gleichheit der Religionen, häufig der Religionsunterricht der katholischen Kirche übertragen wird. Ihn wundert insbesondere, daß diese Kirche auf einmal ihre Leidenschaft für den Grundschulunterricht entdeckt, während die Kirchen der Reformation es seit vier Jahrhunderten als ihre Pflicht betrachten, dem Volk das Lesen beizubringen, um ihm den Zugang zur Heiligen Schrift zu ermöglichen.

Schwere Diagnosen verlangen radikale Heilmittel. Mit Rücksicht auf die Freiheit der Lehre verzichtet Quinet darauf, die Schließung der konfessionellen Schulen zu fordern – freilich nicht ohne hervorzuheben, daß, würden Schulen immer von einer speziellen Kirche abhängen, »es in Frankreich nur Sekten und kaum eine Nation gäbe.«[6] Eben um diese Gefahr abzuwenden, »die den Juden ins Ghetto und den Protestanten in seine sicheren Dörfer zurückbefördere«, während »der Katholik weder von dem einen noch dem anderen ablassen würde«, um sie zu bekehren, müsse die Republik die Pforten eines laizistischen Schulwesens ohne Ansehen einer bestimmten Glaubenslehre weit öffnen. Allerdings wäre es ein Fehler, einfach auf Neutralität in der Schule zu bestehen. Sie könne die endlose Krise im Wachstum der Republik nicht auf negativem Wege beheben. Deshalb stattet Quinet die laizistische Schule mit einer ebenso dynamischen wie ehrgeizigen Pädagogik aus. An ihr ist es, das Fortbestehen der nationalen Einheit durch Erziehung zur »gegenseitigen Liebe der Bürger, ungeachtet ihres Glaubens« abzusichern.[7] Ihre Aufgabe ist es aber auch, bei den Kindern aller Konfessionen eine neugierige und aktive Toleranz zu entwickeln, die »nicht so sehr auf der Gleichgültigkeit gegenüber den Religionen beruht, sondern viel mehr auf einem tiefen Gefühl für die Identität des christlichen Geistes in der modernen Welt.«[8]

Der Laizismus in der Schule als Heilmittel wird, auf Verordnung von Doktor Quinet, durch ein weiteres Mittel – die Trennung des Staates von den Kirchen – ergänzt. Noch radikaler als das erste Mittel ist dieses vor allem realistisch. Quinet ist nicht grundsätzlich gegen eine »nationale Religion« eingestellt. Er bewundert die Tatsache, daß das durch die Reformation befriedete politische Leben in England »nur deren Entwicklung darstellt.« In Frankreich aber bleibt eine solche Verbindung unmöglich. Sechzig Jahre nach einer politischen Revolution, die beispielhaft in der Welt war, ist Frankreich, das es versäumte, mit einer religiösen Revolution zu beginnen, immer noch nicht in aller Freiheit zur laizistischen Republik konvertiert, die es doch selbst erfunden hat. Da Quinet es gleichfalls als unmöglich betrachtet, daß »die nationale Religion sich reformiert, oder daß sie die politische Verfassung zu ihren Ursprüngen zurückführt«,[9] schließt er ohne Enthusiasmus, aber mit Nachdruck, auf die Notwendigkeit, diese Religion und diese Verfassung so zu trennen, »daß sie nichts gemein haben« und »zwischen ihnen eine Linie zu ziehen, die noch im Erdinneren zu spüren ist.«[10]

Weise Voraussagung oder Utopie? Quinets zweites Heilmittel wird 1905 in einer neuen Republik, selbstsicherer als die Zweite, formal angewendet werden. Das im Dezember verabschiedete Gesetz zur Trennung von Kirche und Staat wird das Konkordat von 1802 außer Kraft setzen, und der Papst wird sich beeilen, es in der Enzyklika »Vehementer nos« vom Februar 1906 zu verdammen. Die Unabhängigkeit der laizistischen Schule wird dauerhaft gesichert sein. Was aber ist gegen Ende dieses Jahrhunderts aus der gegenseitigen Annäherung, dem Dialog der Konfessionen, den Quinet sich von dem laizistischen Schulwesen erhoffte, geworden? Es passiert schon einmal, wie im Jahre 1997, daß die öffentliche Schule sich zu fragen beginnt, ob sie eine vergessene Mission ernst nehmen könnte. Aber in einem langen kalten Krieg der »klerikalen Partei« und der laizistischen Partei ist sämtliche Neugierde, wenn nicht gar geistliche Sorge, erstickt. Kein politischer Wille, um mit Edgar Quinet zu sprechen und zu denken, wird genügen, um sie wieder in den – von allen Seiten eingeengten – Bereich der Humanwissenschaften aufzunehmen, es sei denn durch eine religiöse Revolution, die 1997 in Frankreich noch genauso problematisch ist wie 1850.

1 Victor Hugo, *Discours politiques*, in: *Œuvres complètes*, Paris: Club française du Livre 1970, Bd. VII, S. 258.
2 Ebd., S. 257.
3 Edgar Quinet, *La République*, in: *Œuvres complètes*, Paris: Pagnerre 1857f, Bd. XXVI, S. 335.
4 Ders., *L'Ultramontanisme*, 4. Lektion, in: Ebd., S. 183.
5 Ebd., S. 221.
6 Ders., *La République*, in: ebd., S. 120-121.
7 Ebd., S. 125.
8 Ebd., S. 28.
9 Ebd., S. 35.
10 Ebd., S. 69.

Jean Baubérot

Der Laizismus in Frankreich vom Standpunkt der historischen Soziologie

Der Laizismus, wie er in der französischen Verfassung festgeschrieben ist,[1] definiert den Umgang des französischen Staates und der zivilen Gesellschaft mit den Religionen. Das heißt: keine offizielle Religionsausübung (Terminus technicus: »Die Republik erkennt keine Religion an«), keine finanzielle Beteiligung des Staates an der Religionsausübung, Anerkennung der Gewissensfreiheit (also der unterschiedlichen religiösen und nichtreligiösen Überzeugungen), Garantie der »freien Religionsausübung« unter dem alleinigen Vorbehalt der Wahrung der »öffentlichen Ordnung« einer demokratischen Gesellschaft.[2] Soweit die Grundsätze. Ihre Festlegung verlief nicht ohne Probleme, und ihre Anwendung ist nicht immer einfach. Deshalb ist beim Studium des Laizismus nicht nur eine juristische, sondern auch eine historische und soziologische Herangehensweise angezeigt.

Ich selbst nähere mich diesem Thema mit den Mitteln der historischen Soziologie. Ich untersuche den sozialhistorischen Aufbau des französischen Laizismus im 19. und 20. Jahrhundert (wobei ich im Rahmen des Möglichen Vergleiche mit anderen Ländern zu ziehen versuche). Und auch wenn mich besonders aktuelle Phänomene in Verbindung mit dem Laizismus interessieren, beziehe ich stets so weit wie möglich die diachronische Dimension der sozialen Wirklichkeit in meine Betrachtungen ein.

Zwei Grundzüge kennzeichnen diese Vorgehensweise. Zunächst handelt es sich natürlich um eine Annäherung ohne Einbeziehung der Theologie. Die Theologie stellt in diesem Fall nicht den nötigen gedanklichen Rahmen zur Verfügung, welche sonstigen Überzeugungen der Forscher auch immer haben mag. Man nennt dies »methodologischen Agnostizismus«.

Doch dieser Verzicht auf eine glaubensfundierte Herangehensweise bedeutet nicht, daß die Theologie (oder die Religion überhaupt) außer Betracht bliebe. Im Gegenteil, sie ist als Studienobjekt gegenwärtig. Mein Kollege A. Piette kritisiert den Hang der Religionssoziologen, genuin religiöse Sachverhalte zu vermeiden, um sich recht häufig auf Sachverhalte unterhalb der religiösen Ebene bzw. das Zusammenspiel empirisch faßbarer Akteure zu beschränken. Seiner Meinung nach ist die religiöse Handlung nicht einfacher oder schwieriger erkundbar als jede andere soziale Handlung. Das schließt den religiösen Inhalt ein, der regelmäßig in rituellen Feiern (re)produziert wird. Es gilt, mit soziologischen Mitteln den Status der dargestellten Gottheit herauszuarbeiten, ohne der Versuchung nachzugeben, an den Beginn seiner Arbeit hauptsächlich soziopolitische Beobachtungen unterhalb der religiösen Ebene zu setzen.[3]

Wohl zu Unrecht habe ich die Praxis der Frömmigkeit im 19. Jahrhundert nicht speziell untersucht, aber ich habe durch die Werke der Historiker sehr viel gelernt. Diese berichten darüber, ohne allerdings die Frömmigkeitspraxis immer in einen größeren Zusammenhang zu stellen. Andererseits erwachte mein Interesse an den verschiedenen Gottesvorstellungen. Der Bruch mit dem System der »anerkannten religiösen Kultausübung« des 19. Jahrhunderts und die Aufhebung des Konkordats mit der Katholischen Kirche, die mit dem Laizismus einhergingen, hat die Anhänger und Gegner Gottes nicht eindeutig gegenübergestellt. Der militante katholische Slogan einer (laizistischen) »gottlosen Schule« widerlegt diese Einsicht nicht. Dieser Bruch hat vielmehr Personen miteinander konfrontiert, die unterschiedliche Gottesvorstellungen hegten. Übrigens haben mich meine Forschungen selbst überrascht: Ich hatte erwartet, daß die Befürworter der Laizisierung eine (schematisch gesehen) deistische Gottesvorstellung (d.h. die Vorstellung von Gott als Schöpfer ohne Inkarnation) im Sinne einer »zivilen Religion« vertraten, wie sie Rousseau am Ende des *Gesellschaftsvertrages* befürwortet:[4] Ein Gott als höchster Richter, der die »Gerechten« belohnt und die »Bösen« im Jenseits bestraft, ermöglicht die Versöhnung zwischen Gerechtigkeit und Moral (die sich erfahrungsgemäß so oft antagonistisch gegenüberstehen). Ich bin in den offiziellen Lehrplänen der frühen laizistischen Schule oft auf diese Gottesvorstellung gestoßen.[5] Die Analyse von Schulheften hat mich jedoch davon überzeugt, daß diese Art Gottesvorstellung von den laizistischen Lehrern praktisch nicht vermittelt wurde. Wenn sie im Unterrichtszusammenhang auf Gott Bezug nehmen, ist dieser eher tröstender Gott als höchster Richter; es handelt sich eher um eine Gottheit mit mütterlichen Zügen als um die phallische Vaterfigur.[6]

Der zweite Grundzug meiner Annäherung ist folgender: Die historische Soziologie, die sich von der Theologie abgrenzt, steht der allgemeinen Soziologie natürlich sehr nahe. Sie unterscheidet sich von ihr durch die strukturelle Bedeutung, die sie der Diachronie beimißt (ich komme auf diesen Punkt noch zurück) und dadurch, daß sie hauptsächlich mit schriftlichen Quellen arbeitet, während die reine Soziologie anderes Quellenmaterial bevorzugt: Meinungsumfragen, Fragebögen, Interviews, mehr oder weniger direkte Beobachtungen. Auch ich greife natürlich gelegentlich auf solches durchaus nützliches Material zurück, aber ich möchte auf die spezifische Bedeutung der schriftlichen Quelle als wissenschaftliches Material hinweisen. Bei Meinungsumfragen, Fragebögen oder Interviews greift der Forscher durch die Formulierung der Fragen oder das Gesprächsschema in die Produktion der Quelle ein; er ist zunächst Akteur und erst dann Analytiker.[7] Zudem wissen die befragten Personen, daß sie im Rahmen einer Studie befragt werden, was ihre Antworten mehr oder weniger beeinflußt, ohne daß sie sich dies immer bewußt machen. Als Beobachter nimmt der Soziologe selbst mehr oder weniger teil oder reagiert auf die soziale Wirklichkeit, die er beobachtet. In bestimmten Fällen wissen die anderen, daß er in seiner Eigenschaft als Soziologe anwesend ist. Dies kann ihr Verhalten ebenfalls teilweise bestimmen.

Die Arbeit mit schriftlichen Quellen, mit einem Korpus von Archiv- oder Pressedokumenten usw. ist ein äußerer Eingriff in ein Interaktionsfeld, das schon funktioniert hat, bevor der Forscher auf irgendeine Weise damit in Berührung gekommen ist. Die Quellen haben ihren sozialen Zweck erfüllt, egal ob sie öffentlich (Reden, Zeitungsartikel usw.) oder privat (Briefe, Konzeptpapiere usw.) oder halb öffentlich, halb privat sind (z.B. eine Akte, die für einen Minister vorbereitet wird). Indem der Wissenschaftler sie untersucht, ändert er ihren Status: aus Elementen sozialer Interaktion werden sozialhistorische Quellen, wissenschaftliches Material. Diese beiden Phasen sind klar voneinander getrennt, während sie in der reinen soziologischen Arbeitsmethode mehr oder weniger kurzgeschlossen sind.

Es wird deutlich, daß die methodologische Reflexion gerade erst anfängt. Meist beginnt man und beherrscht die Arbeitsweise, fast ohne darüber nachzudenken. Wir kennen auf wissenschaftlicher Ebene eine ganze Reihe quasi reflexartig ausgeführter Methoden. Man ordnet sich in eine Reihe zahlreicher Vorgänger ein. Das Interesse einer Studie über den französischen Laizismus besteht nun gerade darin, daß seltsamerweise und bezeichnenderweise keine wissenschaftliche Tradition für diese Art Studie existiert. Über einen langen Zeitraum war der Laizismus in der Tat mehr ein Gegenstand der Erinnerung als der Geschichte (im universitären Sinne).[8] Historische Berichte über den Laizismus waren bis in die letzten Jahrzehnte hinein weitgehend Kampfschriften, die jeweils einen der miteinander ringenden Teile Frankreichs hinter sich wußten. Es ist bekannt, daß der französische Laizismus schematisch als Resultat des sogenannten »Konflikts der beiden Frankreiche«[9] beschrieben werden kann, d.h. in Begriffen, die genauerer Klärung bedürften, des Konflikts zwischen dem »klerikalen Frankreich« und dem »antiklerikalen Frankreich«. Diese Berichte enthielten durchaus wissenschaftliche Elemente, aber sie blieben weitgehend von ideologischen Optionen und Werturteilen abhängig.[10]

Die Geschichte, d.h. soweit es mich betrifft: die Sozialgeschichte des französischen Laizismus steht am Beginn ihrer Erforschung und wird nun gerade geschrieben.[11] Die Gelegenheit ist günstig, in sehr bodenständiger, prosaischer Weise über diesen Wandel von Erinnerung zu Geschichte nachzudenken. Natürlich verpflichten meine Ansichten nur mich selbst, obwohl ich nicht der einzige bin, der an diesem Wandel mitzuwirken sucht.

Grundsätzlicher Ausgangspunkt scheint mir der Zweifel an den etabliertesten Forschungsmeinungen zu sein. Wir glauben, genau zu wissen, was geschehen ist. Der Bericht über die Vergangenheit ist so oft wiederholt worden, daß wir meinen, als Gelehrte nur vervollständigen, nur die Lücken in einer ansonsten gut bekannten Vergangenheit füllen zu müssen. In Wirklichkeit beginnt die Forschung hier wie anderswo, wenn man weiß, daß man nichts weiß. Der methodologische Agnostizismus bezieht sich nicht nur auf religiöse Konzepte. Er muß auch auf die gewöhnlichsten, »normalsten« Fakten und Denkweisen angewandt werden.

Nehmen wir zunächst ein Beispiel aus dem Bereich der Fakten. Das Aufkommen des Laizismus ist als Kampf geschildert worden, der für die einen eine notwendige Befreiung, für die anderen eine (teilweise) Verfolgung darstellte. Mit diesen entgegengesetzten Beurteilungen unterlegt man dem Bericht jedoch jeweils dieselbe Einschätzung, und genau der Antagonismus der Werturteile gibt dem Bericht seine Überzeugungskraft. Einer der spektakulärsten Augenblicke dieses Kampfes war 1880 der Zwangsausschluß der unterrichtenden Kongregationen (Jesuiten und andere männliche Orden) aus ihren Klöstern, der nach zwei Dekreten der Regierung der Republik (29./30. März 1880) auf Veranlassung Jules Ferrys erfolgte. Die barrikadierten Klosterpforten wurden ebenso wie die Türen der Mönchszellen mit Beilen von Polizisten eingeschlagen. Diese Polizisten wurden von den Äbten exkommuniziert. Es kam zu Schlägereien zwischen Anhängern und Gegnern der Ordensbrüder, die eine Reihe von Verwundeten forderten, und zu Festnahmen. Die Presse, welcher Tendenz auch immer, berichtet über diese Ereignisse. Wer könnte bestreiten, daß sie einen Konflikt markieren?

Wenngleich die Presse zu dieser Zeit die Informationsquelle par excellence ist und für den Historiker und den Sozialhistoriker eine wichtige Quelle darstellt (und sei es nur, um zu verstehen, wie die Ereignisse erlebt werden konnten), muß man dennoch auch andere Erkenntnis- und Wissensquellen nutzen. Um es kurz zu machen: Zwei wichtige Korrektive bewirken, daß man diesen »hitzigen« Moment des Laizismus in der Schule als Wissenschaftler unmöglich allein als Konflikt betrachten kann. Zunächst einmal muß man dem Nichtereignis genausoviel Aufmerksamkeit widmen wie dem Ereignis. Ferry hat die Dekrete nicht auf alle männlichen Kongregationen angewandt. Er hat abgelehnt, sich ihrer gegen irgendeinen Frauenorden zu bedienen (die Wellen der Emotion in den katholischen Reihen hätten in diesem Fall natürlich noch höher geschlagen), obwohl auch alle diese Kongregationen nicht gesetzeskonform waren. Was die früheren jesuitischen Schulen betrifft – deren Lehrer vom republikanischen Standpunkt aus als »gefährlichste« galten – so vermerken die Berichte der verschiedenen Schulbezirksinspektoren folgendes: Die neuen Direktoren seien nur pro forma eingesetzt, während die wirkliche Autorität nach wie vor bei den Jesuiten liege und sich an Lehrmethoden und Unterrichtsinhalt nichts geändert habe. Die Schlußbemerkung des zusammenfassenden Berichts lautet: »wir sind hintergangen worden«. Weitaus energischere Maßnahmen wären nötig, aber Ferry lehnt sie ab und gibt sich mit einem Teilsieg bzw. Scheinsieg[12] zufrieden, je nach Standpunkt. Die Beurteilungen weisen zweifellos große Unterschiede auf.

Wir sollten verstehen, worin die Bedeutung dieses Beispiels liegt: Es geht nicht nur darum, die »beste« Geschichte im Sinne historischer Genauigkeit zu schreiben. Dem sozialhistorischen Vorgehen, das die historischen Fakten perspektivisch sehen will, geht es vielmehr auch darum, mit einem solchen Beispiel einen Ereignisbaustein zum Bau eines Idealtypus des französischen Laizismus beizubringen, denn dieses Ereignis wurde von beiden Lagern als wichtig erlebt. Dieser Idealtypus kann uns dann wiederum helfen, das Ereignis selbst besser zu verstehen. Darin besteht die notwendige konstante Hermeneutik zwischen dem Besonderen des Themas und der relativen Allgemeingültigkeit der Methode.

Solche Beispiele gibt es viele. Betrachten wir hier noch zwei andere, kurz und daher summarisch. Unser Ziel ist es dabei, den Abstand zwischen den unterschiedlichen Beurteilungen eines Ereignisses besser einzuschätzen. Das erste Beispiel betrifft die Kruzifixe in den Klassenzimmern. Sie hingen dort auf Grund verschiedener Regelungen, aber nicht durch Gesetz. Als der Laizisierungsprozeß in Paris beginnt, wird vom Rat des Departements Seine eine neue Schulordnung beschlossen, die das Vorhandensein religiöser Symbole in den staatlichen Schulen nicht erwähnt. Im Dezember 1880 läßt der Präfekt von Paris die Kruzifixe entfernen. Darauf folgte eine Intervention im Senat; Jules Ferry stellte sich dabei vor den Präfekten. Soweit die öffentliche Seite der Angelegenheit. Doch in den Archiven erfahren wir, daß Ferry vor vollendete Tatsachen gestellt worden war und er dem Präfekten heftige Vorwürfe machte. Daraufhin folgte ein Austausch über das Für und Wider, aus dem der Wissenschaftler zwei recht unterschiedliche Vorstellungen von Laizismus herauslesen kann: Die eine gibt dem Kampf wider die »Gegner« den Vorzug, d.h. dem schnellen Handeln bis hin zum Bruch, das von einem günstigen Kräfteverhältnis profitiert. Die andere ist sehr viel progressiver und berücksichtigt die Mentalität und die Gefühle »des größten Teils« der Menschen; sie möchte sich nicht (zu) weit von ihnen entfernen. Taktisch war es unmöglich für beide Konzeptionen, sich öffentlich auseinanderzusetzen. Doch von dem Moment an, da der Forscher den inneren Konflikt ausgemacht hat, findet er ihn mindestens latent immer wieder. Dieser innere Konflikt wird dann zu einem entscheidenden Element des untersuchten Ganzen, obwohl er im Augenblick des Ereignisses unsichtbar oder unterdrückt war.

Kommen wir zu einem anderen Beispiel. Die militante katholische Tageszeitung *L'Univers* beschreibt den Beginn des ersten Schuljahres nach dem Gesetz über die Laizisierung 1882: »In der laizistischen Schule sind das Kruzifix und das Bildnis der hl. Jungfrau Maria entfernt worden, die frommen Sprüche und die Gebote der christlichen Moral hat man von der Wand genommen, der Lehrer hat seinen Unterricht begonnen, ohne den Namen Gottes auszusprechen ... und wenn ein Schüler sich aus Gewohnheit bekreuzigt, wird er sogleich ermahnt und kann wie für einen Fehler bestraft werden.«[13] Dies sind unwiderlegbare Behauptungen, die sich der Phantasie einprägen. Der Journalist weiß – oder gibt vor zu wissen – was sich in den diversen staatlichen Schulen abspielt. Ein gutes Jahrhundert später kann der Wissenschaftler nur ein äußerst relatives Wissen für sich beanspruchen, aber er weiß immerhin eines: In ihrer Verallgemeinerung ist die Beschreibung des *Univers* völlig falsch. Obgleich wir große Wissenslücken haben, können wir dennoch von erheblichen Unterschieden je nach Region, Stadt oder ländlichem Raum sprechen. In einigen Departements forderten die Präfekten die Lehrer dazu auf, den Schultag mit einer Viertelstunde Religionsunterricht zu beginnen. In vielen Schulen blieben die Kruzifixe hängen.[14] Aus diesem historischen Wissen schließt Pierre Chevallier (der der laizistischen Schule eher skeptisch gegenübersteht), daß der Schulbeginn 1882 »in einer Atmosphäre stattfand, die sich kaum von der in den vorangegangenen Jahren unterschied.«[15] Man muß nun die Untersuchung auf lokaler und regionaler Ebene fortsetzen. Bewahrheitet sich diese Diagnose, dann hat in der Tat – und im Gegensatz zu den Behauptungen des *Univers*, die der Mobilisierung der Katholiken dienen sollten – ein versöhnlicher Laizismus gegenüber dem kämpferischen Laizismus die Oberhand gewonnen, um hier bequeme, noch nicht wirklich konzeptualisierte Etiketten zu gebrauchen. Die Behauptungen des *Univers* wurden im übrigen, aus entgegengesetzten ideologischen Gründen, von den republikanischen Kräften nie wirklich bestritten. Doch natürlich wurde die *Wahrnehmung* der militanten Katholiken vom kämpferischen Laizismus bestimmt. In ihren Augen gab es nur diesen Laizismus. Im übrigen wurde dieses Gefühl von den militanten Republikanern geteilt, die (wie einige Beschwerdebriefe an Jules Ferry beweisen) Kompromisse nur als Verrat am Laizismus begreifen konnten.

Die Ziele auf der Seite des Laizismus sind also sehr klar. Aber wie steht es um jene der Katholischen Kirche? Manche ihrer aktiven Mitglieder wollten sich von ihr lösen und sich dem Gesetz vom 28. März 1882 frontal entgegenstellen. Sie wollten dem Beispiel belgischer Katholiken folgen, die einem gleichartigen Gesetz »widerstanden«, das 1879 vom Parlament ihres Landes beschlossen worden war. Was geschieht? Französische Bischöfe bringen vier neue Morallehrbücher[16] vor die Glaubenskongregation in Rom. Diese Bücher werden verboten (Dezember 1882 – Januar 1883). Dieser Konflikt verursacht diverse Zwischenfälle, die ihrerseits die Erinnerung geprägt haben und von den Historikern nun in gewissem Maße relativiert werden.[17] Vor allem aber nehmen die Bischöfe eine Unterscheidung vor zwischen dem Gesetz selbst, das anerkannt wird, obwohl es die Bischöfe als unselig bezeichnen, und seiner als »mißbräuchlich« bezeichneten Anwendung durch einige Lehrbücher. Der Streit wird so kanalisiert und eingegrenzt.

Andererseits finden wir Hirtenbriefe bzw. Offene Briefe in der Presse, in denen die Bischöfe die Indizierung der Lehrbücher rechtfertigen. Man hat sich auf den juristischen Aspekt dieser Angelegenheit konzentriert, aber unter sozialhistorischem Gesichtspunkt sind zwei wichtige Feststellungen zu treffen. Zunächst zitieren die Bischöfe zur Rechtfertigung des Verbots durch Rom aus den Lehrbüchern, obwohl das Ziel einer Indizierung darin besteht, die Gläubigen vor »falscher Lektüre« zu bewahren und jeder Katholik von der Kenntnis verbotener Werke Abstand nehmen muß. So benutzen die Bischöfe faktisch die öffentliche Meinung als Schiedsrichterin zwischen jenen, nach deren Meinung die Lehrbücher nichts enthalten, das ein Verbot verdiente, und jenen, die die entgegengesetzte Meinung vertreten.[18] Die Intervention der Bischöfe ist also ein sicherlich polemisches Mittel, um in die demokratische Debatte einzugreifen, auch wenn dies natürlich von den Zeitgenossen nicht so interpretiert wird.

Die zweite Feststellung ergibt sich aus einem genauen Vergleich zwischen den Zitaten, die die Bischöfe ausgewählt haben, und den Passagen, die in den Augen des Generalsekretärs der Glaubenskongregation die Indizierung der Lehrbücher rechtfertigten.[19] Die Stellen, auf die die Bischöfe sich nicht beziehen, sind bezeichnend. So erwähnt das französische Episkopat trotz des Syllabus niemals die Versicherung der Religionsfreiheit, die vom päpstlichen Generalsekretär als sträfliche Behauptung genannt wird. Es existiert also ein Meinungsunterschied zwischen dem Episkopat und Rom. Man könnte sagen, daß die französischen Bischöfe aus der Sicht Roms vom »verderblichen« Geist der Französischen Revolution angesteckt sind, auf den sich im übrigen die laizistische Strömung beruft.

Der französische Katholizismus verfolgt in dieser Zeit also eine weitaus komplexere Strategie, als man ihm gemeinhin zugesteht, und der Konflikt zwischen Katholizismus und aufkommendem Laizismus ist begrenzter, als man annehmen könnte. Dank gegenseitiger Beruhigungsversuche ist der »Lehrbuchstreit« im großen und ganzen zu Beginn des Schuljahrs 1883/84 beigelegt. Sicherlich gibt es immer noch Spannungen, Polemiken oder Zwischenfälle; man darf nicht den Eindruck allgemeiner Irenik vermitteln. Aber insgesamt bildet die Situation in Frankreich einen Kontrast zu den Vorgängen in Belgien, wo der Konflikt virulent bleibt und sich die katholische Totalopposition in einen politischen Sieg umsetzen läßt, der die Laizisierung der Schule zum Scheitern bringt.[20]

Die Begrenzung des Konflikts und seine Merkmale sind mit dem institutionellen und symbolischen Legitimitätsrahmen verbunden, in dem er ausgetragen wird. Das heißt, daß unser Thema (und andere, von denen hier nicht gesprochen worden ist) ausgehend von einer soziologischen Problemstellung angegangen werden muß. Besonders die Problematik der Legitimität scheint mir wichtig zu sein, um verschiedene Ebenen der empirisch faßbaren Realität, impliziter Mentalitäten und Gesetzesbezüge in eine Ordnung zu bringen.

Folglich habe ich den idealtypischen Begriff von der Zweistufigkeit der Laizisierung entwickeln können. Die erste Stufe reicht etwa von 1789 (Erklärung der Menschen- und Bürgerrechte) bis 1804 (Bürgerliches Gesetzbuch der Franzosen). Das ist sozusagen das »Phantombild« dessen, was mit Blick auf die Beziehungen zwischen Religion, Staat und Zivilgesellschaft langfristig von der Französischen Revolution bleibt, nachdem der revolutionäre Sturm sich beruhigt hat. Ich möchte dies in drei typischen Aspekten zusammenfassen:[21]

1. Die institutionelle Fragmentierung, in deren Gefolge die Religion nicht mehr als allumfassende symbolische Institution erscheint. Institutionen, die sich in ihrer Einflußsphäre befanden (z.B. die Schule) oder sich an ihren Normen orientieren mußten (z.B. die Medizin) haben nun ihre eigene symbolische Legitimität. Sie erlangen Autonomie, bilden eigene Strukturen und entwickeln sich. Sie werden ihrerseits neue Geistliche beschäftigen, die in der Lage sind, die Bevölkerung in diese Entwicklung zu integrieren und sozialem Handeln Sinn zu geben. Nach dieser Differenzierung der Sphären bleibt die Religion eine der großen gesellschaftlichen Institutionen; sie hat eine Mission des Öffentlichen Dienstes.

2. Die Anerkennung der Legitimität. Die Religion ist von der Revolution erschüttert, aber nicht ausgelöscht worden, trotz einiger Versuche bestimmter revolutionärer Strömungen. Daher wird eine Neuorientierung vorgenommen, die sich in die institutionelle Fragmentierung einordnet, sie aber gleichzeitig begrenzt.[22] Der religiösen Sphäre wird eine Doppellegitimität zugeordnet, die ihrer neuen Ausrichtung entspricht:
   - es gibt gesellschaftlich objektive »religiöse Bedürfnisse«, deren Befriedigung durch diverse religiöse Institutionen gesichert wird (die »anerkannten Glaubensrichtungen«);
   - die Religion hat grundsätzlichen »gesellschaftlichen Nutzen«, indem sie, da sie die Basis der gemeinsamen Moral ist, die moralische Strukturierung des Zusammenlebens ermöglicht.
3. Die Vielfalt der »anerkannten Glaubensrichtungen« (Katholizismus, zwei Richtungen des Protestantismus, Judaismus) gehen mit einer gewissen Abhängigkeit der Religion vom Staat einher: Der Staat greift in die geistlichen Regeln ein, »sofern die religiösen Gesetze staatliche Interessen berühren.«[23] Dies ist gegenüber dem Katholizismus des Ancien Régime (Gallikanismus) nicht ganz neu, aber es gibt keine Intervention des Staates zur Durchsetzung rein religiöser Doktrinen mehr. Im Gegenteil, der Staat erklärt sich auf diesem Gebiet für nicht zuständig und erzwingt eine gewisse juristische Gleichbehandlung des Katholizismus (der überwältigenden Mehrheit der Franzosen) mit den anderen Glaubensrichtungen (Protestantismus und Judaismus, denen nur eine verschwindende Minderheit der Franzosen zuzuordnen ist). Es kommt zu einer politischen Umsetzung des religiösen Pluralismus.

In meiner Arbeit benutze ich diesen Idealtypus, um verschiedene Elemente der empirisch faßbaren Realität zu vergleichen und zu messen. Es geht vor allem darum, auf welche Kräfte sich die jeweiligen Lager in ihren Handlungen legitimerweise stützen konnten, inwiefern sich die unterschiedlichen Strömungen des französischen Katholizismus an die stabilen Errungenschaften der postrevolutionären französischen Gesellschaft anpaßten bzw. durch sie beeinträchtigt wurden usw. Kurz, man darf sich weder in Substantialität verlieren noch allein an der Empirie festhalten wollen. Es geht vielmehr um Bewertungen und Ordnungen, aus denen man einen roten Faden für die Deutung der empirisch faßbaren Realitäten ableiten kann, die zunächst in alle Richtungen zu weisen scheinen.

Zugleich sollen die sozialhistorischen Auswirkungen der Laizisierung der Schule erfaßt werden. Ist die Behauptung Jules Ferrys und Ferdinand Buissons[24] richtig, nach der es ausreicht, eine bereits vorherrschende Entwicklung zu Ende zu bringen?[25] Handelt es sich im Gegenteil um eine wahre »Schulrevolution«?[26] In der Tat sind beide Aspekte vorhanden, und insofern ist diese Neuerung emblematisch für die mögliche strukturelle Veränderung (und ihre Grenzen) in einer (demokratischen) Gesellschaft. Einerseits bleiben wir in der Logik von institutioneller Fragmentierung und Pluralismus, indem wir sie radikalisieren. Andererseits berücksichtigt diese Radikalisierung kaum noch die Anerkennung der Legitimität. Die Abschaffung des »Moral- und Religionsunterrichts« bedeutet, daß die »religiösen Bedürfnisse« nicht mehr wirklich als gesellschaftlich objektiv angesehen werden und das Problem der Basis gemeinschaftlicher Moral ausgeklammert wird. Dies sind zwei Schlüsselfragen. Und sobald man mittels des Begriffs der ersten Stufe der Laizisierung die Aufmerksamkeit auf sie richtet, kann man im empirischen Material durchaus erkennen, daß hier über Gedeih oder Verderb der laizistischen Entwicklung entschieden wurde. Das empirische Material besteht in Dokumenten über die Debatten im Vorfeld von Gesetzen oder über die Konflikte, die ihre Durchsetzung begleitet haben.

Diese Brüche führen zum Übergang von der ersten Stufe der Laizisierung zur zweiten Stufe, der die Trennung von Staat und Kirche (1905/07) zugeordnet werden kann. Diese Entwicklung vollzieht sich also im Laufe eines Vierteljahrhunderts. Sie ist idealtypisch von einer institutionellen Aufgliederung gekennzeichnet. (Die Religion gehört nicht mehr zu den großen Institutionen der Gesellschaft, auch wenn die eine oder andere Religion intern institutionelle Züge bewahren kann.) Dazu kommt die Ausklammerung der gesellschaftlichen Legitimität der Religion (die »religiösen Bedürfnisse« sind individuell und subjektiv, das Problem der Bedeutung der Religion für die Moral ist nicht mehr von öffentlicher Relevanz) sowie Gewissens- und Religionsfreiheit. (Die Gleichstellung von Atheismus und Religion ändert den Charakter des Pluralismus; die verschiedenen Glaubensrichtungen sind von nun an »privatrechtlich«, aber ihre kollektive Ausdrucksfreiheit ist garantiert). Juristisch und institutionell befindet sich der französische Laizismus immer noch auf dieser Stufe. Man kann sich jedoch fragen, ob sich nicht, in weniger offensichtlicher Weise als während der Einführung der laizistischen Schule, gegenwärtig der Übergang zu einer dritten Stufe vollzieht, deren Merkmale freilich augenblicklich nur ziemlich spekulativ definiert werden könnten.[27] Die Besonderheit dieser Art von Idealtypen ist es, daß ihre Periodisierung integraler Bestandteil der Konzeptualisierung ist. Es geht nicht um die Entwicklung von Begriffen, die auf alle Gesellschaften und geschichtlichen Zeiträume anwendbar wären. Im Gegenteil, der erarbeitete Begriff ist nur für ein bestimmtes kulturelles und gesellschaftliches Umfeld zu einer bestimmten Zeit zutreffend, selbst wenn es vorher und/oder nachher möglich ist, einige seiner Merkmale auch nachzuweisen. Im übrigen kann man seine Gültigkeit in einem anderen Umfeld oder Zeitraum untersuchen[28], zweifellos werden dann bestimmte begriffliche Korrekturen notwendig sein.

Das Interesse an einer solchen perspektivischen Betrachtung besteht ja gerade darin, die verwendeten Begriffe historisch nutzbar zu machen und sie für andere kulturelle Rahmenbedingungen wiederverwenden zu können. Der Laizismus ist unmöglich ohne den Begriff der »Gewissensfreiheit« zu erforschen, letzterer aber ist ein »Primärbegriff« – so wie man von Primärquellen spricht – und kein »Sekundärbegriff«. Die »Gewissensfreiheit« hat nicht wirklich dieselbe Bedeutung in der Logik (und analog in der Periode) der ersten Stufe der Laizisierung wie in der zweiten Stufe. Ebenso kann der Sinn des Begriffs im Frankreich der ersten Stufe (und vielleicht mehr noch der zweiten) nicht derselbe wie im England des dazugehörigen Zeitraums sein. Es ist übrigens kein Zufall, daß man ungeachtet der inneren Spannungen in England weder im 19. noch im 20. Jahrhundert von einem »Konflikt der zwei England« sprechen kann. Wenn man monokausale Erklärungen vermeidet, ist der »Konflikt der zwei Frankreiche« hingegen eine herausragendes Element der Entstehung des modernen Frankreich.[29]

Deshalb ist es interessant, zwei vorherrschende Entwicklungen zu unterscheiden. Die Säkularisierung bringt den progressiven und relativen Verlust der sozialen Bedeutung der Religion auf der Ebene langfristiger tendenzieller Entwicklung mit sich, ohne daß es zu größeren Auseinandersetzungen zwischen Religion, Staat und Zivilgesellschaft käme. Es hat keine schwerwiegenden Dissonanzen zwischen religionsinternen und anderen sozialen Veränderungen gegeben.[30] Dies ist ein Merkmal all jener Länder, in denen eine »Moderne in Kontinuität« vorherrscht. Die Laizisierung ist hingegen dort ein Modellfall, wo die Moderne durch »Umbrüche« oder zumindest im Rahmen eines expliziten Konflikts durchgesetzt wurde.[31] Die Kontrolle des Staatsapparates und die Hegemonie über die Zivilgesellschaft waren Schlüsselfragen der politisch-religiösen Kämpfe.[32]

Kann man im Rahmen dieser Problematik eine Definition des französischen Laizismus geben? Sicherlich ist keine positivistische Definition möglich. Man kann jedoch die symbolischen Bezüge angeben, die sowohl den Umbruch als auch die schrittweise Befriedung markiert haben. Auch dabei handelt es sich wieder um ein Idealschema. Der Umbruch vollzog sich unter der ideologischen und symbolischen Ägide der Republik als Erbin der Französischen Revolution. In dieser Tradition bezeichnet die »Gewissensfreiheit« weniger Pluralismus als eine bestimmte Haltung gegenüber den religiösen Bekenntnissen. »Sie impliziert« nach Claude

Nicolet »wenn nicht Mißtrauen gegenüber jeglicher Transzendenz, so doch die Ablehnung jeder Abweichung des Geistes von Dogmen aller Art.«[33] Freiheit wird also als »Emanzipation«, als Sieg der Vernunft und der Wissenschaft[34] über Dogmen, Vorurteile, Bräuche usw. interpretiert. Freiheit bedeutet Befreiung des Menschen von jeder Behinderung seiner »freien Entfaltung«[35] und den Bedingungen, die ihm den Zugang zur Universalität verwehren, wobei letztere die abstrakte Universalität des Bürgers meint.[36]

Doch im Gegensatz zu all jenen, die recht einseitig die Gedankenfreiheit propagierten, widmeten die Gründungsväter des Laizismus (sowohl die Begründer der laizistischen Schule wie die Aktivisten der Trennung von Staat und Kirche) ihr Augenmerk vor allem der »Gewissensfreiheit«, d.h. einer pluralistischen Konzeption von Freiheit und Toleranz gegenüber den verschiedenen Glaubensbekenntnissen. Als französische Besonderheit schloß dies ein:

1. gleichwertige Legitimität der »Glaubenslosigkeit« in ihren diversen Formen (religionskritische Religiosität, religiöse Indifferenz, Agnostizismus, Atheismus); hierin unterscheidet sich Frankreich von anderen europäischen Ländern;

2. Beibehaltung der freien Religionsausübung (vor allem der katholischen), auch wenn die betreffende Religion als »bedrohlich« für die Republik angesehen wird (nicht nur wegen der dominierenden ideologischen Richtung der Katholischen Kirche, sondern auch wegen ihrer hierarchischen Organisationsstruktur, die damals als antidemokratisch bewertet wurde). Dies ist gegen die Anhänger der Gedankenfreiheit gerichtet.[37]

Die vielfältigen empirischen Aspekte der Durchsetzung des französischen Laizismus können nur durch die Dialektik dieser zwei symbolischen Bezugspunkte erklärt werden, die am Ursprung sowohl des konfliktgeladenen Umbruchs wie der Versöhnungsvereinbarung stehen. Idealtypisch betrachtet, ist der französische Laizismus ein Ort, an dem die Spannungen zwischen Gedanken- und Gewissensfreiheit ausgelebt werden, in dem von uns summarisch definierten Sinne. Wir können uns den Laizismus in Form eines Dreiecks vorstellen, das von Gedankenfreiheit, Gewissensfreiheit und einem dritten Pol gebildet wird, der aus der Aktion der beiden anderen Pole resultiert. Dieses Dreieck wäre im Prinzip gleichseitig. Doch je nach Zeitraum, Problemen und gesellschaftlichen Akteuren könnte einer dieser Pole im Vorteil sein. So vertreten manche Katholiken gegenwärtig eine Laizismuskonzeption, die sich bezüglich ihrer eigenen Konfession auf Gewissensfreiheit, bezüglich des Islams oder von Sekten jedoch auf Gedankenfreiheit bezieht. Andere wiederum können paradoxerweise sorgfältig auf Gewissensfreiheit für den Islam achten, während sie für ihre eigene Kirche Gedankenfreiheit einfordern.

Diese Gedankenkonstruktion schlägt also eine Lesart für den Kurvenverlauf des französischen Laizismus sowie seiner inneren Debatten und Konflikte vor und zeigt zugleich deren Begrenztheit auf. Denn kein gesellschaftlicher Akteur kann im republikanischen und demokratischen Frankreich gänzlich darauf verzichten, sich zumindest implizit auf Gedankenfreiheit oder Gewissensfreiheit zu beziehen, es sei denn, er wollte sich selbst gesellschaftlich disqualifizieren.

1 Verfassungen der Vierten Republik (1946) sowie der Fünften Republik (1958). Letztere legt in Artikel 2, Abs. 1 fest (seit der Verfassungsänderung vom 4. August 1995 Art. 1 der Verfassung): »Frankreich ist eine unteilbare, weltliche, demokratische und soziale Republik. Sie gewährleistet die Gleichheit aller Bürger vor dem Gesetz ohne Unterschied ihrer Herkunft, Rasse oder Religion. Sie achtet jeden Glauben.«

2 Art. 1 und 2 des Gesetzes über die Trennung von Staat und Kirche (Dezember 1905).

3 Vorbereitender (und »vorläufiger«) Text für das Kolloquium der AFSR (Association française pour la Sociologie religieuse), 4./5. Februar 1997.

4 Jean-Jacques Rousseau, *Du Contrat social* (1762), Buch IV, Kap. 8: »De la religion civile«.

5 Nach dem Erlaß vom 27. Juli 1882 enthielten die Lehrpläne für »Moralerziehung« Unterricht über »die Pflichten gegen Gott ... ohne Berücksichtigung der besonderen Vorschriften der verschiedenen Glaubensgemeinschaften.« Diese Pflichten wurden 1923 offiziell aus den Lehrplänen gestrichen.

6 Vgl. J. Baubérot (1997).

7 Der Forscher kann hier natürlich als Individuum oder Kollektiv auftreten. Meine These kann dadurch relativiert werden, daß man auf manchmal durchgeführte Vorstudien hinweist, die der Ausarbeitung des Fragebogens oder Gesprächsschemas vorangehen. Ich glaube allerdings nicht, daß dies meiner hier aufgeworfenen Frage die Berechtigung nimmt.

8 Über »Erinnerung« und »Geschichte« vgl. vor allem P. Nora (1984), Einführung.

9 Dieser Begriff wurde schon von den Zeitgenossen benutzt und vor allem durch E. Poulat (1987) wiedereingeführt.

10 Das typische Beispiel für Arbeiten, in denen (ein gewisser) wissenschaftlicher Anspruch von (in diesem Fall katholischer) Ideologie überlagert wird, sind die Schriften L. Capérans (1935, 1959/61).

11 Entweder vom Ausgangspunkt einer Geschichte der Republik (M. Agulhon, C. Nicolet, C. Langlois) bzw. der Schule (M. Ozouf, A. Prost) oder von Historikern oder Soziologen des Katholizismus (C. Langlois, J.-M. Mayeur, F. Poulat, R. Rémond). Ich gehe meinerseits von der Geschichte der protestantischen Minderheit aus, nachdem ich den Mangel historiographischer Beschäftigung mit diesem Thema feststellen konnte. Seit 1991 stellt sie mein hauptsächliches Forschungsthema dar.

12 Dieser Anschein ist natürlich von hervorragender Bedeutung für das Verständnis und die Analyse des Zusammenspiels der Akteure. Selbstverständlich darf der Forscher seine Arbeit nicht an dieser Stelle beenden.

13 *L'Univers*, 2. Oktober 1882.

14 Ein Rundschreiben gab folgende Handlungsrichtlinie aus: Die Kruzifixe sollten nur dort abgehängt werden, wo dies die Bevölkerung nicht schockieren würde; anderswo sollten sie beibehalten werden, denn das Gesetz über die Laizisierung ist kein »Kampfgesetz«, sondern eines jener »großen organischen Gesetze, die sich mit dem Land entwickeln, in seine Sitten eingehen, Teil seines Erbes werden sollen«. Es soll also nicht riskiert werden, »Unruhe in die Familien oder in die Schulen zu tragen« (2. November 1882). Als 1905 die Trennung von Staat und Kirche vollzogen wurde, hatten noch viele laizistische Schulen Kruzifixe in den Klassenzimmern hängen.

15 Pierre Chevallier, *La séparation de l'église et de l'école: Jules Ferry et Léon XIII*, Paris: Fayard 1981.

16 Auch andere Morallehrbücher hätten ausgewählt werden können, denn ihr Inhalt war ähnlich. Es gibt also die Sorge, den Konflikt nicht durch das Verbot zu vieler Lehrbücher unkontrollierbar werden zu lassen. Es sei angemerkt, daß drei der vier Verfasser republikanische Politiker sind (der vierte ist eine Frau, die in ihrem Lehrbuch Gott nicht erwähnt).

17 Y. Deloye (1994) bemerkt dazu: »Angesichts der verfügbaren Archivdokumente scheint es, daß die Mobilisierung (gegen die indizierten Lehrbücher) etwas weniger als 6% der französischen Gemeinden erfaßt hat; sie hat nur sehr vereinzelt zu gewalttätigen Vorfällen geführt.«

18 Die zitierten Passagen ermöglichen der öffentlichen Meinung die Einsicht, daß die Gerüchte über den Inhalt der Lehrbücher der Grundlage entbehren.

19 Diese sind uns dank der Veröffentlichung eines Berichts des Generalsekretärs an Leo XIII. durch P. Chevallier (1981) bekannt.

20 Die belgischen Liberalen mußten angesichts der Verschärfung des Konflikts Maßnahmen ergreifen, die sie als intolerant erscheinen ließen; sie verloren die Wahlen von 1884. Die französischen Republikaner gewannen hingegen die Wahlen von 1885 (allerdings nicht so deutlich wie 1881).

21 Eine vollständigere Darstellung dieser »Ersten Laizisierung« in J. Baubérot (1990).

22 Der »Moral- und Religionsunterricht« in der staatlichen Grundschule, der von einem »Geistlichen der anerkannten Glaubensrichtungen« gegeben werden sollte, war der sichtbarste Ausdruck dieser Beschränkung in Anerkennung der Legitimität.

23 J.-M. Léniaud (1988).

24 Ferdinand Buisson (1841-1932), Leiter der Grundschulerziehung, sah sich im Grenzbereich zwischen Protestantismus und Freidenkertum. Er wirkte sowohl als Theoretiker (er leitete die Redaktion des *Dictionnaire de pédagogie et d'instruction primaire*, 1883/87) als auch in der Organisation der laizistischen Elementarschule.

25 So stellt J. Ferry dem Parlament die Laizisierung der Schule dar (vgl. O. Rudelle 1996); F. Buisson äußert sich im *Dictionnaire de pédagogie* ebenso (Art. »Laïcité«).

26 Vgl. L. Capéran (1960).

27 Gegenwärtig ordnen sich meines Erachtens manche Vorgänge in die zweite Stufe der Laizisierung ein (vor allem der Konflikt um staatliche Subventionen für Privatschulen), andere in eine neue Stufe (z.B. der *Conseil National Consultatif d'Etique*, der 1983 gegründet wurde).

28 Einige Soziologen haben das versucht. So verwandte R. Madam den Begriff von der ersten Stufe der Laizisierung auf Indien.

29 Dieser Konflikt verläuft jedoch während der ersten Stufe der Laizisierung, auf dem Übergang von der ersten zur zweiten und nach Etablierung der zweiten Stufe nicht immer im selben Rahmen.

30 In Interaktion mit anderen kann sich der religiöse Bereich so verändern, daß er selbst ein Akteur im Prozeß seines Einflußverlustes wird.

31 Die Begriffe »Moderne in Kontinuität« (*modernité de continuité*) und »Moderne durch Umbrüche« (*modernité de rupture*) stammen von dem Mexikospezialisten J.-P. Bastian.

32 Ich habe die Unterscheidung zwischen Säkularisierung und Laizisierung vorgeschlagen (J. Baubérot 1988) und vertieft (J. Baubérot 1994), nachdem sie F. Champion inzwischen auf den Vergleich verschiedener Länder angewendet hatte.

33 C. Nicolet (1988, 1992).

34 Die Wissenschaft wird im 19. Jahrhundert stärker betont als die Vernunft.

35 Der französische Begriff »libre examen« geht auf den protestantischen Theologen A. Vinet (1797-1847) zurück.

36 Diese Universalität neigt allerdings in erster Linie dazu, sich als männlich, bürgerlich und weiß zu definieren (J. Baubérot 1997).

37 Diese äußerten sich nach wie vor im Sinne eines Slogans aus der Französischen Revolution: »Keine Freiheit (oder wenig Freiheit) für die Feinde der Freiheit«.

Literatur

Baubérot, Jean, *Le protestantisme doit-il mourir?* Paris: Le Seuil 1988.

Ders., *Vers un nouveau pacte laïque?* Paris: Le Seuil 1990.

Ders., Laïcité, laïcisation, sécularisation, in: Alain Dierkens (Hg.): *Pluralisme religieux et laïcité dans l'Union européenne*, Brüssel: Editions de l'Université libre de Bruxelles 1994, S. 9-20.

Ders., *La morale laïque contre l'Ordre moral*, Paris: Le Seuil 1997.

Capéran, Louis (Domherr), *L'invasion laïque*, Brügge, Paris: Desclée de Brouwer 1935. 95

Ders., *Histoire de la laïcité française*, 8 Bde., Paris: Nouvelle Encyclopédie Larousse 1959/61.

Champion, Françoise.: *Entre laïcisation et sécularisation. Des rapports Église-État dans l'Europe communautaire*, in: Le Débat, Nov./Dez. 1993, S. 46-72.

Chevallier, Pierre, *La séparation de l'église et de l'école: Jules Ferry et Léon XIII*, Paris: Fayard 1981.

Deloye, Yves: *Ecole et citoyenneté*, Paris Presses de la Fondation Nationale de Sciences Politiques 1994.

Leniaud, Jean-Michel, *L'administration des cultes pendant la période concordataire*, Paris: Nouvelle Encyclopédie Larousse 1988.

Nicolet, Claude, *La République en France, Etat des lieux*, Paris: Le Seuil 1992.

Nora, Pierre (Hg.): *Les lieux de mémoire*, Bd. 1: *La République*, Paris: Gallimard 1984.

Poulat, Émile, *Liberté – laïcité*, Paris: Le Cerf-Cujas 1987.

Rudelle, Odile, *Jules Ferry, la République des Citoyens*, 2 Bde., Paris: Imprimerie nationale 1996.

Wolfgang Huber

Säkularisierung, nicht Laizismus. Zum Verhältnis von Staat und Kirche in Deutschland

Diese Skizze soll sich auf eine Doppelthese beschränken: Die historische Entwicklung des Verhältnisses von Staat und Kirche läßt sich in Deutschland nicht mit der Kategorie des Laizismus erfassen; eher ist die Kategorie der Säkularisierung geeignet. Auch der Wandel nach dem epochalen Umbruch des Jahres 1989 und die vor uns liegenden Gestaltungsaufgaben werden angemessener angegangen, wenn dies im Geist aufgeklärter Säkularität geschieht, als wenn dafür an laizistische Modelle angeknüpft wird. Der Begründung dieser Doppelthese will ich einen kurzen terminologischen Verständigungsversuch vorausschicken.

I.

Gerade im Blick auf die französische Entwicklung leuchtet es ein, zwischen Laizismus (laicisme) und Laizität (laicité) zu unterscheiden. Laizismus bezeichnet ursprünglich die weltanschauliche Forderung, das öffentliche Leben – Staat, Recht, Wirtschaft und Kultur, Wissenschaft und Erziehung – von Religion und Kirche zu lösen. Dieser Laizismus entwickelt sich insbesondere in Ländern, Frankreich allen voran, in denen der katholischen Kirche eine dominierende Stellung zukam; ihr gegenüber vertritt er eine antiklerikale Tendenz. Er ist geeignet, die Position protestantischer Minderheitskirchen zu stärken. Daraus erklärt sich die Aufgeschlossenheit protestantischer Kirchen gegenüber dem Laizismus.

Während die französische Trennungsgesetzgebung von 1905 weithin vom Laizismus geprägt war, hat sich in Frankreich im Verlauf des 20. Jahrhunderts eine der Religion gegenüber aufgeschlossenere akonfessionelle Laizität durchgesetzt. Nicht mehr nur die Befreiung des gesellschaftlichen Lebens von Religion, sondern auch die Freiheit zur Religion und ihrer öffentlichen Präsenz kommt im Rahmen eines solchen Modells der Laizität zur Geltung. Aber es bleibt an seine Entstehungsgeschichte gebunden. Das spürt man beispielsweise, wenn man Institutionen der kirchlichen Sozialarbeit in Frankreich besucht, in denen Hinweise auf die kirchliche und christliche Identität der Einrichtung überhaupt nicht wahrzunehmen sind. Fragt man nach den Gründen, so wird auf die staatliche Förderung dieser Sozialarbeit verwiesen, die zu vollkommener religiöser Neutralität verpflichte.

Im Blick auf die deutsche Entwicklung wird man sich eher am Begriff der Säkularisierung als an dem des Laizismus oder der Laizisierung orientieren. Freilich steckt der Begriff voller Ambivalenzen. Sein Gebrauch ist so weitgespannt, daß es ihm oft an klaren Konturen zu fehlen scheint. Doch sein staatskirchenrechtlicher Sinn ist relativ klar, seit der Herzog von Longueville, der französische Ambassadeur bei den Friedensverhandlungen in Münster, ihn am 8. Mai 1646 zum ersten Mal beiläufig einfließen ließ. Bis dahin meinte *saecularisatio* den Übergang eines Mönchs in den Stand des Weltpriesters, seinen Wechsel vom *status regularis* in den *status saecularis*. Nun erklärte der Herzog von Longueville, die katholischen Mächte könnten hinsichtlich geistlicher Güter, die der katholischen Kirche entzogen – »secularisiret« – würden, keinen »ewigen« Vergleich ohne ausdrückliche Zustimmung des Papstes abschließen. Die Aufhebung geistlicher Fürstentümer und die Einziehung von Kirchengut durch protestantische Reichsstände was also das Thema. Ähnlich war es bei der großen Säkularisation der Jahre 1802/03. Dabei bezeichnete seit dem Reichsdeputationshauptschluß vom 25. Februar 1803 Säkularisation nicht nur die Überführung von Gütern, sondern auch von Regentenfunktionen in weltliche Hände. Beides traf vor allem die katholischen Stände und Bistümer. Die durch den Reichsdeputationshauptschluß vollzogene Säkularisierung führte folgerichtig das Ende des Heiligen Römischen Reiches herbei, das im Jahr 1806 besiegelt wurde.

Damit waren die Voraussetzungen für eine weitere Verwendung des Begriffs der Säkularisierung gegeben. In den Vordergrund treten vor allem drei Aspekte: die Aufgabe, eine Verfassungsordnung zu entwickeln, in der weltliche Herrschaft nicht mehr geistlich begründet wird, die aber gleichwohl nicht nur die Freiheit von Religion, sondern auch die Freiheit zur Religion gewährleistet; sodann die veränderte Rolle von kirchlichen Institutionen und religiösen Inhalten in der sich differenzierenden und pluralisierenden Gesellschaft; schließlich die Verwandlung von Glaubensinhalten in Themen weltlicher Verständigung.

2.

Ähnlich wie der Begriff des Laizismus ist natürlich der Begriff der Säkularisierung anfällig für eine Art der weltanschaulichen Aufladung, in der er zum antireligiösen oder antichristlichen Programmbegriff wird. Abe insgesamt beschreibt er gerade im Blick auf das Verhältnis von Staat und Kirche in Deutschland einen Prozeß, der die Unabhängigkeit der staatlichen Gewalt von religiösen Vorgaben und Interessen mit der Gewährleistung der Religionsfreiheit und damit auch mit der Offenheit für die Manifestation und Organisation von Religion verbindet. Paradigmatisch ist die Auseinandersetzung zwischen diesen beiden Formen der Säkularisierung in den Debatten der Ersten Deutschen Nationalversammlung in der Paulskirche 1848 ausgetragen worden. Diese Debatten sind der Ursprungsort der für den deutschen Verfassungsstaat charakteristischen Verhältnisbestimmung von Staat und Kirche. In scharfer Form wurde in diesen Debatten vor allen von Vertretern der Hegelschen Linken wie Friedrich Theodor Vischer jeder Machtanspruch der Kirchen – und in diesem Sinn die Verweltlichung der Kirche – zurückgewiesen und stattdessen die Autonomie von Staat und Gesellschaft – also deren Verweltlichung – gefordert. Die antikirchlichen Töne dieser Debatte waren unüberhörbar: »Jede Kirche, deshalb schon, weil sie Glaubenssätze, weil sie überhaupt einen Glauben will, steht der freien Entwicklung des Menschengeistes entgegen«, ist »ein Hemmschuh der Zivilisation«; durch die erstrebte Trennung soll »überhaupt das, was Kirche genannt wird, vernichtet werden.« Doch durchgesetzt hat sich diese religions- und kirchenkritische Zuspitzung des Säkularisierungsgedankens nicht. Vielmehr mußte sich eine solche Gestalt des Säkularisierungsgedankens sozusagen selbst säkularisieren und von ihren eigenen postreligiösen Absolutheitsansprüchen befreien.

Im Ergebnis hat die Paulskirchenverfassung von 1849 einer Denkweise die Bahn geebnet, die man als aufgeklärte Säkularität bezeichnen kann. Aufgeklärt ist sie zunächst darin, daß sie auf den Schutz und die Gewährleistung der Freiheit unter Einschluß der Religionsfreiheit gerichtet ist. Damit ist die Vorstellung und das Konzept eines christlichen Staates unvereinbar. Die Säkularität des Staates ist die notwendige Folge. Aufgeklärt ist sie ferner darin, daß sie dem Staat nicht die Befreiung von Religion zur Aufgabe macht, sondern ihn darauf verpflichtet, der Freiheit zur Religion Raum zu geben und deshalb auch den öffentlichen Charakter von Religion sowie den Öffentlichkeitsauftrag der Kirchen anzuerkennen. Aufgeklärt ist sie schließlich darin, daß sie auf die Grenzen des Staates achtet und dem Staat selbst nicht religiöse oder quasireligiöse Funktionen zuschreibt. Zu der Anerkennung solcher Grenzen gehört auch die Einsicht, daß der Staat selbst auf Verständigungsprozesse angewiesen bleibt, die er nicht selbst diktieren oder dirigieren kann und darf. Dazu gehören auch Verständigungsprozesse über Fragen des Glaubens.

Schon in den paradigmatischen Diskussionen des Jahres 1848 war im übrigen klar zu erkennen, daß die öffentliche Schule der herausgehobene Ort ist, an dem sich aufgeklärte Säkularität bewahren muß. Kämpferischer Säkularismus hatte schon im 19. Jahrhundert die vollständige Trennung der Kirche von der Schule gefordert: »Die Schule muß frei von der

Kirche sein.« Ein Konzept staatlicher Allzuständigkeit wollte den Staat zum Subjekt auch der religiösen und ethischen Erziehung in der Schule machen. Aufgeklärte Säkularität hatte dagegen in Deutschland stets nach einem Modell gesucht, das Religion und Ethik als Teil des schulischen Bildungsauftrags wahrnimmt, ohne dem Staat die Alleinzuständigkeit für die Inhalte zuzuerkennen, die in diesem Bereich zu vermitteln sind.

3.

Die Paulskirchenverfassung von 1849 wurde in Deutschland bekanntlich niemals geltendes Recht. Ihre Grundsätze mußten durch große Kämpfe hindurch zur Geltung kommen, von denen Kulturkampf der wichtigste ist. In ihm spiegelten sich noch einmal die Folgen einer Denkweise, die zwischen geistlicher und politischer Herrschaft nicht zu unterscheiden wußte und den politischen Begriff der Souveränität umstandslos auf die Herrschaftsansprüche des römischen Stuhls übertrug. Auch auf der staatlichen Seite wurde diese Vorstellung vom Heiligen Stuhl als einer »auswärtigen Macht« mit politischen Souveränitätsansprüchen zu einem Angelpunkt der Auseinandersetzung. Dennoch war es insgesamt der Geist von 1848, der die weitere Entwicklung des Verhältnisses von Staat und Kirche in Deutschland seit der zweiten Hälfte des 19. Jahrhundert prägte. Die staatskirchenrechtlichen Grundsätze der Paulskirchenverfassung wurden schließlich durch die Weimarer Reichsverfassung von 1919 auch förmlich in Kraft gesetzt. Aufgeklärte Säkularität wurde dadurch zu einem Merkmal der verfassungsstaatlichen Wirklichkeit. Dadurch wurden die Voraussetzungen für ein Verhältnis von Staat und Kirche geschaffen, das von Eigenständigkeit ebenso geprägt ist wie von Kooperation. Die religionsrechtlichen Bestimmungen der Weimarer Reichsverfassung wurden unverändert in das Bonner Grundgesetz übernommen und gelten deshalb bis heute. Auf der Grundlage der Anerkennung der Religionsfreiheit und damit verbunden der Religionsneutralität des Staates hat die Weimarer Reichsverfassung vor allem vier Eckpunkte für die Rechtsstellung der Kirchen festgeschrieben:

Mit dem Ende des Staatskirchentums ist die Beziehung zwischen Staat und Kirche durch wechselseitige Unabhängigkeit bestimmt, die jedoch Kooperation in den gemeinsamen Angelegenheiten nicht aus-, sondern einschließt. Im Rahmen der Freiheit des Zusammenschlusses zu Religionsgemeinschaften nach den Regeln des bürgerlichen Rechts wird den Kirchen und anderen Religionsgemeinschaften die Stellung als Körperschaften des öffentlichen Rechts zuerkannt. Damit wird zum einen der Öffentlichkeitsauftrag der Kirchen und ihre besondere öffentliche Verantwortung anerkannt. Zum andern verbinden sich damit besondere Möglichkeiten rechtlicher Gestaltung, unter denen die Möglichkeit zur Verleihung des Beamtenstatus und das Recht zum Einzug von Kirchensteuern die wichtigsten sind.

Die Kirchen ordnen und verwalten ihre Angelegenheiten selbständig innerhalb der Schranken des für alle geltenden Gesetzes. Diese Anerkennung der Eigenständigkeit der Kirchen in der Ordnung und Verwaltung ihrer Angelegenheiten einschließlich der Verleihung kirchlicher Ämter ist, aus der staatlichen Perspektive betrachtet, eine notwendige Folge der Religionsneutralität des Staates. Die kirchlichen Vermögensrechte werden gewährleistet. Für eine eventuelle Ablösung der auf Gesetz, Vertrag oder besonderen Rechtstiteln beruhenden Staatsleistungen stellt das Reich – bzw. nach 1949: der Bund – die notwendigen Grundsätze auf. Wenn es zu diesen Grundsätzen und ihnen folgend zu einer Ablösung der Staatsleistungen nicht kommt, sind somit diese Staatsleistungen selbst verfassungsrechtlich garantiert.

Aus diesen Grundlagen ergibt sich: Die Verfassungsordnung Deutschlands sieht eine wechselseitige Unabhängigkeit von Staat und Kirche vor; sie entwickelt aber nicht ein Programm der völligen Trennung von Staat und Kirche – und dies weder im französischen noch im amerikanischen Sinn dieser Formel. Vielmehr schafft sie die Grundlagen dafür, daß in den Feldern gemeinsamer Verantwortung die anstehenden Fragen in kooperativem Geist gelöst werden können. Deshalb hat sich seit der Weimarer Zeit das Instrument der Staatskirchenverträge durchgesetzt. Es hat sich dabei gezeigt: Verträge zwischen Staat und Kirche sind ein geeignetes und sachlich angemessenes Mittel zur Gestaltung der Beziehungen zwischen Staat und Kirche.

In diesen Staatskirchenverträgen gibt es eine Reihe von klassischen Themen, die in all diesen Verträgen wiederkehren. Ich nenne zuerst die Themen, die mit dem kirchlichen Bildungsauftrag und der Präsenz der Kirche in den Bereichen von Bildung und Wissenschaft zusammenhängen. Dabei ist sicher der Religionsunterricht an erster Stelle zu nennen. Zu erwähnen ist aber ebenso die Präsenz der Theologie an den staatlichen Hochschulen. Zu diesem Themenbereich zählen ferner Kindertagesstätten, Jugendarbeit und Erwachsenenbildung aber ebenso wie der Bereich der eigenständigen kirchlichen Schulen und Hochschulen.

Für viele Menschen hat die diakonisch-soziale Arbeit der Kirchen besonderes Gewicht. Die Voraussetzungen für diese Arbeit müssen gesichert und geklärt werden, wobei staatlicherseits mit der Anerkennung des Subsidiaritätsprinzips ein wichtiger Eckpunkt gesetzt ist. Die kirchliche Arbeit in Krankenhäusern und Heimen gehört in diesen Zusammenhang.

Denkt man an die Kirchen als Trägerinnen von Kultur, so kommen einem vor allem die kirchlichen Gebäude in den Sinn, die in besonderer Weise ein Kulturgut der Allgemeinheit sind. Ihre Unterhaltung ist den Kirchen aus ihren Mitteln allein bei weitem nicht möglich. Deshalb muß die Kooperation auf diesem Feld über alle finanziellen Schwierigkeiten hinweg sichergestellt werden.

Schließlich ist ein Staatskirchenvertrag der Ort, an welchem dem Verfassungsauftrag entsprechend die finanziellen Staatsleistungen an die evangelische Kirche zusammenfassend zu regeln sind. Sie beruhen in ihrem Kern auf alten Rechtsverpflichtungen, die der Weimarer Reichsverfassung gemäß fortdauern, es sei denn, sie werden durch einmalige Entschädigung abgelöst.

Staatskirchenverträge enthalten in aller Regel eine sog. Freundschaftsklausel. Sie beschreibt den Geist, aus dem Konfliktfragen geklärt werden sollen. Auch in dieser Hinsicht hat sich das Instrument der Staatskirchenverträge in den letzten Jahrzehnten bewährt.

4.

Die verfassungsrechtlichen Grundsätze zum Verhältnis von Staat und Kirche in Deutschland haben im Lauf der Jahrzehnte bei aller Kontinuität ihre Funktion verändert; Akzente haben sich verschoben. Insbesondere haben die Zeiten der nationalsozialistischen Herrschaft und der SED-Herrschaft das Verständnis für den Öffentlichkeitsauftrag der Kirchen beeinflußt und geprägt. Gerade nach den Erfahrungen dieser Zeiten ist es für die evangelische Kirche aus Gründen ihres eigenen Selbstverständnisses undenkbar, sich mit einer Rolle abzufinden, die auf der Vorstellung von der Religion als Privatsache beruhen würde. Der Öffentlichkeitsauftrag der Kirche und ihr kritisches Wächteramt gegenüber politischen und gesellschaftlichen Entwicklungen sind unaufgebbar. Angesichts der Wirkungen, die entstehen, wenn die Kirche aus dem Bereich der Schule verdrängt wird, gilt das im übrigen auch für den Bereich der Schule. In diesen Zusammenhang gehören die Bildungsverantwortung der Kirche im umfassenden Sinn und damit ihre selbstbewußte Beteiligung am Bildungsauftrag der Schule. In einem Jahr der Erinnerung an Philipp Melanchthon ist dieser Hinweis besonders naheliegend.

Verändert hat sich aber unsere Wahrnehmung der öffentlichen Rolle der Kirche. Die deutsche Diskussion war über lange Zeit viel zu einseitig auf das Gegenüber, den Dualismus von Staat und Kirche fixiert. Die großen Kirchen in Deutschland, insbesondere die evangelischen, waren – und sind in erheblichem Umfang bis zum heutigen Tag – als staatsanaloge

Größen konstruiert und auf die Partnerschaft zum Staat fixiert. Dieser Umstand erschwert es ihnen, ihren Ort in der Zivilgesellschaft wahrzunehmen und zu akzeptieren. Das ändert sich jedoch allmählich. Die Kirchen entdecken heute in verstärktem Maß ihren Ort in dieser Gesellschaft und versuchen, ihre öffentliche Aufgabe von hier aus zu gestalten. Das Wort der beiden großen Kirchen »zur wirtschaftlichen und sozialen Lage« vom 28. Februar 1997 ist dafür ein besonders deutliches Beispiel. Vor wenigen Tagen hat sich eine gemeinsame Erklärung zu Chancen und Risiken der Mediengesellschaft angeschlossen, in der diese Linie fortgesetzt wird. Doch die staatskirchenrechtlichen Rahmenbedingungen stehen einer solchen Neuorientierung der Kirchen nicht im Wege.

Schließlich verändert sich die Lage in Deutschland dadurch, daß die Präsenz nichtchristlicher Religionen und areligiöser Überzeugungen in unserer Gesellschaft deutlicher wahrgenommen wird und eine größere Rolle spielt als vor 1989. Alle großen Institutionen gehen durch eine Krise. Das betrifft auch die Kirchen. Die Bindungskraft der Großkirchen hat in den letzten Jahrzehnten erheblich abgenommen. Auch die Kirchen im Osten Deutschlands nehmen erst jetzt die Folgen des Entchristlichungsprozesses in vollem Umfang wahr, unter dem sie vierzig Jahre lang gelitten haben und den sie zugleich in Theologien der Minorisierung oder der Diaspora bisweilen ein wenig idealisiert haben. Es gehört zu den Aufgaben, die auch von den Kirchen selbst aktiv angegangen werden müssen, daß die Religionsfreiheit der Angehörigen nichtchristlicher Religionen ebenso geachtet wird wie die Religionsfreiheit von Menschen, die sich selbst als glaubens- und konfessionslos betrachten. Doch dieser Respekt kann nicht zum Rückzug der Kirche aus der öffentlichen Verantwortung und aus der öffentlichen Präsenz führen. Und er kann auf der staatlichen Seite nicht zu einer Verschiebung im Verständnis der Religionsfreiheit führen, die der Freiheit von der Religion den Vorrang vor der Freiheit zur Religion zuerkennt und damit die negative Religionsfreiheit zum Obergrundrecht vor der positiven Religionsfreiheit macht. Gerade unter den Bedingungen, unter denen sich die Bedeutung des christlichen Glaubens für die Orientierung der einzelnen und für das gesellschaftliche Zusammenleben nicht mehr von selbst versteht, muß die Kirche sich als offene und öffentliche Kirche bewähren. Gerade in einer Zeit, die auch im Bereich der Religion durch Pluralität gekennzeichnet ist, muß sich der Staat an die Grundsätze aufgeklärter Säkularität halten und darf nicht in einen kämpferischen Säkularismus zurückfallen.

In Brandenburg bestehen dafür insgesamt durchaus günstige Voraussetzungen. Die Verfassung des Landes erkennt die Religionsfreiheit und die Selbständigkeit der Kirchen und Religionsgemeinschaften an. Der brandenburgische Kirchenvertrag vom 8. November 1996 hat dem für viele Felder konkretere Gestalt gegeben. Nur in dem Bereich des Verhältnisses von Kirche und Schule hat man bisher nicht die Konsequenzen gezogen und einer Regelung zugestimmt, die der religiösen Lage im Land ebenso Rechnung trägt wie den Prinzipien, die das Verhältnis von Staat und Kirche in Deutschland bestimmen. In diesem Bereich steht der Schritt zu aufgeklärter Säkularität erst noch bevor.

Erste Diskussionsrunde

CHARLES COUTEL: Meine erste Frage betrifft Edgar Quinet und besonders die Art von historischer Inszenierung, mit der er seine Thesen zu stützen versucht. Erzwingt er mit seiner Darstellung der Französischen Revolution nicht eine Sichtweise des Laizismus oder der Laizisierung, die von einer religiösen Voraussetzung ausgeht? Es ist sicher ein elegantes Vorgehen, wenn man das Terrorregime sozusagen als Transfer des Sakralen der Monarchie und/oder der Inquisition auf den revolutionären Kultus darstellt, aber vielleicht wird der Vergleich damit auch ein wenig zu weit getrieben. Denn zwischen 1789 und 1793/94 lag schließlich 1791/92, d.h. eben jener Moment der aufgeklärten Revolution, der gleichzeitig – um mit Kants Worten über das Geschichtszeichen zu sprechen – gleichzeitig signum rememorativum, demonstrativum oder prognosticon sein kann, also fähig zur Selbstkritik ist. In Verbindung mit dieser grundlegenden Episode von 1791/92 möchte ich Paul Viallaneix auch fragen, ob Edgar Quinet Condorcet und Gilbert Rome gelesen hat. Wenn das der Fall ist, welchen Nutzen hat er dann aus dieser Lektüre gezogen?

Meine zweite Beobachtung betrifft Jean Baubérots solide historische Darstellung der Entstehung des laizistischen Ideals in der Dritten Republik. Ich bin verwundert, daß Ferdinand Buissons Lexikonartikel »Laïcité« hier nicht erwähnt wurde, obwohl er ganz sicher einen sehr wichtigen Augenblick im Bewußtsein der zeitgenössischen Republikaner beschreibt. Für mein Empfinden können wir genau in diesem Artikel den Ursprung der Verwirrung über den Begriff des Laizismus und zweifellos auch den Ansatz zu möglichen Klärung dieses Begriffes ausmachen.

Geht man von Definitionen aus, besteht diese Verwirrung hauptsächlich in der Gegenüberstellung von Laizismus und Religion, während laut Ferdinand Buisson der Laizismus dem Klerikalismus entgegengesetzt ist. Was halten Sie von diesem Unterschied in der Definition und seinen Konsequenzen? Es gibt hier unzweifelhaft eine philosophische Voraussetzung. Daher meine nächste Frage, die ich an Wolfgang Huber richte: Ist Klerikalismus notwendigerweise religiöser Klerikalismus?

PAUL VIALLANEIX: Edgar Quinet hat Condorcet gelesen; er zitiert ihn im *Enseignement du peuple* von 1850 sogar. Auf diese Schrift habe ich mich übrigens auch selbst gestützt. Es ist außerdem sicher, daß Quinet Condorcet gegenüber vielen anderen den Vorzug gegeben hätte, wenn er wirklich die Wahl gehabt hätte, sogar gegenüber einigen seiner republikanischen Zeitgenossen, und ganz sicher gegenüber den Republikanern des Jahres 1850. Es ist also nicht zu bestreiten, daß Quinet sich dem Standpunkt Condorcets anschließt. Und da er sich durchweg nicht auf das

Naturrecht, sondern auf eine Art revolutionäres Recht bezieht, auf die Herkunft von Schule und Laizismus aus der Revolution, denkt er wirklich an Condorcet und ganz allgemein an die Vorhaben des Konvents auf dem Gebiet der Erziehung. Auch wenn die Revolution nach seiner Einschätzung nicht alle ihre Ziele erreicht hat, ist ihm dennoch bewußt, daß ein Teil der revolutionären Bestrebungen in der Zeit des Ersten Kaiserreiches verwirklicht wurde. Er bedauert, daß diese Legitimität – und selbst die geradezu republikanische Gesetzgebung, die paradoxerweise im Kaiserreich besonders hinsichtlich der Schule erfolgte – in der Zweiten Republik nicht mehr geachtet wird. Dies umso mehr, als unter dem Einfluß Guizots – und dank der *doctrinaires*, d.h. der von Voltaire inspirierten Liberalen, deren Denken in vielerlei Hinsicht nicht sehr weit von Condorcet entfernt war – während der Julimonarchie der Geist dieser fälschlich »laizistisch« genannten nachrevolutionären Schule weitgehend bewahrt worden war.

In diesem Zusammenhang verwende ich den Begriff »laizistische Schule« nur unter Vorbehalt. In Wirklichkeit mußte soviel dafür getan werden, daß die Schule diese Bezeichnung verdiente, daß man kaum glauben kann, Guizot habe sich mit der Respektierung der überkommenen Teile des alten Schulsystems zufriedengegeben. Und in der Tat hat Guizot etwas ganz Neues geschaffen, denn kurz nach der Revolution war die Schule letztlich nicht sehr weit entwickelt. Unter politischen Gesichtspunkten steht Quinet also zweifellos auf der Seite Condorcets.

Ungeachtet dessen besteht zwischen ihm und Condorcet sicherlich ein grundsätzlicher Unterschied und sogar in mancherlei Hinsicht ein Gegensatz. Im Gegensatz zu Condorcet, dem Sohn der Aufklärung, bleibt nämlich das Religiöse für Quinet von grundlegender Bedeutung. Wenn Quinet aber von Religion spricht, meint er nicht vordergründig die religiöse Institution; er denkt vielmehr an etwas wie »Spiritualität«. Dieser Terminus ist sicherlich ziemlich ungenau. Aber er vermeidet den Begriff des »Religiösen«, der m.E. noch mehr Fallen in sich birgt. Zumindest ist dies im Französischen der Fall, wo man zur Ziehung eines klaren Trennstriches zwischen der Idee des Religiösen, der Religion, der Kirche und der kirchlichen Institution neigt. Quinet hat aber gerade nicht dieses Verständnis im Sinn, wenn er vom »Religiösen« spricht, sondern eher ein Bedürfnis, eine Kategorie oder auch eine fundamentale Dimension der menschlichen Erfahrung. Und diese Erfahrung erscheint ihm so grundsätzlich, daß das politische System und seine Akteure sehr oft, bewußt oder unbewußt, von einer bestimmten spirituellen Lebensweise geprägt bleiben. Natürlich findet man nichts dergleichen bei Condorcet, und daher überrascht die Lektüre Quinets.

Konkreter: Seine Behauptung eines Primat des Spirituellen über die Politik erscheint mir sehr tiefgründig. Man kann ohne Zweifel über Einzelheiten in Quinets Schriften über die Revolution diskutieren. Es wäre jedoch falsch, darüber den Blick für das Wesentliche zu verlieren: seine Erklärung des grundsätzlichen Unterschieds zwischen katholischen und protestantischen Ländern hinsichtlich des Problems der Säkularisierung. Es ist wichtig zu verstehen, daß Quinet 1850 das Problem eigentlich als einziger unter diesem Blickwinkel betrachtete. Tocqueville bildet hier keine Ausnahme. In seinem Werk *De la démocratie en Amérique* betont er zwar die Bedeutung der sog. protestantischen Religion für die Geburt der amerikanischen Demokratie, aber Quinet bedauert, daß er diesen Gedanken nicht zu Ende führt.

In der Tat verwendet Tocqueville in seinem Buch kaum den Begriff Protestantismus. Mehr noch, er analysiert nirgends die politischen Auswirkungen der reformatorischen und insbesondere der calvinistischen Lehre. Er begnügt sich mit der vagen Feststellung eines protestantisch-religiösen Einflusses, ohne zu versuchen, dessen eigentliche Triebkräfte zu erklären. Indem er dem Problem nicht auf den Grund geht und nicht bis zur Theologie vordringt, zeigt er sich nach meinem Empfinden hier von einer sehr katholischen Seite. Tocqueville stellt bedauernd fest, daß den katholischen Ländern der Weg zur Demokratie schwerfällt. Er konstatiert erfreut, daß den Amerikanern die Erfindung der Demokratie gelungen ist. Aber er beschränkt sich auf die Feststellung, daß sie im übrigen Protestanten sind und daß diese Tatsache gewisse politische Konsequenzen haben könnte. Hingegen zeigt er nicht, welcher Art die Verbindung zwischen religiöser und politischer Sphäre in den Vereinigten Staaten ist. Ohne behaupten zu wollen, daß Edgar Quinet in allen Punkten recht hat, kann man doch sagen, daß seine historische Fragestellung radikaler ist. Wolfgang Hubers Analyse spiegelt dies teilweise wider.

Im Zusammenhang mit dem Problem des Laizismus werden im Grunde zwei verschiedene religiöse Psychologien sichtbar, die in zwei unterschiedlichen theologischen Traditionen wurzeln. Denn soviel ich weiß gibt es sehr wohl eine reformatorische, vor allem lutherische Theologie, z.B. über die zwei Reiche. Gebt dem Kaiser, was des Kaisers ist: Hier wird wie zufällig das Wort des Evangeliums wieder aufgenommen. Das hat aber eine ganze Reihe politischer Konsequenzen, und man läßt der protestantischen Kirche nicht zuviel Lob zukommen, wenn man daran erinnert. Es erscheint mir offensichtlich, daß selbst eine tyrannische, zur Hexenjagd bereite protestantische Kirche normalerweise nicht in ebenso gefährlicher Weise der Versuchung durch die (vor allem politische) Macht ausgesetzt ist wie die katholische Kirche. Letztere hat meiner Meinung nach die Trennung der beiden Reiche nicht wirklich verinnerlicht. Was Quinet betrifft, bietet er ein Beispiel theologisch-politischer Interpretation mit dem Vorzug der inneren Geschlossenheit.

JEAN BAUBÉROT: Ich habe in der Tat weder von Ferdinand Buisson im allgemeinen, noch von seinem Artikel »Laïcité« im *Dictionnaire de pédagogie* im besonderen gesprochen. Natürlich sind das zwei Punkte, die eine genaue Untersuchung verdienten. Meines Erachtens findet man gerade hier eine etwas religiöse Konzeption des Laizismus. Sie ist durch die entschiedene Ablehnung jedes Einflusses der institutionellen Religion auf die Gesellschaft gekennzeichnet, welche in ihrer Ordnung frei bleibt. Im übrigen spricht Buisson von einem Kult des Wahren, Schönen und Guten, der für ihn ein ebenso wichtiges und vielleicht authentischeres religiöses Gefühl ist als die institutionalisierten Formen von Religiosität. Dadurch erscheint mir Buissons Standpunkt als eine wenig religiöse Konzeption des Laizismus.

Das protestantische Modell ist nicht in die Polarität von Klerikalismus und Antiklerikalismus einzuordnen, die katholischen Gesellschaften zweifellos zu eigen ist, weil es von Interferenzen zwischen Theologie und Soziologie gekennzeichnet wird. Sowohl als Soziologe wie auch als Protestant behaupte ich dennoch, daß das protestantische Modell eine gewisse Neigung und Versuchung zu Formen der zivilen Religion kennt, die uns auf zwei unterschiedliche Ebenen der Analyse führen. Ich erkenne nämlich den Willen, die Gesellschaft mit einer Art Religiosität, einem religiösen Gefühl zu durchdringen. Das Ergebnis ist ein mittelmäßiger Gott, ein mittelmäßiger Bürger, der schließlich nicht mehr viel mit dem sog. Ärgernis des Kreuzes gemein hat: Wenn man die Gewissensfreiheit strikt beachten möchte, und das ist das Mindeste, dann muß man in der Tat die Person Gottes wesentlich schwächen und einen sozusagen konsensfähigen Gott vorstellen.

Im Gegensatz dazu ist Jules Ferrys Modell wirklich agnostisch, und es stellt sich explizit der positivistischen Religion Auguste Comtes entgegen. Ferry verkündet zwar Gewissensfreiheit, widersetzt sich aber Versuchen, sie der Gesellschaft gewaltsam aufzuzwingen. Den Katholiken versichert er, daß die Neutralität der Schule gegenüber ihrer Religion von Nutzen für sie sein werde. Er hat stattdessen die philosophischen Sekten im Visier, die während des ganzen 19. Jahrhunderts großen Erfolg hatten, und verbannt sie aus den Schulen. Es gibt jedoch keinen Ersatz dieser Sekten durch eine neue offizielle, durch Neoreligiosität geprägte Doktrin.

Mein Text konzentriert sich auf den Laizismus Jules Ferrys einerseits deshalb, weil sein Modell jenes ist, das sich historisch ganz einfach durchgesetzt hat. (Und man muß sich in Erinnerung rufen, daß der Laizismus

Ferdinand Buissons stärker den Unterricht der Pflichten gegen Gott favorisierte.) Andererseits auch, weil m.E. nur ein in religiöser Hinsicht strikt agnostischer Laizismus gleichzeitig fruchtbaren Pluralismus in der Gesellschaft respektieren wie auch die Bedingung für ihn sein kann.

WOLFGANG HUBER: Es ist sicher möglich, den Begriff des Klerikalismus in einem so weiten Sinn zu verstehen, daß alle Formen von Absolutheitsansprüchen unter diesen fallen. Ich habe es vorgezogen, mit einem präziseren Begriff von Klerikalismus zu arbeiten, der eine hierarchische Verfügung im Inneren mit einem geistlichen Machtanspruch in die Gesellschaft hinein verknüpft. Das ist, ganz unabhängig davon, inwieweit die katholische Realität damit getroffen wird, der Ausgangspunkt für antiklerikale Bestrebungen in vielen Ländern, darunter auch in Frankreich. Die historische konkrete Entstehung von Laizismus ist mit dieser Problematik unmittelbar verknüpft. Sowohl Laizismus als auch Säkularismus können eine quasi religiöse Form annehmen, nämlich als Heilslehre für die Gesellschaft im Ganzen. Deswegen bleibt immer zu fragen, was in einer Gesellschaft passiert, in der die areligiöse Wahrnehmung von Religion dominiert. Eine weitere Frage betrifft die ethischen Diskurse, in denen die Ethik ohne Religion gegenüber einer Ethik aus Religion im Vordergrund steht. Es bleibt offen, was in so einem Fall passieren würde. Vor diesem Hintergrund kann ich die areligiöse Laizität als Protestant nicht als so unproblematisch ansehen wie Jean Baubérot. Im Blick auf die deutsche Situation in der gegenwärtigen Debatte ist dies kein abstraktes, sondern ein sehr konkretes Thema. Es ist zweifellos richtig, daß es eine spezifische Zugangsweise evangelischer Theologie und Kirche zum Prozeß der Säkularisierung gibt. Man darf es sich aber nicht zu einfach machen und diese Säkularisierungprozesse aus der Lutherischen Zweireichelehre ableiten. In den größten Teilen der Geschichte des Protestantismus hat man selten genau gewußt, was mit der Zweireichelehre eigentlich gemeint war. Es gab bezüglich dieser Lehre immer zwei Strömungen. Die eine Seite hat behauptet, daß es eine spezifische Stärke der evangelischen Gestalt christlichen Glaubens sei, die Weltlichkeit der Welt anerkennen zu können. Sie hat aber auch hinzugefügt, daß dies nicht bedeuten kann, diese Welt sich selbst zu überlassen. Die andere Seite hat sich der Weltlichkeit der Welt in gewisser Weise ausgeliefert, weil sie die Eigenständigkeit von Kirche unterbewertet hat. Insofern ist die besondere Gefahr der evangelischen Kirche, jedenfalls im deutschen Zusammenhang, zugespitzt formuliert die »Selbstsäkularisierung« der evangelischen Kirche. Damit ist das Sich-Einfügen in die Weltlichkeit der Welt gemeint; ein Sich-Einlassen auf die Prozesse der Verweltlichung bis zu dem Grade, zu dem die eigene Identität der evangelischen Kirche nicht mehr erkannt werden kann. Die anerkannte Weltlichkeit der Welt und die Eigenständigkeit von Glauben und Spiritualität stehen dann letztlich nebeneinander und sich nicht mehr gegenüber. Wenn man sich mit diesem Prozeß von dieser Seite her auseinandersetzt, kommt man mit Notwendigkeit auf eine selbstkritische Analyse des Weges der evangelischen Kirche. Im Vergleich zu Frankreich sollte man Deutschland nicht als ein protestantisches Land betrachten, denn das ist in dieser Form nicht richtig. Das Besondere der deutschen Situation ist gerade dieses Nebeneinander und dann in wachsendem Maße auch das Ineinander von protestantischen und katholischen Regionen, von protestantischer und katholischer Prägung. Darin unterscheidet sie sich von Frankreich als einem bis in die Zeit der Säkularisierung katholisch geprägten Land.

In aufgeklärter Säkularität muß nicht nur darauf geachtet werden, wie eine gesellschaftliche Öffentlichkeit areligiös gestaltet werden kann, sondern auch, wie man eine gesellschaftliche Öffentlichkeit so gestalten kann, daß auch die öffentliche Manifestation und Organisation von Religion in ihr einen legitimen Ort erhält.

Rudolf von Thadden: Es handelt sich bei diesem Thema nicht nur um eine evangelisch-katholische Diskussion oder um eine undifferenzierte deutsch-französische Debatte, auch wenn hier zwei verschiedene Modelle klar hervorgetreten sind. Vielmehr besteht Anlaß, nach einer dritten Position zu fragen, die bisher – aus guten Gründen – noch nicht zum Ausdruck gekommen ist. Es geht um die Position einer sich in Deutschland neu herausbildenden Form der Entkirchlichung, die auf dem kulturgeschichtlichen Hintergrund der von Wolfgang Huber geschilderten Geschichte betrachtet werden muß.

Henri Froment-Meurice: In seinem Buch *Le droit au sens* schrieb François Bayrou, damals Erziehungsminister: »Clio, die Muse der Geschichte, braucht schon eine besondere Dosis Humor, um aus dem *Vicomte de Falloux* eine hervorragende Persönlichkeit für den Laizismus der Gegenwart zu machen.« Ist diese paradoxe Mutation Falloux' zur hervorragenden Persönlichkeit für den Laizismus der Gegenwart nicht eine Täuschung beim Blick zurück?

Jean Baubérot: Es kommt hier wohl auf die Perspektive an, denn die klerikalen Aspekte der *Lex Falloux* wurden durch die Dritte Republik beseitigt. Ursprünglich war dieses Gesetz ein Kompromiß, dessen Umsetzung allerdings im Zweiten Kaiserreich sehr klerikal geprägt war. Später wurde dies wieder ausgeglichen.

Henri Madelin

Ziele der katholischen Kirche und Entwicklungen des französischen Laizismus

Der Laizismus, so wie er heute durch die französische Gesellschaft anerkannt und umgesetzt wird, ist das Ergebnis einer langen geschichtlichen Entwicklung, die zwei Jahrhunderte lang zwei Kulturen verschiedenen Ursprungs zu Gegnern machte. Nach einem Laizismus des Kampfes, der für die Anfänge der Dritten Republik kennzeichnend war, kam die Zeit eines offeneren Laizismus. Die Katholiken haben ein Stück Weg zurückgelegt, der von den meisten Protestanten schon gegangen war und der den institutionellen Schwierigkeiten, dem internationalen Hintergrund, der Anziehungskraft im Hinblick auf die Demokratien und den veränderten Einstellungen nach den politischen und religiösen Abscheulichkeiten, die während des Zweiten Weltkrieges verübt wurden, Rechnung trug. Extremformen bleiben in dieser Zeit der beschleunigten Veränderung in der Minderheit, und viele haben sich noch nicht gänzlich von der Sehnsucht nach dem Vergangenen befreit. Aber im Hinblick auf den Laizismus haben die Widersacher vom Anfang des Jahrhunderts begonnen, nach und nach ihre wesentlichen Unterschiede zu erkennen. Der Islam, der sich in Frankreich etabliert hat, hat diese Entwicklung sichtbar gemacht und gleichzeitig beschleunigt. Er verdeutlicht die Sinnlosigkeit der gegenseitigen Anschuldigungen.

Versuch einer Typologie

Mit Rücksicht auf die historische Entwicklung scheint es angebracht, eine Art zusammenfassende Typologie der schwer durchschaubaren Beziehungen zwischen der katholischen Religion und dem sozial-politischen Laizismus aufzustellen.

I.

Wie die Erfahrung der Geschichte zeigt, kann die laizistische Sichtweise auf unterschiedliche Art praktiziert werden: Sie dient zu Anfang als Begrenzung, um die Ausweitung der einst dominierenden religiösen Macht zu verhindern. Sie möchte der sozial-politischen Herrschaft der »Kleriker« und ihren eventuellen Versuchen, die alte Welt wiederherzustellen, entgegenwirken. Diese Bedrohung war gegen Ende des 19. Jahrhunderts real. In den entwickelten westlichen Gesellschaften unserer Zeit ist sie nur noch ein Phantasiegebilde. Sie dient vielmehr zur Propaganda oder Abschreckung, um die sich lichtenden Reihen zusammenzuhalten. Die leiseste Bewegung in dieser Richtung aber löst eine Sensibilität aus, die selbst bei den militantesten Verfechtern vollständig in Vergessenheit geraten war. Die Schwierigkeit ergibt sich auch aus der Tatsache, daß, wie Hannah Arendt im Hinblick auf die Französische Revolution hervorhebt, auf den königlichen Absolutismus symmetrisch der Absolutismus der Volkssouveränität folgt[1]. Die Tyrannei der Mehrheiten macht es unmöglich, den Teil der Wahrheit zu erkennen, in dessen Besitz die Gegenseite ist – mit Hilfe von Argumenten der folgenden Art: »Da ihr politisch in der Minderheit seid, habt ihr juristisch gesehen unrecht.« Hier wird der kalte Bürgerkrieg fortgeführt.

Diese laizistische Sichtweise hat die Verlagerung der Religion in den privaten Bereich der Existenz zur Folge, in diese Vielfalt von Geschmäckern und Farben, deren Existenz sich nicht abstreiten läßt. Ein kompromißloser Liberalismus kann hier einem kämpferischen Sozialismus die Hand reichen.

Das Unternehmen Laizismus kann aber noch radikaler sein, wenn es will. Es kann versuchen, die Religion aus den Herzen der Menschen auszuradieren. Die persönliche Religion kann dabei als Relikt einer Vergangenheit betrachtet werden, die es aus einer stark vom Positivismus geprägten wissenschaftlichen Sichtweise heraus nicht mehr gibt. Es kann auch zur Aufgabe einer totalitären Macht werden, um künftig das ideologische Projekt einer totalen Emanzipation zu verwirklichen, das ihr innewohnt. Die einzige gestattete Form öffentlicher Äußerung ist den Vertretern einer Einheitspartei vorbehalten, die sich als Verkörperung des Willens der gesamten Gesellschaft versteht. Wurde in Artikel 52 der Verfassung der Sowjetunion bis 1990 den Bürgern dieses Landes etwa nicht »die Gewissensfreiheit, d.h. das Recht, jede beliebige Religion auszuüben, an religiösen Handlungen teilzunehmen, keine Religion auszuüben und den Atheismus zu propagieren« zuerkannt?

Unter dem Deckmantel eines großzügig scheinenden Egalitarismus wird in Wirklichkeit ein schlechter Handel betrieben. Die Gläubigen sind für immer in die Sakristeien ihrer Kirchen verbannt, während die Propagandisten des Atheismus das Recht auf öffentliche Äußerung ihrer Meinung haben. Das Gleichgewicht zwischen den verschiedenen Positionen ist nicht gegeben. Die Gläubigen haben in der öffentlichen Diskussion mit jenen, von denen sie negiert werden und die über die Macht des Herrschenden verfügen, die schlechteren Karten. Während die ehemalige UdSSR diesen Pfad verlassen zu haben scheint, versinkt China weiterhin in seinen sandigen Spuren.

2.

Die katholische Sichtweise entwickelt sich mit der Zeit asymmetrisch zu jener, die gerade beschrieben wurde. Die Behauptung, diese Rechte hätten in der kirchlichen Gesellschaft vor der Revolution von 1789 und der laizistischen Entwicklung der aufeinanderfolgenden Republiken nicht existiert, ist schwer aufrechtzuerhalten. Denn es war die Kirche, die – vor dem 18. Jahrhundert – den Begriff des Rechtsstaats schuf. Wer dafür einen Beweis möchte, findet diesen in der Geschichte der religiösen Orden. Sind ihre demokratischen Prinzipien und die Einschränkung der Macht, zu denen sie ihre Mitglieder verpflichteten, etwa nicht inmitten der Zeiten des politischen Absolutismus entstanden? Einige Soziologen wie Léo Moulin gehen sogar so weit zu sagen, daß sie die religiösen Erfinder der Demokratie vor den Politikern der demokratischen Ära waren.

Cäsar hat sich vom Religiösen befreit – nach einer langen Periode seiner Bevormundung durch das letztere. Der König und seine Legisten haben Vergeltung geübt. Die katholische Kirche aber hat nach und nach einen eigenen Bereich zurückerobert, indem sie den Begriff der *libertas ecclesiae* ständig erweiterte. Heute gelangen wir zu der christlichen Forderung nach der Wahrung der Menschenrechte in allen Teilen der Erde – zur großen Verblüffung gewisser laizistischer Kreise. Die Wahrung des Rechts auf individuelle und gemeinschaftliche Ausübung der Religion wird immer mehr als Prüfstein betrachtet, mit dessen Hilfe die Aufrichtigkeit in Bezug auf die Anerkennung der anderen Rechte eingeschätzt werden kann. Diese Freiheit der Kirche in einer gegebenen Gesellschaft, die immer wieder durch den extra-territorialen Druck aus Rom belebt wird, ist in ihrer Logik wirksamer, als die Forderung einer Kirche, die man als *societas perfecta* betrachtet und die ihrem politischen Visavis ständig gegenübergestellt wird.

Innerhalb dieser kontrastreichen Entwicklung stellt die Erklärung des II. Vaticanums zur Glaubensfreiheit zwar eine Atempause dar. Die Kirche möchte sich von nun an jede Form der Überzeugung verbieten, die versucht, von außen auf die Gemüter einzuwirken. Sie plädiert für die sich allein innerlich vollziehende Erkenntnis, die der Kraft der reinen Wahrheit die Ehre gibt. Die Versuchung Jesu in der Wüste gleicht der mysteriösen Entschleierung möglicher Irrwege, wie auch Dostojewski gut erkannt hat. Von dem Wunsch beseelt, die anerkannte Wahrheit in einem Klima der Freiheit zu respektieren, fordert sie aber ihrerseits von der politischen Macht, den Glauben als eine Welt anzusehen, die von allen Zwängen befreit ist und in den Grenzen der öffentlichen Ordnung besteht. Sie betrachtet das Bekenntnis zu einer religiösen Identität als ein positives Recht, das von der bürgerlichen Gesetzgebung zu respektieren ist. In einer sozialisierten Welt müssen die gläubigen Menschen die Möglichkeit haben, sich in freien Verbänden zusammenzuschließen, um an der öffentlichen Diskussion teilzunehmen. Die Begriffe »christlicher Staat« oder »atheistischer Staat« sind von nun an aus dem Wortschatz zu verbannen. Wir haben eine Welt gegenseitiger Rechte betreten, in der es möglich sein muß, daß ein jeder von diesen Rechten Gebrauch machen kann, ohne sie zu mißbrauchen.

Das öffentliche Bekenntnis zum Glauben wird somit in den Bestand der verfassungsmäßigen Garantien eines demokratischen Staates aufgenommen.

Über einige Paradoxa

Der französische Laizismus hat noch eine weite Wegstrecke vor sich, um auf der Grundlage von Toleranz bestehen zu können – und nicht mehr in direkter Konfrontation zweier bis an die Zähne bewaffneter Lager. Der Begriff der Neutralität des Staates muß in Anerkennung seiner Rolle als impulsgebende Kraft weiterentwickelt werden, um die Spielregeln festzulegen und die wesentlichen Kräfte der Nation zu zwingen, sich den dringenden aktuellen Problemen zuzuwenden, insbesondere dem Problem der Übermittlung zuverlässiger Werte an die jungen Generationen. Die Aufgaben von morgen sind ethischer Art und durch ideologische Indoktrination nicht mehr zu lösen. Es geht darum, möglichst viele Menschen mit dem kulturellen und geistlichen Handwerkszeug auszustatten, das ihnen ermöglicht, den Bequemlichkeiten einer alle Unterschiede einebnenden Uniformität und dem Konformismus, der sich mit der Wiederholung überholter Lektionen aus einer nicht mehr existierenden Vergangenheit begnügt, zu widerstehen. Eine aktive Toleranz muß es uns ermöglichen, gemeinsam die »Intoleranz« zu überwinden, »die nach P. Ricoeur den Respekt nicht verdient, wenn der Respekt die Tugend der Toleranz in kultureller Hinsicht ist.«

Die Kirche ist nicht mehr vom Geist der Kreuzzüge beseelt, und wäre es so, würde sie in der Gesellschaft von heute damit nicht auf Verständnis stoßen, nicht einmal bei ihren eigenen Mitgliedern. Die Nicht-Gläubigen müssen aufhören zu denken, daß die Kirche, die sich zur Zeit in einer schwachen Position befindet, nur auf günstigere Zeiten wartet, um zum Sturm auf eine Gesellschaft anzusetzen, die sie nach ihren eigenen Vorstellungen orientieren würde. Die Gläubigen ihrerseits müssen die Folgen der Säkularisierung akzeptieren und dürfen nicht von einer christlichen Gesellschaft träumen, die es nicht mehr gibt und die außer in den erfinderischen Hirnen einiger Theoretiker niemals existiert hat.

In einem Rechtsstaat müssen die Kirchen zeigen, daß sie bereit sind, alle Mittel zu nutzen, die ihnen die demokratische Ordnung und die Lehren der Konzile zur Verfügung stellen. Wenn jeder den anderen in dieser fairen Konfrontation akzeptiert, werden wir Überraschungen erleben, denn eine freie Kirche in einem freien Staat kann neue Ressourcen aufspüren. Die großen Ideale oder Idole, die beabsichtigten, den Platz des »wirklichen und leibhaftigen Gottes« einzunehmen, kranken heute am Relativismus oder sogar am Überholtsein ihrer Ideen. Nur große Kinder glauben noch, daß die Wissenschaft, der Fortschritt und das politische Geschick die einzigen Schlüssel zu einer strahlenden, friedvollen und brüderlichen Zukunft sind.

Selbst in der hochheiligen Trennung zwischen Öffentlichem und Privatem, die wie ein fester Damm alles Politische von der religiösen Überzeugung isolieren sollte, zeigt sich eine gewisse Nostalgie für das Vergangene. Die Morde an den tibbherinischen Mönchen und an Seiner Exzellenz Claveric[2] haben das deutlich zum Ausdruck gebracht. Diese Trennung ist entschieden zu oberflächlich. Es kann ihr demnach genauso ergehen, wie derzeit der alten polemischen Unterscheidung »Dem Öffentlichen öffentliche Fonds und dem Privaten private Fonds.« Wurde diese Unterscheidung nicht dauerhaft durch die Gesetze von Debré über die Schule in Frage gestellt?

In der Funktionsweise einer modernen Demokratie wird Öffentliches und Privates vermischt, wenn es um die Finanzen für Körperschaften des öffentlichen Rechts geht. Warum wird die Förderung der Bienenzucht im Gebirge im Namen einer gesunden Umwelt akzeptiert? Warum verringert man andererseits die Anzahl religiöser Vereinigungen, die jeden Sonntag mehr als fünf Millionen Franzosen versammeln, um sie mit mehr Verantwortungsbewußtsein und mit der notwendigen Hoffnung in Bezug auf sich, aber auch in Bezug auf die nationalen Errungenschaften auszustatten?

»Bei der Verfolgung des spezifischen, ihr eigenen Ziels«, wird in einem Text des Konzils festgestellt, »teilt die Kirche dem Menschen nicht nur das göttliche Leben mit, sie verbreitet auf gewisse Art auch in der ganzen Welt das Licht, das dieses göttliche Leben ausstrahlt, insbesondere wenn sie die Würde des Menschen heilt und erhöht, den Zusammenhalt der Gesellschaft stärkt und dem Tagewerk der Menschen einen tieferen Sinn verleiht, indem sie es mit einer größeren Bedeutung durchdringt. Durch jedes ihrer Mitglieder wie auch durch die Gemeinschaft, die sie darstellt, glaubt die Kirche, somit einen beträchtlichen Beitrag zur weiteren Humanisierung der Menschenfamilie und ihrer Geschichte leisten zu können.«[3]

Pluralität der Klerikalismen

Es ist richtig, daß ein alter grundlegender Antiklerikalismus durch einen Instinkt, der in der Geschichte begründet ist, weiterhin Mißtrauen gegen die Klerikatur an der Spitze der kirchlichen Hierarchien hegt. Aber wenn die Kirche schwächer und autonomer im Hinblick auf das politische Spiel wird, wäre es nützlich, sich die neuen Formen des Klerikalismus anzusehen, die von den weltlichen Einflußbereichen und der geistigen Autorität ausgehen: von der Schule, dem Fernsehen, der Presse, den neuen geistigen Vorbildern usw. Sie sind für die Demokratie gefährlicher als die sogenannten Kleriker an der Spitze der Kirchen. Deshalb ist es heutzutage empfehlenswert, wieder Charles Péguy zu lesen, frommer Christ und aufrichtiger Lobredner des Laizismus. Folgendes äußert er im *Texte posthume* vom Juni 1912: »So navigieren wir ständig zwischen zwei Pfarrern, manövrieren wir zwischen zwei Gruppen von Pfarrern, den antiklerikalen und den klerikalen: den laizistischen Pfarrern, die das Ewige des Irdischen leugnen, die das Ewige aus dem Irdischen, aus dem Kern des Irdischen herausnehmen, entfernen wollen, und den kirchlichen Pfarrrern, die das Irdische des Ewigen leugnen, die das Irdische aus dem Ewigen, aus dem Kern des Ewigen herausnehmen, entfernen wollen. Somit sind die einen wie die anderen kaum christlich, denn die Technik selbst des Christentums, die Technik und der Mechanismus seiner Mystik, der christlichen Mystik, ist dies: es ist die Einbindung eines Teils des Mechanismus in ein anderes, es ist diese Verzahnung der beiden Teile, diese eigenartige, gegenseitige, einzigartige, wechselseitige, unlösbare und unzerlegbare Einbindung des einen in das andere, des anderen in das eine, des Irdischen in das Ewige und dessen (und vor allem dessen, was meist geleugnet wird), was das Wundervollste darstellt, des Ewigen in das Irdische.«[4]

Der berühmte Ausspruch Gambettas: »Der Klerikalismus – das ist der Feind!« ist heute nach den Eingebungen Péguys zu überdenken. Der Feind ist nicht mehr der gleiche, den wir früher zu geißeln pflegten. Er ist eher in den Stätten des Laizismus zu suchen, als in den verschiedenen Formen der kirchlichen Führung.

1 Hannah Arendt, *Essai sur la révolution*, Paris: Gallimard 1985, S. 227f.

2 Leitartikel in *Études*, Juli/August 1996.

3 II. Vaticanum, »*L'Église dans le monde de ce temps*«, Nr. 40, §3.

4 Charles Péguy, *Texte posthume, juin 1912*, in: Œuvres en prose, Paris: Bibliothèque de la Pléiade, Bd. 3, S. 668f.

Christian Krause

Die Stellung der evangelischen Kirchen in der postrevolutionären Gesellschaft in Deutschland

Als postrevolutionär bezeichnen wir eine Gesellschaft, die nach einem Umsturz der bestehenden politischen und sozialen Ordnung einem grundlegenden Paradigmenwechsel unterworfen ist. Nach einer Revolution hat man es mit einer anderen Welt zu tun. Genauer: mit einer anderen Sicht der Wirklichkeit. Die Menschen sehen die Dinge in neuen Zusammenhängen und richten sich fortan nach Mustern, die vorher keine Bedeutung hatten. Alte Selbstverständlichkeiten lösen sich auf. Insofern handelt es sich bei postrevolutionären Gesellschaften nicht allein um den Wechsel zu einem anderen Herrschaftsmodell. Vielmehr ist damit zugleich ein Wechsel zu einer neuen Konstellation von Überzeugungen, Werten und Verfahrensweisen verbunden, die von den Mitgliedern einer Gesellschaft geteilt werden.

Der erste und wohl auch nachhaltigste revolutionäre Umbruch in diesem Jahrhundert, auf den diese Definition zutrifft, geschah 1918. 1918 war eine epochale Wende. Der Krieg hatte den Zerfall des Kaiserreichs beschleunigt. Die ständische Gesellschaft wich der republikanischen Ordnung einer bürgerlichen Gesellschaft. Die Verbindung von Thron und Altar brach auseinander.

Die zwölf Jahre nationalsozialistischer Diktatur haben diesen revolutionären Umbruch und die Neuformierung des politischen, gesellschaftlichen und kirchlichen Systems in der Weimarer Zeit zwar unterbrochen und verzögert, beenden konnten sie diese nicht. So setzte sich 1946 der 1918 begonnene epochale Wandel fort. Die letzten Reste der ständischen Ordnung wurden ausgelöscht. Im Westen bildete sich ein demokratisches, föderales und soziales Verständnis von Staat und Nation heraus. Auch die 1918 erfolgte Trennung von Thron und Altar und der Übergang zum weltanschaulich neutralen Staat wurden aus der Weimarer Verfassung in das Grundgesetz der Bundesrepublik Deutschland übernommen.

Man hat den tiefen Einschnitt von 1918 als das Ende des konstantinischen Zeitalters bezeichnet. Zwar waren die Kirchen als Körperschaften des öffentlichen Rechts, abgesichert durch Staatskirchenverträge und Konkordate, auch nach 1945 noch staatlich und gesellschaftlich privilegierte Institutionen (u. a. durch das Recht, Steuern zu erheben und das Recht auf eine eigene Jurisdiktion). Sie hatten jedoch viel von ihrem Einfluß auf das politische und gesellschaftliche Leben eingebüßt. Ihre Mitwirkung an hoheitlichen Aufgaben, z.B. durch die geistliche Schulaufsicht, war schon zur Weimarer Zeit beendet worden, wie auch umgekehrt die staatliche Oberaufsicht über die Kirche im Summepiskopat ein Ende hatte.

Im Gefolge dieser revolutionären Umbrüche kam es nicht nur zu einer weiteren Entkirchlichung der Gesellschaft. Auch die im 19. Jahrhundert einsetzende Entchristlichung schritt weiter voran. Das die Gesellschaft gewissermaßen überwölbende Sinn- und Wertesystem des christlichen Glaubens und die uneingeschränkte institutionelle Repräsentanz der diesen Glauben vermittelnden Institution Kirche wich einem neuen Modell der gesellschaftlichen Segmentierung und Differenzierung. Dieses hatte sich seit dem 19. Jahrhundert durch Industrialisierung und Modernisierung mehr und mehr durchgesetzt. Die Kirchen waren tendenziell Institutionen unter anderen geworden, der christliche Glaube eine weltanschauliche Orientierung neben anderen.

Insofern sind postrevolutionäre Gesellschaften auch dadurch bestimmt, daß sie sich intensiv mit den Auswirkungen tiefgreifender kultureller Transformationsprozesse auseinanderzusetzen haben. Sälularisation und Pluralismus beschreiben m. E. die beiden Hauptmomente dieser im 19. Jahrhundert begonnenen und durch 1918 beschleunigt fortgesetzten Entwicklung im 20. Jahrhundert.

1945 markiert den Beginn einer getrennten Entwicklung zwischen den beiden deutschen Gesellschaftsmodellen der Nachkriegszeit. Die kommunistische Diktatur hatte nach 1945 den 1918 begonnenen Prozeß zu einem republikanischen Gesellschaftsmodell nach dem Vorbild der Weimarer Republik beendet und stattdessen den Anschluß an die russische Revolution von 1917 nach dem Modell einer Volksrepublik gesucht. Der allgegenwärtige Staat und die Partei diktierten das geltende politische Sinnsystem. Insofern setzte sich, nur unter säkularen Vorzeichen, ein »Konstantinismus mit anderen Mitteln« fort.

Als 1945 der alle postrevolutionären Werte und Errungenschaften pervertierende und zerstörende Nationalsozialismus zusammengebrochen war, entstand jene »Ungleichzeitigkeit des Post- Revolutionären«, die bis heute in unserem Land zumindest unter der Oberfläche gärt: im Westbündnis der Anschluß an Weimar (Bundesrepublik), im Ostbündnis der Anschluß an das Politsystem der UdSSR (DDR). Erst nach dem erneuten Umbruch von 1989 kam auch für den Osten das Ende eines Staat, Gesellschaft und Privatleben überwölbenden Sinnsystems, der Übergang zum Pluralismus, die Einordnung der Kirchen in das System staatskirchenrechtlicher Kooperation.

Auf diesem Hintergrund einer neuen Gleichzeitigkeit von ungleichzeitigen Entwicklungen fragen wir erstmals nach der Stellung der evangelischen Kirchen in der postrevolutionären Gesellschaft für ganz Deutschland.

Die Themenstellung geht von einer Behauptung aus, deren Richtigkeit erst allmählich – wenn überhaupt – akzeptiert und begriffen wird: Es hat eine Revolution stattgefunden, in deren Gefolge die Gesellschaft in Deutschland insgesamt als eine postrevolutionäre zu verstehen sei. Will sagen: In ganz Deutschland ist nichts und wird nichts mehr sein, wie es vor der Revolution, vor den radikalen Umwälzungen seit Ende der achtziger Jahre im Osten oder im Westen war.

Diese Behauptung erscheint unstrittig im Blick auf den Osten Deutschlands; sie steht jedoch im Widerspruch zu den meisten Handlungsmodellen des vereinigten Deutschlands, die in der Regel eine Fortschreibung dessen waren und sind, was in der alten Bundesrepublik gegolten hat und gilt. Hier wird dann auch weniger von einer Revolution als vielmehr von einer Wende im Sinne der Abkehr vom Modell des Ostens und der Hinwendung zu dem des Westens gesprochen. Will sagen: Was heute in ganz Deutschland gilt, ist eine Fortschreibung oder Fortentwicklung dessen, was im Westen bereits vor der Wende des Ostens vorhanden und angelegt war. Durch diesen Anpassungsprozeß wurde die Radikalität des erfolgten Umbruchs mit seinen massiven und umfassenden langfristigen Auswirkungen auf das Ganze (Ost *und* West) vordergründig überspielt. Inzwischen aber bröckelt die Farbe ab, und die Risse werden sichtbar. Die kritische sozialökonomische Entwicklung und die doppelte innerdeutsche und europäische Integrationsaufgabe lassen Grenzen der Leistungsfähigkeit unserer Volkswirtschaft und der sie steuernden Institutionen erkennen.

Das gilt nun auch für die evangelischen Kirchen, die die Vereinigung in Analogie zum Staat vorgenommen haben und in gleicher Weise gewissermaßen von einer Überlastungskrise betroffen sind. Ich will die sich daraus ergebende Situation und Stellung der evangelischen Kirchen in Deutschland in vier kurzen Schritten analysieren:

1. Der Osten kam zum Westen.
2. Der Osten merkt, daß er nicht Westen werden kann.
3. Der Westen stellt fest, daß er nicht der »alte« (vor '89) ist.
4. Gemeinsam befinden wir uns mitten in Europa.

Der Osten kam zum Westen

1987 (letzte Volkszählung in der BRD-West) gehörten 84,6% der Gesamtbevölkerung in Deutschland einer der beiden großen christlichen Kirchen an. 1993, nach der Wiedervereinigung, sind es 70,3%. Damit ist der Anteil der Nichtchristen mit knapp 30% fast doppelt so hoch wie 1987.[1] Von einschneidender Bedeutung für diese Verschiebung in der religionssoziographischen Lage Deutschlands ist zweifellos die Vereinigung der traditionell volkskirchlichen Bundesrepublik mit den volkskirchlich strukturierten Minderheitskirchen in der alten DDR gewesen. Die Zugehörigkeit zu christlichen Kirchen insgesamt lag 1993 durchschnittlich bei 25%, in Großstädten oft um die 10%. »Durch Minorisierung und Marginalisierung sind die ostdeutschen Kirchen eine Minderheitskirche in volkskirchlichen Strukturen geworden. Die Strukturen bestehen trotz aller Veränderungen weiter, obwohl sie dem unübersehbaren Schwund schon lange nicht mehr angemessen sind. Mit der gesellschaftlichen Ordnung der Bundesrepublik hat die verordnete Marginalisierung der Kirche in Ostdeutschland ihr Ende gefunden. Die Minorisierung jedoch ist geblieben.«[2] Daraus ergibt sich die für die heutige Stellung der Kirche in Deutschland typische Situation der gleichzeitigen Ungleichzeitigkeit, die vor erhebliche Integrationsprobleme stellt. Da etwa nur ein Viertel aller Kirchenmitglieder im Osten zahlungspflichtige Mitglieder sind, tragen die eigenen Einnahmen der ostdeutschen Kirchen nur etwa zu einem Viertel bis zu einem Drittel zur Finanzierung der anfallenden Aufgaben bei.

Es ist also absehbar, daß die Steuerkraft der östlichen Gliedkirchen langfristig wegen der unterschiedlichen Mitgliederstruktur das westliche Niveau nicht annähernd erreichen kann.[3] Die selbständige Finanzierung der östlichen Landeskirchen ist auch bei dramatischer Selbsteinschränkung langfristig nicht zu leisten.[4]

Dabei sind nicht nur die wirtschaftlichen Folgen zu bedenken. Durch die Vereinigung der evangelischen Kirchen in Deutschland sind zwei völlig unterschiedliche Systeme der Verhältnisbestimmung von Staat und Kirche, Religion und Gesellschaft aufeinandergetroffen. Im Osten der atheistische Staat und die durch ihn weitgehend säkularisierte Gesellschaft, im Westen der weltanschaulich neutrale, aber doch immer noch mehrheitlich christlich geprägte Staat, der trotz grundsätzlicher Trennung ein kooperatives Verhältnis zu den Kirchen befürwortet und unterhält. Das östliche Modell der prinzipiellen Trennung wurde nach 1989 abgelöst durch das sozialstaatliche Modell der abgestuften Kooperation, in dem Kirche und Diakonie Teile der flächendeckenden Sozialarbeit sind und zur Wahrnehmung der auf diesen Feldern anfallenden Aufgaben mit staatlichen Ressourcen und Privilegien ausgestattet werden. Die östlichen Strukturen wurden zwar in einem spannungsreichen Trägerwechsel den westlichen angeglichen. Erhebliche Nachwirkungen aber hat das ihnen jeweils zugrunde liegende Selbstverständnis. In den östlichen Kirchen wirkt in der Verhältnisbestimmung von Kirche, Diakonie und Gesellschaft ein theologisches Modell nach, wie es beispielsweise in der Theologie Dietrich Bonhoeffers vorliegt. Demnach ist die Kirche als Kirche für andere insbesondere den Opfern jeder Gesellschaftsordnung unbedingt verpflichtet. Dabei stehen sich Kirche und Gesellschaft in der Regel kritisch gegenüber. Diese kritische Rolle einer »Kirche im Sozialismus« war möglich geworden durch das System der entkonfessionalisierten Fürsorge, wie es für die DDR galt. Innerhalb dieses Systems konnte Kirche in der »diakonischen Nische« relativ eindeutig und eigenständig arbeiten. Dieses Selbstverständnis trifft auf das subsidär ausfinanzierte westliche Modell, das dadurch, daß es die Professionalität der Konfessionalität verordnet, in seinem eigenen Profil kaum noch erkennbar ist.

Der Osten merkt, daß er nicht Westen werden kann

Die Perspektive der schnellen und umfassenden Angleichung östlicher Lebensverhältnisse an den Westen hat ihre Anziehungskraft weithin verloren, weil die Unterschiedlichkeit der Ausgangsbedingungen gesellschaftlichen und kirchlichen Lebens in Ost und West heute vehement ins Bewußtsein kommt. Das ist ein schmerzlicher, mit Enttäuschungen und Verbitterung verbundener Prozeß. Trotzdem ist er notwendig, um nüchtern zu beurteilen, wie die Gemeinschaft der evangelischen Kirchen in Deutschland sich langfristig und nachhaltig trotz der sich aus dieser Situation ergebenden Zentrifugalkräfte gestalten kann.

In einem aufrüttelnden Brief an die Leitenden Geistlichen und Juristen der deutschen Landeskirchen schreibt der Bischof der Pommerschen Evangelischen Kirche, Eduard Berger: »Mit 560.000 Einwohnern und fast 800.000 Quadratkilometern ist Pommern eine dünnbesiedelte, aber große Region. Seit der Wende sind hier 80% der Arbeitsplätze in der Industrie und Landwirtschaft weggebrochen, ohne daß in anderen Branchen ausreichend Ersatz geschaffen werden konnte. Dies und die ungünstige Randlage im äußersten Nordosten Deutschlands sind die Gründe für die deutschlandweit höchsten Arbeitslosenquoten (29%). Die Bruttowertschöpfung pro Einwohner lag 1993 in Vorpommern um 8% unter dem Landesdurchschnitt Mecklenburg-Vorpommern und um 57% unter dem Bundesdurchschnitt. Innerhalb weniger Jahre volllzogen sich bei uns so einschneidende strukturelle Verschlechterungen wie in keinem vergleichbaren Teilgebiet Deutschlands. Wenn es nicht gelingt, den wachsenden Abstand zu den übrigen Landesteilen zu verringern, dann wird die Region Vorpommern ein teurer und aufgrund der möglichen sozialen Spannungen schwer berechenbarer Kostgänger Deutschlands werden.«

Auf dem Hintergrund dieser sozialökonomischen Situation konstatiert Bischof Berger einen dramatischen Rückgang der Gemeindegliederzahlen und Kirchensteuereinnahmen und bittet deshalb die Gemeinschaft der evangelischen Kirchen in Deutschland um einen solidarischen Prozeß des Nachdenkens über zwei Grundfragen:

»Kann die Rechtseinheit der deutschen Landeskirchen anders gewahrt werden, als daß sie vertieft und ausgebaut wird? Wie können wir ohne echten Finanzausgleich zukunftsfähig sein?« Er befürchtet, daß die Gemeinschaft der EKD von qualitativen Unterschieden zerrissen wird, wenn es nicht gelingt, die Einheit rechtlich und finanziell neu zu ordnen.

Damit rückt eine Grundfrage in die Gestaltung föderativer Strukturen – seien sie politischer oder kirchlicher, nationaler oder internationaler Natur – in den Mittelpunkt. Ob nun für Europa, den deutschen Föderalismus oder die Gemeinschaft der evangelischen Kirchen in Deutschland, gilt zu klären, wie sich das Verhältnis von Zentrum und Peripherie, Teilen und Ganzem künftig gestalten soll. Mithin, wie es zu einer gerechten Aufteilung zwischen originären Gemeinschaftsaufgaben und Aufgaben, die jeder sich für wahrnehmen muß, kommen kann. Die politische, gesellschaftliche und kirchenpolitische Gestaltung dieses Spannungsfelds zwischen verbundenen Einheiten mit unterschiedlichen Leistungsfähigkeiten gehört zu den hauptsächlichen und wichtigsten Zukunftsaufgaben. Eine Grunderkenntnis könnte dabei lauten: Die gleichzeitige Ungleichzeitigkeit ist zu akzeptieren und berechenbar zu gestalten. Es kann sinnvoll sein, Einheit in der Vielfalt und Einheitlichkeit in den Strukturen zu unterscheiden. Wir brauchen ganz neue, ergänzende Strukturen einer missionarischen Strategie. Allein an einer Maßstabsverkleinerung zurück auf den Stand von 1970 zu arbeiten, ist nicht genug. Eine Kirche, die keine Menschen mehr braucht und nur noch über ihre Verkleinerung nachdenkt, ist ein absurdes Planungsziel.

Der Westen stellt fest, daß er selber nicht mehr der »alte« (vor '89) ist

Die 68er-Bewegung hat viele neue Impulse auch in den Raum der Kirche hineingebracht. Dazu zählt die Öffnung für gesellschaftspolitische Themen und Herausforderungen, der Einzug der Humanwissenschaften und eine insgesamt stärkere politische Profilierung (Konziliarer Prozeß für Gerechtigkeit, Frieden und Bewahrung der Schöpfung). Das hätte eigentlich zur Folge haben müssen, daß die Kirchen eine größere Akzeptanz auch in den kritisch distanzierten Kreisen finden. Das Gegenteil aber scheint der Fall zu sein. Knapp 15 Jahre später schockierte eine erste Bilanz: 1,2 Millionen Kirchenaustritte in der evangelischen Kirche von 1969 bis 1980 und ein wachsender Anteil von Austrittsbereitschaft besonders in der jüngeren Generation. Das Anwachsen des Anteils andersgläubiger ausländischer Mitbürgerinnen und Mitbürger und die geringe Geburtenquote haben die Entwicklung beschleunigt. So befindet sich in manchen großstädtischen Gebieten die evangelische Bevölkerung in der Minderheit. Heute, nach weiteren 15 Jahren, hat sich die Lage abermals verschärft. Seit 1981 traten 1,8 Millionen evangelische Christen aus der Kirche aus.[5] Wir haben also seit 1968 ein Gesamtabwanderung von rund drei Millionen Mitgliedern durch Austritte. Diese Tendenz hält an.

Es gibt eine sehr stabile Form der Distanzierung, die weder durch zusätzliche Informations- noch Kommunikationsangebote zu verändern ist. Meistens stehen langfristige Entfremdungsprozesse dahinter. Der seit 1970 erfolgte hohe Personaleinsatz in den evangelischen Kirchen im Westen hat das Mitgliedschaftsverhalten kaum positiv beeinflußt. Darüber darf allerdings nicht vergessen werden, daß im Durchschnitt in der Bundesrepublik West immer noch um 80% der Bevölkerung den beiden großen christlichen Kirchen angehören, während es in den östlichen Gliedkirchen um 25% sind.

Eine Reihe von Theorieansätzen versucht den Funktionswandel von Religion und Kirche in der modernen Gesellschaft nachzuvollziehen. Darunter hat der systemtheoretische Ansatz weitgehende Zustimmung gefunden. Er besagt, daß sich im Zuge der gesellschaftlichen Differenzierung unterschiedliche Teilsysteme vom Gesamtsystem der Gesellschaft verselbständigt haben. Auch die Kirchen als Instituitonen der Religion haben sich zu einem eigenen sozialen Teilsystem entwickelt, das immer weniger in die Bereiche des Alltäglichen und Selbstverständlichen hineinreicht und dem eine gewisse Künstlichkeit anhaftet. Es spricht vieles dafür, daß die Auflösung der traditionellen Lebenswelt in unterschiedliche Segmente ein primärer Faktor für den Funktionswandel von Religion und Kirche in der modernen Gesellschaft ist. Differenzierungs- und Pluralisierungsprozesse haben zum Verlust von Selbstverständlichkeikten und Plausibilitäten geführt.

Die Gründe dafür sind komplex und in Kürze auch nicht nur annähernd darzustellen. Meines Erachtens würden wir aber den Wandel unzureichend beschreiben, wenn wir ihn nur auf die Säkularisierung der westlichen Gesellschaften zurückführen. Deutlicher muß ins Bewußtsein kommen, daß die sich wandelnde Stellung der evangelischen Kirchen ursächlich mit dem Wandel der Lebenswelten zu tun hat, wie er durch die sozialökonomische Entwicklung Westeuropas in der zweiten Hälfte des 20. Jahrhunderts ausgelöst wurde.[6] Aufgrund des Nachholbedarfs nach dem Krieg und der durch den Strukturwandel ermöglichten Wachstumsraten (Rekonstruktionsthese) konnte der Staat im nationalen Bereich nach 1945 von Beginn an mehr Verantwortung übernehmen. Er griff mit einem breiten Spektrum von Instrumenten in den wirtschaftlichen Ablauf stützend ein und lenkte die volkswirtschaftliche Mehrwertschöpfung in ein breit differenziertes soziales Sicherungssystem um. Es entstand das, was man den sozialen Wohlfahrtsstaat nennt.

Entsprechend gestaltete sich die gesellschaftliche Organisation. Die Bundesrepublik Deutschland war nach 1945 wesentlich durch Institutionen aufgebaut worden, die in einem kooperativ-korporativen Verhältnis dazu beitrugen, daß das kapitalistische System sicher, integrativ und beherrschbar wurde. In diesem System hatten die Kirchen mit ihrer verfassungsrechtlichen Sonderstellung als Körperschaften des öffentlichen Rechts die Chance, sich zu einem riesigen Netzwerk subsidiärer sozialer Dienstleistungen zu entwickeln. Auf dem sozialen Feld, im Bildungs- und Kulturbereich und im Bereich dessen, was im weitesten Sinne als Lebensbegleitung bezeichnet werden kann, hat der Staat in den Kirchen unverzichtbare Partner gefunden. Mit allein rund 370.000 Mitarbeiterinnen und Mitarbeitern in 31.000 Einrichtungen (Stand 1994) gehört das Diakonische Werk nicht nur zu den größten Arbeitgebern der Bundesrepublik. Vielmehr ist es in seinem kaum noch überschaubaren institutionellen und ehrenamtlichen Vernetzungen eine »soziale Struktur-Institution« ersten Ranges. Wie staatlicherseits auf dem sozialen Feld Ansprüche gesetzlich festgeschrieben wurden (z.B. das Recht auf einen Kindergartenplatz), für die man in der freien Wohlfahrtspflege engagierte und verläßliche Träger fand, so wurde auch der staatlich garantierte Bildungsanspruch durch subsidiär verpflichtete Träger verwirklicht (z.B. in der Evangelischen Erwachsenenbildung und den Evangelischen Familienbildungsstätten).

Wer also heute über eine Entflechtung des gewachsenen Kooperationsverhältnisses zwischen Staat und Kirche nachdenkt, muß um diese Wechselwirkung zwischen der Stellung der Kirchen und der Gestaltung der Gesellschaft wissen. Es scheint eine wachsende Neigung zu bestehen, die Lösung für die negativen Folgen der gegenwärtigen Strukturkrise im Rückbau institutionell gesicherter Ansprüche zugunsten selbstorganisierter, privater Vorsorge und Initiative zu suchen. Damit bewegen wir uns auf eine Situation zu, in der gesellschaftliche Stabilität immer weniger durch das kooperative Wirken von Institutionen gewährleistet wird.

Als dem Gemeinwohl verpflichtete Institutionen haben die Kirchen in ihrem Sozialwort auf die Notwendigkeit eines neuen gesellschaftlichen Konsenses über die Verteilung von Arbeit und Einkommen hingewiesen.

Es ist eine offene Frage, ob sich dieser korporative Ansatz noch einmal gegenüber dem Pluralismus durchsetzen kann, der sich politisch und kulturell flächendeckend ausbreitet. Er hat eine Individualisierung, Privatisierung und Fragmentierung der Gesellschaft zur Folge und führt zu einer gewissen Beliebigkeit der politischen, sozialen und kulturellen Normen. Schlimmstenfalls führt er zu einer neuen sozialen Verelendung, die ihrerseits die Gefahr reaktionärer politischer Antworten heraufbeschwören könnte.

In diesem Übergangs- und Auflösungsprozeß befinden sich auch die westdeutschen Kirchen, was ihre institutionelle Gestalt betrifft. 1989 hat auf diese Prozesse wie ein Katalysator gewirkt. Die politische und gesellschaftspolitische Klammerfunktion des Ost-West-Gegensatzes ist verlorengegangen. Wir sind beschleunigt auf eine neue Phase der Differenzierung zwischen Staat und Kirche zugelaufen. Das sogenannte Kruzifix-Urteil des Bundesverfassungsgerichts, die Streichung des Buß- und Bettags und der schleichende Ausfall von Religionsunterricht sind Symptome für ein sich veränderndes Verhältnis zwischen Staat und Kirchen und für die Privatisierung der Religion und deren zunehmende Verdrängung aus dem öffentlichen Bereich. Die Kirche kann ihren Anspruch, öffentlich zu handeln, nicht mehr durchgängig als gegeben voraussetzen, sondern sie wird selber aktiv werden müssen, um diesen Anspruch öffentlich darzustellen, wenn sie das will.

Gemeinsam befinden wir uns mitten in Europa

Der Nationalstaat hat sich zum vorherrschenden Ordnungsmodell in Europa entwickelt. Er versucht, die regionalen föderativen Segmente zu integrieren und ihnen eine einheitliche politische Identität zu geben. Dabei spielte die religiöse Identität eine wichtige Rolle. »In kultureller Hinsicht war für die Herausbildung der europäischen Nationalstaaten die konfessionelle Einheit von entscheidender Bedeutung. Sie erleichterte sowohl die äußere Abgrenzung als auch die innere Homogenisierung.«[7] In dem Prozeß, in dem sich die Nationalstaaten entwickelten, haben sich auch die nationalen Kirchentümer herausgebildet. Jedenfalls gilt das unter anderem für England, Frankreich und die skandinavischen Kirchen. Als »verspätete Nation« stellt Deutschland sowohl politisch als auch kirchlich eine Ausnahme dar. Der im Augsburger Religionsfrieden von 1555 ausgehandelte Kompromiß (»cuius regio, eius religio«) hat diese deutsche Besonderheit institutionalisiert. Kein anderer europäischer Staat weist eine solche konfessionelle Parität der beiden großen christlichen Kirchen auf. Waren es anderswo Nation und Religion, kamen in Deutschland Region und Religion bzw. Konfession miteinander zur Deckung. So liegen die Deutschen Landeskirchen bis heute weithin in den Gebieten der alten Landesherrschaften.[8] Nun ist zu erwarten, daß mit dem europäischen Integrationsprozeß der nationalstaatliche Rahmen an Bedeutung verlieren wird. Damit stellt sich auch für die Stellung der Kirchen in der Gesellschaft und im Staat eine Reihe wichtiger Fragen: Werden die nationalen Regelungen im Verhältnis von Staat und Kirche in Zukunft Bestand haben können, oder wird es im europäischen Bereich zu einer gewissen Angleichung kommen? Auch die Kirchen stehen in Europa vor der Aufgabe, ihr Verhältnis zueinander, ihre Verschiedenheit wie ihre Einheit neu zu definieren und zu ordnen. Von welchem Modell oder welcher Vision lassen sie sich dabei leiten? Welche Rolle können die Kirchen im europäischen Einigungsprozeß spielen, welchen Beitrag sind sie zu leisten bereit?

Um den kulturellen Traditionen einen Platz im europäischen Regelwerk zu sichern und die Nivellierung historisch gewachsener Beziehungen zwischen Staat und Kirche zu verhindern, haben die Evangelische Kirche in Deutschland und die Katholische Deutsche Bischofskonferenz den Versuch unternommen, das europäische Vertragswerk um einen »Kirchenartikel« zu ergänzen. Danach soll die Gemeinschaft der europäischen Staaten die individuelle verfassungsrechtliche Stellung der Religionsgemeinschaften in den Mitgliedsstaaten als ein Ausdruck von deren Identität und Kultur sowie als »Teil des gemeinsamen kulturellen Erbes« respektieren. Was aber, wenn sich, wie zu erwarten ist, die historisch gewachsenen Beziehungen zwischen Staat und Kirche im europäischen Integrationsprozeß ändern? Aus vorgenannten Gründen ist wohl damit zu rechnen, daß die für die bundesrepublikanische Gesellschaft typische gewachsene Analogie kirchlicher Strukturen zum Staat in der bisher gewohnten Weise nicht mehr gehalten werden kann. Das Beispiel Pommern zeigt überdeutlich, daß die Erosion des Grundrasters der Volkskirche begonnen hat.

Damit stellt sich, ausgelöst durch die sich verändernden nationalen und internationalen europäischen Rahmenbedingungen unseres Kirche-Seins die Grundfrage nach unserer eigenen Struktur. Läßt sich das Strukturprinzip des »cuius regio, eius religio« halten, oder was davon läßt sich halten, bzw. welche Veränderungen sind sinnvoll, damit der konfessionelle Partikularismus überwunden wird? Wo liegen die Linien der geistlichen Gemeinschaft der Kirchen der Reformation im europäischen Prozeß? Die Frage, ob es gelingen kann, einen Kirchenartikel in das europäische Regelungswerk einzubringen, ist erst die Konsequenz eben jener Grundfrage, ob es gelingen kann, den europäischen Prozeß in unser nationales und regionales kirchliches Regelwerk einzubringen. Wir dürfen nicht in eine Diskussion von Überstrukturen ausweichen. Die Frage nach Gemeinschaft ergibt sich nicht von der Peripherie her, sondern aus dem Zentrum unseres Kirche-Seins, aus unserem christlichen Glauben heraus.

Jacques Delors, französischer Katholik und Sozialist, sagte kurz vor Ende seiner Amtszeit im Dezember 1995, daß das europäische Haus nicht gelingen werde, wenn es sich von seinen intellektuellen religiösen und philosophischen Traditionen lossagt: »Manchmal brauchen wir die prophetische Stimme.« In seiner anläßlich des ihm verliehenen *Deutschen Staatsbürgerpreises* der *Staatsbürgerlichen Stiftung Bad Harzburg e. V.* gehaltenen Rede über »Das Erbe der europäischen Gründungsväter« sagte er am 18. April 1997: »Es kann kein starkes Europa mit schwachen Institutionen geben. Wir müssen das Erbe der Gründungsväter zur Blüte bringen und nutzbar machen, indem wir es auf die heutigen Verhältnisse anpassen.« Zum Erbe der Gründungsväter gehöre die europäische Gemeinschaftsmethode. Um gemeinsamer Ziele willen – Friede, wirtschaftlicher Fortschritt und politisches Überleben – seien partikulare Interessen, Rechte und Resssourcen auf die gemeinsame Aufgaben zu konzentrieren.

Worin besteht die kirchliche Gemeinschaftsmethode in einem zusammenwachsenden Europa? Kann es sinnvoll sein, die kirchlichen Institutionen weiter zu schwächen und eine Filigranisierung und Tendenz zur Denominalisierung (Gemeindekirche) zuzulassen? Das Beharren oder die Abschottung im »cuius regio, eius religio« führt in den Provinzialismus zurück und nicht nach Europa. So wichtig die Region als Ordnungsmodell neben der Nation in einem zusammenwachsenden Europa sein wird, so wichtig bleiben Institutionen und Netzwerke, die die überregionale Identität erhalten. Wie der Staat, so stehen auch die Kirchen vor der doppelten nationalen und international europäischen Integrationsaufgabe. Sie werden diesen beiden großen Aufgaben nur genügen können, wenn sie sich auf die Quellen der geistlichen Gemeinschaft als Kirche der Reformation zurückbesinnen und von daher ihre gemeinsame evangelische protestantische Identität in Europa klären und darstellen.[9]

Perspektive 2000

Wir machen uns unausweichbar auf in ein neues Jahrtausend. Auf dem Weg dorthin werden wir viele der überkommenen Konstellationen im Verhältnis von Staat und Kirche, Religion und Gesellschaft nicht mehr halten können. Der Wandel der Lebenswelten, ihre Differenzierung und Pluralisierung haben weithin zum Verlust des vorher Selbstverständlichen geführt. Dieser sozial- und kulturgeschichtliche Prozeß hat das überlieferte Sinnsystem der christlich geprägten Kultur verändert, so daß durchgängige mehrheitlich geteilte Plausibilitäten fehlen. Lebensgemeinschaften und Gesellschaften brauchen aber ein Mindestmaß an Gemeinsamkeit der Lebensdeutung und der auf einem Wertekonsens beruhenden Organisation ihrer Beziehungen. Der Ausfall dieser Gemeinsamkeiten wird heute als Sinnkrise empfunden. Diese Sinnkrise ist das Phänomen eines Übergangs und einer Suche nach einem neuen Sinnsystem. Dabei spielt die religiöse Frage eine Rolle. Die Zerrissenheit der Lebenswelten weckt das Bedürfnis nach Integration in einem neuen Gesamtsystem, das auch Antwort gibt auf die transzendenten Bedürfnisse nach Sinn, Seinsrecht und begründeter Verantwortung. Die Zukunft der Kirchen liegt also in der Bereitschaft zur Mitarbeit an einem neuen Sinnsystem.

In der diesen Übergangs- und Orientierungsprozeß begleitenden allgemeinen Diffusion ist es wichtig, daß die Kirchen ihre institutionelle Präsenz erhalten und gegebenenfalls – wenn die »Maschen des Netzes« größer werden – zu einer Art »Stützpunktstrategie« übergehen. Gerade durch ihre netzwerkartige Präsenz an dem Ort, wo die Menschen wohnen, können sie diese »kleinen Lebenswelten« der Sinn- und Gesinnungsgemeinschaften stützen und zugleich Träger einer pluralistischen, einer europäischen *Civil Society* heranbilden.[10]

Auch der nach 1989 beschleunigten Differenzierung des Verhältnisses zwischen Staat und Kirchen wird notwendigerweise eine neue Integrationsphase folgen. Auch wenn zur Zeit niemand weiß, wie diese Integration aussehen wird und beiderseitig eine gewisse Hilflosigkeit zu beobachten ist, scheint immer noch ein Konsens darüber vorhanden zu sein, daß die Kirchen in der Wertefrage Unverzichtbares beizutragen haben. Möglicherweise müssen die Kirchen gerade um dieser Aufgabe willen wieder mehr Kirche werden und weniger Staat machen. Die zentralen europäischen Werte »Freiheit, Gleichkeit, Brüderlichkeit« interpretieren sich nicht aus sich selbst heraus. Es sind Begriffe, deren Inhalte im Zentrum der biblischen Zeugnisse und in der Tradition des christlichen Glaubens ihre Wurzeln haben. Ihre Herauslösung aus kirchlicher Bevormundung leugnet ihre Wurzeln nicht. Eher umgekehrt sollte es nicht verwundern, wenn an den Bäumen der Freiheit, der Gleichheit und der Geschwisterlichkeit keine Blätter mehr wachsen, nachdem die Wurzeln gründlich abgehackt sind. Ich sage das nicht, um dazu aufzurufen, »aufgeklärte« Felder gleichsam von hinten erneut bevormundend zu usurpieren. Aber ich sage es, weil ich es nicht zuletzt um unserer Kinder willen und in der Verantwortung vor Gott *und* den Menschen für unverzichtbar geboten halte, die zentralen Felder säkularisierter Lebenskultur, also die Weltlichkeit der Welt, geistlich zu interpretieren und so die Wurzeln an den Bäumen zu lassen. Hier geht es nicht um Traditionspflege, sondern um Zukunftsgestaltung. Und selbst derjenige, der aus diesen Quellen nicht schöpft, sollte sie kennen, weil ohne Kenntnis der Herkunft die Zukunft entschwindet.

> »Wer aus der Aschenglut der Vergangenheit nicht die Flamme für mor-
> wird den Tag kalt und schlecht beleuchtet finden«. [gen lockt,
> *(Peter Beier)*

1 EKD, Statistischer Bericht, 1994, S.3

2 Minderheit mit Zukunft. Zu Auftrag und Gestalt der ostdeutschen Kirchen in der pluralistischen Gesellschaft, epd-Dokumentation 3a/95

3 Bericht des ständigen Haushaltsausschusses der Synode der EKD 1995

4 1995 erbrachten 28,2 Millionen Mitglieder in der EKD ein Gesamtkirchensteueraufkommen von 8,34 Milliarden DM, davon rund 500 Millionen in den ostdeutschen Landeskirchen. 1997 beträgt der Finanzausgleich West-Ost etwa 325 Millionen DM.

5 EKD, Statistischer Bericht 1995, S. 15

6 »Nach dem Zweiten Weltkrieg wurde der Trend abnehmender agrarischer und zunehmend industrieller Beschäftigungs- und Produktionsanteile, der sich in der Zwischenkriegszeit verlangsamt hatte, beschleunigt wieder aufgenommen. Nicht wenige europäische Volkswirtschaften erlebten in den fünfziger und sechziger Jahren einen dramatischen Strukturwandel im Sinne von De-Agrarisierung und Industrialisierung. Millionen von Menschen wanderten aus der Landwirtschaft ab. Millionen von industriellen Arbeitsplätzen wurden geschaffen. Die Anteile der drei Sektoren Landwirtschaft, Industrie und Dienstleistungen bei allen Erwerbstätigen betrugen im Durchschnitt der europäischen OECD-Länder Anfang der fünfziger Jahre 30 : 37 : 33, Anfang der siebziger Jahre 11 : 33 : 45 und Anfang der neunziger Jahre 6 : 34 : 60%.« (Gerold Ambrosius, Wirtschaftsraum Europa, Frankfurt a.M. 1996, S. 14)

7 Richard Münch, Das Projekt Europa, S. 20

8 Um ein Beispiel zu nennen: Wer im Bundesland Niedersachsen von Braunschweig in das 20 Kilometer entfernte Wolfsburg fährt, überschreitet die Grenze der lutherischen Landes-(sic!)kirchen Hannover und Braunschweig. Knapp 10 Kilometer weiter östlich überquert er die Grenze zu Sachsen-Anhalt und befindet sich auf dem Territorium der unierten Kirchenprovinz Sachsen. Wiederum 10 Kilometer weiter sind die blau-gelben Fahnen der Braunschweiger gehißt, weil er die braunschweigisch lutherische Enklave Calvörde erreicht hat.

9 »Die Institution Kirche steht im Abseits der zur Zeit erkennbaren europäischen Interessen. Alle sind mit sich selbst beschäftigt. Die Deutschen sind noch lange mit den Folgen der Wende befaßt. Aber weder die Wende noch Versuche, die Kirchen in ihrer Vielfalt neu zu gestalten, werden glücken, gerät die gemeinsame europäische Aufgabe aus dem Blick. So wie der Primat der

Politik vor der Ökonomie häufig nur Gegenstand von Beschwörungen ist, so befinden sich erst recht Kultur und Religion im Bereich des Marginalen. Die Gründe dafür liegen am Tage, Europa ist ein durch und durch säkulares Phänomen. Bestimmte historische und geistesgeschichtliche Prägungen bleiben irreversibel. Es gibt kein Zurück hinter die Schnittlinie der Reformation, hinter die Ergebnisse der großen europäischen Revolutionen und die Erfahrungen der französischen, englischen und deutschen Aufklärung ... Eine unter veränderten Bedingungen wie auch immer betriebene Reklerikalisierung des öffentlichen Lebens in Europa kann nicht stattfinden, wäre wohl auch alles andere als wünschenswert. Die Kirchen – ich beziehe mich dabei auf den römischen Katholizismus und den unterschiedlich institutionalisierten Protestantismus – sind gut beraten, wenn sie ihre europäischen Interessen nicht lobbyistisch, sondern in der überzeugenderen Form begründbarer Partnerschaft wahrnehmen ... Andererseits sind die Institutionen der Europäischen Gemeinschaft gut beraten, wenn sie die Stimme aus den beiden großen christlichen Traditionen rechtzeitig zur Kenntnis nehmen. Ohne realistische Beachtung des katholischen und protestantischen Erbes, ohne Rücksicht auf zentrale Herkünfte, wird eine verbindliche Rechts- und Sozialgestalt Europas kaum zu gewinnen sein.« Präses Dr. Peter Beier (1996 verstorben), Vortrag in der Reihe des Braunschweiger Domforums über »Neues Europa – Christliches Abendland?« am 28.9.1995.

10 Peter L. Berger/Thomas Luckmann, Modernität, Pluralismus und Sinnkrise. Die Orientierung des modernen Menschen, Gütersloh 1995, S. 62 u. 71.

Gerd Harms

LER-Unterricht in Brandenburg

Zur Plazierung des Themas

Lebensgestaltung-Ethik-Religionskunde (LER) in Brandenburg findet sich im Programm dieser Tagung unter der Überschrift »Kirche und Gesellschaft«, nicht unter der Frage, welche Aufgabe schulische Bildung im Bereich der Werteerziehung und der Religion bzw. der Religionen hat. Diese Stellung im Programm, von der Sache her zumindest nicht ganz richtig, verdankt sich vermutlich dem um die Einführung des Faches in Brandenburg entstandenen Konflikt zwischen Staat und Kirche. Dennoch erheben wir mit dem Projekt LER den Anspruch, ebenfalls ein »deutsches Modell« für die Lösung schulischer Aufgaben auf dem Feld der Werteerziehung zu entwickeln. Der in der Konstellation des heutigen Nachmittags und Abends angelegte Gegensatz Kirche / Staat ist zugegebenermaßen ein Aspekt der Entstehung und Ausgestaltung des Faches LER; dieser Konflikt ist aber nicht der Kern der Aufgabe, um deretwillen LER für die staatliche Schule entwickelt wurde.

Deshalb, auch wenn das Konzept der Veranstalter dieses erst für morgen vorsieht, wird es in meinem Vortrag auch um den Kontext von Schule und Bildung im engeren Sinne gehen, weil dort der vorrangige Begründungszusammenhang von LER liegt.

Die Entstehung des LER-Konzepts ist gebunden an die historische Entwicklung der Auflösung der DDR, der friedlichen Revolution im Osten Deutschlands, die zur staatlichen Einheit Deutschlands führte. Die Fragen, die nicht erst am 9. November 1989 auf dem »Forum Bildungsnotstand« der »Volksinitiative Bildung« in der Kongreßhalle an die Schule Margot Honeckers gestellt wurden, waren Fragen nach einer demokratischen Schule und nach der Bildungsleistung der Schule für eine demokratische Gesellschaft. Das Bild vom aufrechten Gang, um ein Wort aufzugreifen, das von Ost nach West gekommen bereits die westdeutsche Studentenbewegung prägte, führte West wie Ost zu der Frage der Erziehung und Bildung der nachwachsenden Generation. So waren Erziehung und Bildung in der Auseinandersetzung mit der Diktatur selbstverständlich zentrale Themen der Veränderung von Gesellschaft. Vermutlich ist es zwangsläufig so, daß revolutionäre Veränderungen oder Brüche sofort einen Impuls auslösen, die gesellschaftliche Entwicklung durch pädagogische Anstrengungen in der Zukunft zu verändern. Deshalb bringen gesellschaftliche Krisen auch produktive Schübe in der pädagogischen

Diskussion hervor. Aus diesem Grunde trifft der polemische Vorwurf Richard Schröders, die Schule im Osten sei das stabilste DDR-Milieu, engagierte Pädagogen auch so hart – und so ungerecht. Der Vorwurf ist gerade wegen seiner Pauschalität wenig geeignet, das komplizierte Verhältnis von notwendiger Veränderung und dagegenstehendem konservativen Beharren positiv zu beeinflussen. Sie ahnen die innerdeutsche Komplexität des Themas und vergeben mir die Unsitte, mit einem Exkurs begonnen zu haben.

Schulreform und Kirchen im historischen Umbruch

Auf dem angesprochenen Forum »Bildungsnotstand« am Tage der Maueröffnung im damaligen Ost-Berlin diskutierten Menschen aus den Bürgerbewegungen und den Kirchen und viele an der Entwicklung von Schule interessierte Lehrkräfte, Eltern, Schülerinnen und Schüler über eine umfassende Bildungs- und Schulreform, unter anderem auch über ein neues Schulfach »Lebensgestaltung«. In diesem Fach sollten Kinder und Jugendliche sich mit Fragen der Gestaltung sozialer Beziehungen und der Lösung von Konflikten, mit Freundschaft, Liebe und Ehe, mit Elternschaft und Kindererziehung, mit Identitätsfindung, Selbsterkenntnis und Selbstveränderung, mit der Bewältigung von Leid, Sterben und Tod beschäftigen. Zum Ende der DDR gab es unter den Menschen und Gruppen, die das Ende dieses Staates und Systems herbeisehnten und mit demokratischen Mitteln zu erkämpfen suchten, eine vielfältige Debatte über die Aufgaben der künftigen demokratischen staatlichen Schule. Diese Diskussion auch über das Fach »Lebensgestaltung« wurde weitergeführt am »Runden Tisch Bildung«, einer Arbeitsgruppe des »Zentralen Runden Tisches«.

Die evangelische Kirche beteiligte sich bereits sehr früh an dieser Diskussion, ihre Mitglieder diskutierten in Gremien und in der Gesellschaft über Fragen der Schulreform. Zentrales Thema der kirchlichen Diskussion über Schulreform war verständlicherweise die Frage, welche Rolle und welchen Ort Religion in der Schule haben solle. Eine »Kommission für kirchliche Arbeit mit Kindern und Konfirmanden« des Bundes der Evangelischen Kirchen beriet hierüber ausführlich vor und während der Wende, setzte sich für einen Dialog in der Schule zwischen verschiedenen Lebensauffassungen ein, überlegte, wie dem großen Defizit an religiösem Wissen und entsprechenden Deutungsmöglichkeiten durch eine Veränderung der Bildungsinhalte abgeholfen werden könne.

Diese Kommission bereitete auch ein »Diskussionspapier«[1] zur kirchlichen Mitverantwortung in und Mitwirkung an der Reform von Bildung und Erziehung in der Gesellschaft vor, das die Zustimmung der Konferenz der evangelischen Kirchenleitungen im April 1990 fand. In diesem Papier ging es auch um Religionsunterricht und Ethikunterricht in der künftigen Schule, woraus auszugsweise zitiert werden soll: »Bei der Erörterung der zukünftigen Gestaltung kirchlichen Lebens und im Gespräch mit den Kirchen der EKD ist die Frage nach einem Religionsunterricht als ordentliches Lehrfach an den Schulen entstanden (Art. 7 GG). Beim Bedenken der Frage ist deutlich geworden, daß der Religionsunterricht in der Bundesrepublik von einem volkskirchlichen Hintergrund ausgeht ... Durch die über vierzigjährige DDR-Geschichte ist es bei uns zu einer mehrheitlich säkularen gesellschaftlichen Situation gekommen. Damit ist keine Vergleichbarkeit zur schulischen Situation in der Bundesrepublik gegeben, in die der Religionsunterricht eingebunden ist ... Auf diesem Hintergrund ... sollte die Einführung eines Faches »Ethik« als ordentliches Lehrfach in allen Jahrgängen vorgesehen werden ... In allen Bundesländern der BRD gibt es dieses Fach Ethik ... als sogenanntes ›Ersatzfach‹ gemäß Art. 7 GG – aufgrund zunehmender Abmeldungen vom RU und als Ausdruck vermehrter säkularer Gesamtsituation, auch als Spiegel der Pluralität der Gesellschaft ... Unter den derzeitigen Voraussetzungen sehen wir für die Einführung des Religionsunterrichts keinen Handlungsbedarf. Wie sich die gesellschaftliche Situation entwickeln und verändern wird, ist gegenwärtig offen. Ein gemeinsames neues Nachdenken in den Kirchen kann zukünftig auch zu anderen situationsgemäßen Erkenntnissen und Entscheidungen führen.«

In einem Brief des Bundes der Evangelischen Kirchen von Mai 1990 an den letzten Bildungs- und Wissenschaftsminister der DDR, Prof. Dr. Meyer wird dementsprechend »die Einführung eines obligatorischen Unterrichtsfaches ›Ethik‹ für erforderlich (gehalten), in dem es um Fragen der Lebensgestaltung, der Sinndimension menschlichen Lebens, um Werte- und Normenfragen im weiten Sinn gehen muß.« (Brief vom 23.5.1990)

Der damalige Leiter der kirchlichen Erziehungskammer der Ostregion der Berlin-Brandenburger Kirche, Dieter Reiher, beschreibt in einem Aufsatz[2] den Diskussionsstand auf der Ebene der Synodenbeschlüsse der ostdeutschen evangelischen Landeskirchen Ende 1990, der aus folgenden Varianten bestand: »Pflichtfach Ethik und Wahlfach Religion ..., oder wahlobligatorische Fächer Religion und Ethik, oder gar ein ›ökumenischer Religionsunterricht‹«. Es ist interessant, was in den ostdeutschen Kirchen in der damaligen Situation unter dem Begriff Religionsunterricht »als ordentliches Lehrfach an öffentlichen Schulen«, der nach Art. 7 Abs. 3 des Grundgesetzes »in Übereinstimmung mit den Grundsätzen der Religionsgemeinschaften« erteilt wird, verstanden oder für möglich gehalten wurde: Religionsunterricht als *Wahlfach*, was nach geltender Verfassungsrechtssprechung kein ordentliches Lehrfach wäre, oder gar als *ökumenischer* Religionsunterricht! Dieter Reiher weist zu Recht darauf hin, daß sich die Kirchen in dieser Übergangszeit auch die Option für spätere andere Entscheidungen offenhielten.

Die Argumentation in jenem Papier des Bundes der Evangelischen Kirchen, daß der konfessionelle Religionsunterricht in der alten Bundesrepublik von einem volkskirchlichen Hintergrund ausgeht und eine vergleichbare Situation in der DDR – heute: die neuen Bundesländer – nicht gegeben ist, finde ich nach wie vor einleuchtend. Und auch nachdem sich die ostdeutschen Kirchen für den Religionsunterricht als ordentliches Lehrfach entschieden hatten, gab es durchaus ein Gespür dafür, daß er eigentlich nicht so richtig »in die Landschaft paßt«, so z.B. in der Thüringer Landessynode, die 1991 zu den Problemen bei der Einführung des Religionsunterrichts in den Schulen bemerkt: »In der geistigen Situation der Nach-DDR mit einer christlichen Minderheit muß der Eindruck ausgeschlossen bleiben, daß die Grundüberzeugungen dieser Minderheit der Mehrheit Andersdenkender als neue Ideologie aufgezwungen werden sollen.«[3]

Die Überlegungen in den ostdeutschen Kirchen zu Religion und Ethik und zur Rolle der Kirchen in der Schule waren ein wichtiger Bestandteil der Debatte über eine umfassende Schul- und Bildungsreform während des historischen Umbruchs von 1989/90. In der Entwicklung und der Bandbreite von Positionen wird auch das Verhältnis von Kirche und Staat in einer zunehmend säkularen Gesellschaft reflektiert. Mit dem Umbruch dieser Jahre und mit dem Zusammentreffen unterschiedlicher Traditionen aus Ost und West werden zugleich erhebliche Bewegungen und Verschiebungen im Verhältnis zwischen Kirche(n) und Staat in Deutschland offenbar, ganz besonders im sensiblen Bereich der Schule. Und diese Bewegungen und Verschiebungen, die den Religionsunterricht als ordentliches Lehrfach an öffentlichen Schulen in der bisherigen Form in Frage stellen, sind nicht als Erbe einer ohne Zweifel kirchenfeindlichen Diktatur zu verstehen.

Die Entwicklung zu einer säkularen Gesellschaft, in der Religiosität und Glaube nicht verschwinden, sondern sich in ihrer Form verändern und stärker zu einer individuellen Lebenshaltung werden, verändert in der Schule das Verhältnis von Kirche und Staat. Konsequente Folge ist die Frage nach der Aufgabe von Schule im Bereich der Wertevermittlung und Werteerziehung im überkonfessionellen und im außerkonfessionellen Bereich sowie nach den Möglichkeiten, den konfessionellen Religionsunterricht als eigenes Angebot der Kirchen in den Räumen der Schule einzurichten. Die in der brandenburgischen Schule praktizierte Trennung und

Zusammenarbeit von Kirche und Staat bedeutet nicht, daß Kirche und Religion keinen Ort in der Schule haben. Nach brandenburgischem Verständnis muß dieser Ort allerdings nicht in einem durch staatliche Lehrkräfte erteilten ordentlichen Lehrfach nach den Grundsätzen der Kirchen und Religionsgemeinschaften bestehen.

LER und die Aufgaben schulischer Bildung und Erziehung heute

Vor diesem Hintergrund entstand das Konzept von LER im brandenburgischen Bildungsministerium, das von der Bürgerrechtlerin und ehemaligen Katechetin, Marianne Birthler, geleitet wurde. Das Konzept von LER speiste sich aus den erwähnten schulreformerischen Impulsen einer Auseinandersetzung mit Fragen der Lebensgestaltung. Es sollte die bisherige jahrelange Ausgrenzung von Angeboten pluralistischer Ethik und der Religion aus der Schule überwinden, und es suchte die Zusammenarbeit mit den Kirchen in den Gemeinden – allerdings eine Zusammenarbeit, die auf Religion als Bildungsinhalt, nicht als Glaubensvermittlung oder -erziehung gerichtet war. Ein Kernpunkt des Konzeptes war, daß alle Schülerinnen und Schüler gemeinsam unterrichtet werden sollten, daß es keine Trennung der Schülerinnen und Schüler nach Konfession oder Weltanschauung geben sollte, weil es um das Miteinanderlernen, um Dialogfähigkeit in der Pluralität geht. Ebenso wie es zahlreiche Äußerungen von nichtchristlichen Eltern gab, die für ihre Kinder keine christliche Unterweisung, wohl aber das Bekanntwerden mit religiösen Inhalten und das Gespräch mit christlich sozialisierten Mitschülern wünschten, gab es in dieser Zeit Äußerungen aus evangelischen Kirchengemeinden an Frau Ministerin Birthler. Eine davon will ich als Beispiel zitieren: »Christliche Unterweisung der Kinder ist Sache der Kirchengemeinde und sollte in der Form der Christenlehre beibehalten werden. In der Schule … soll ein Fach unterrichtet werden, das Religions*kunde* (nicht nur christliche Religion, sondern auch Islam, Buddhismus usw.), Ethik, Ökologie, Lebenshilfen u.ä. zum Inhalt hat.« Dieses Zitat aus einem Elternschreiben ist typisch für viele Äußerungen der damaligen Zeit aus Kirchengemeinden.

Das Projekt LER reflektiert die Entwicklung der Säkularisierung im Osten Deutschlands im Hinblick auf die Aufgaben der öffentlichen Schule. Dreiviertel der Bevölkerung gehört keiner Kirche an, in der Altersgruppe der Schulkinder liegt der Anteil der Kirchenmitglieder sicher noch erheblich unter dem der Gesamtbevölkerung. Die Aufgabe der Gesellschaft im Osten, zu der auch die Schule einen Beitrag leisten soll und muß, ist vor allem eine Aufgabe der Selbstfindung, der Auseinandersetzung mit den Fragen, was die eigene Identität, die eigene Geschichte, der Boden ist, auf dem sich die Gesellschaft entfaltet, und worin die persönlichen und gesellschaftlichen Ziele und Orientierungen für diese Entfaltung liegen.

Im Westen der Republik sind diese Fragen, die ja zunehmend auch an das Konzept des »ordentlichen« Religionsunterrichts gestellt werden müssen, über lange Jahre nur in internen religionspädagogischen Kreisen debattiert worden. Nicht zufällig hat LER Ermutigung und Unterstützung aus diesen Kreisen bekommen, besonders aus dem Spektrum, das sich bereits seit längerem mit der konfessionellen Beschränkung des Religionsunterrichts kritisch auseinandersetzt.

Was ist, was leistet LER?

Das Fach Lebensgestaltung-Ethik-Religionskunde will einen Beitrag dazu leisten, daß junge Menschen sich in der Schule bewußt den Fragen ihrer Lebensgestaltung stellen und sich mit Werten und Normen und ihrer Bedeutung in unterschiedlichen sozialen Zusammenhängen beschäftigen. Dazu gehört Wissen über verschiedene Wertesysteme, Weltanschauungen und Religionen ebenso wie die Fähigkeit, sich mit Menschen anderer Grundpositionen in konstruktiven Diskursen auseinanderzusetzen. Es gehört dazu die Fähigkeit und die Möglichkeit, sich selbst zu reflektieren, die Entwicklung eigener Positionen auf einen eigenen Standpunkt zu grundlegenden Fragen der Gesellschaft und der menschlichen Existenz zu beziehen. Es gehört dazu aber auch die Fähigkeit, gemeinsam mit anderen die eigenen Positionen in Zweifel zu ziehen und den Bezug zu Wertvorstellungen und unterschiedlichen Haltungen vor dem Hintergrund der sozialen Eingebundenheit des Menschen zu reflektieren. Diese Ziele sind nur zu erreichen, wenn der schulische Unterricht selber als ein Prozeß gestaltet wird, in dem die einzelnen Schülerinnen und Schüler ebenso wie Lehrerinnen und Lehrer sich offenen Fragen gemeinsam zuwenden, in dem nicht das Abfragen bestehender Wissenstatbestände im Vordergrund steht, sondern die Lust und das Interesse am Lernen und an der Auseinandersetzung mit anderen. Gerade in diesem Zusammenhang leistet das Projekt LER auch einen wesentlichen Beitrag zur Diskussion um eine generelle Schulreform. Darüber hinaus thematisiert dieses Unterrichtsfach Fragen der Öffnung von Schule, denn Grundbestandteil des Curriculums ist der Einbezug von Menschen und von Orten außerhalb der Schule in den Unterricht und das Gespräch mit Schülerinnen und Schülern.

Allerdings ist der Beitrag der Schule, in diesem Prozeß der persönlichen und gesellschaftlichen Orientierung behilflich zu sein, eine neue und heikle Aufgabe im Vergleich zu früher. Solange es eine Staatsreligion gibt, ist die Vermittlung der entsprechenden religiösen Weltsicht in der staatlichen Schule selbstverständlich. Dies gilt – der Struktur nach – auch für die doktrinäre, ideologische Weltsicht in totalitären Systemen. Das Zerfallen normativ-verbindlicher Strukturen in modernen Gesellschaften bürdet der Schule Aufgaben auf, die in traditionellen Gesellschaften von der Familie und anderen Institutionen, auch der Kirchen, wahrgenommen wurden. Solche Aufgaben, die der Schule zugewachsen sind und mittlerweile in den meisten Schulgesetzen auch erwähnt werden, sind z.B. die Gesundheitserziehung, die Sexualerziehung, die Verkehrserziehung und andere Felder allgemeiner Lebensbewältigung. Die Schule übernimmt Aufgaben der Sozialisation der nachwachsenden Generation über den Wissenserwerb hinaus.[4] Die zunehmende Säkularisierung der Gesellschaft bürdet der Schule auch Fragen der Werteerziehung und Wertevermittlung auf. Meiner Ansicht nach muß sich die Schule diesen Fragen stellen, wenn die Familie oder andere Institutionen der Gesellschaft diese Aufgaben nicht mehr ausreichend erfüllen.

Dabei wird der staatlichen Institution Schule ein Drahtseilakt zugemutet. Sie begibt sich in Bereiche, die dem Persönlichen, dem Privaten oder dem öffentlichen Auftrag gesellschaftlicher Institutionen wie den Kirchen zugehören. Deshalb unterliegt sie auf diesen Feldern auch einer besonderen Pflicht zur Zurückhaltung und Rücksichtnahme. Gerade auf dem Feld der Werteerziehung, der Auseinandersetzung um menschliches Miteinander oder bei der Frage, was den sozialen Konsens einer Gesellschaft ausmacht, ist es eine schwierige Aufgabe, die Grenze zwischen der Schaffung von Anlässen zur Auseinandersetzung und der Vermittlung von Wissen einerseits und dem Versuch der Beeinflussung junger Menschen im eigenen Sinne andererseits nicht zu überschreiten. Gerade deshalb muß LER, müssen sich aber auch der Ethikunterricht oder der Politikunterricht mit dem Ideologieverdacht auseinandersetzen. LER und ebenso der Ethikunterricht in anderen Ländern haben es zugleich schwerer als beispielsweise der Religionsunterricht, der qua Definition nicht der weltanschaulichen Neutralität, sondern den Grundsätzen der Religionsgemeinschaften verpflichtet ist. In der Didaktik der politischen Bildung sind hierzu die Prinzipien des Pluralismus- und Kontroversitätsgebots und des Überwältigungs- und Identifikationsverbots entwickelt worden. Sie gelten auch für den LER- oder Ethikunterricht, und ihre Berücksichtigung in der Unterrichtsgestaltung ermöglicht es dem Lehrer oder der Lehrerin durchaus, die eigene Position, die in religionsbezogenen Fragen auch in einer Glaubensüberzeugung bestehen kann, einzubringen. Neben den Curricula kommt der Aus-, Fort- und Weiterbildung der Lehrkräfte in diesen Fächern eine wichtige Verantwortung für die Gewährleistung dieser Prinzipien zu.

In diesem Zusammenhang ein Wort zu unseren Lehrkräften, die LER unterrichten, weil in der politischen Auseinandersetzung um LER nach wie vor und wider besseres Wissen verbreitet wird, das LER-Projekt sei von ehemaligen Staatsbürgerkundelehrern infiltriert, oder, wie kürzlich der Publizist Rolf Schneider über LER polemisierte, es handle sich um ein Schlupfloch für ehemalige Pionierleiter. Das Gegenteil ist richtig. Für die Zulassung zur LER-Weiterbildung, die in Umfang und Qualität einem regulären wissenschaftlichen Erweiterungsstudium von 60 Semesterwochenstunden entspricht, gab und gibt es einen Regelausschluß für ehemalige Staatsbürgerkundelehrer, der nur durch ein positives Einzelfallvotum der zuständigen Schulaufsicht und durch eine Entscheidung des MBJS außer Kraft gesetzt werden kann – denn auch unter ehemaligen Staatsbürgerkundelehrern kann es glaubwürdige und engagierte Pädagogen geben. Die Lehrkräfte in LER sind sehr engagiert und nehmen ein hohes Maß an persönlichem und fachlichem Einsatz auf sich. Wir müssen eher Sorgen haben, daß sich das schulreformerische Potential unter den Lehrkräften vor allem hier konzentriert und zu wenig für andere Fächer übrigbleibt. Aus Erfahrungsberichten und aus Gesprächen mit LER-Lehrkräften, die in der Regel zehn und mehr Jahre zu DDR-Zeiten unterrichtet haben, ist immer wieder zu erfahren, daß LER für sie mit einer fundamentalen Umkehrerfahrung in ihrer Lehrerrolle, in ihrer Sicht auf Schüler und Unterricht verbunden war und ist. Lehrkräfte haben durch die Arbeit in diesem Projekt begriffen, was Schülerorientierung wirklich heißt: nämlich Schülerinnen und Schüler als eigenständige Personen, als Lernende und Subjekte ihres Lernprozesses ernstzunehmen. Die Schülerinnen und Schüler spüren das. In Gesprächen mit ihnen über LER spielt die Erfahrung, daß sie als Personen und daß ihre Probleme und Interessen ernst genommen werden und in einem für sie selber produktiven, lehrreichen Sinne relevant für den Unterricht sind, eine entscheidende Rolle. Dies spiegelt sich auch in der Elternmeinung: Im letzten Jahr des Modellversuchs fanden über 85% der befragten Eltern einer repräsentativen Auswahl von LER-Schulen das Unterrichtsangebot »wichtig« oder »sehr wichtig«.

Diese positiven Erfahrungen sollen allerdings nicht überdecken, daß es auch im LER-Unterricht, besonders während seiner Entwicklungszeit im Modellversuch, Probleme gab oder auch noch gibt. Die wissenschaftliche Begleitung des Modellversuchs hat diese offenbart und auf Schwächen in der Umsetzung hingewiesen, z.B. die Schwäche eines zu starken Lebensweltbezuges, in dem die ethischen und religionsbezogenen Dimensionen kaum mehr erkennbar sind. Es wird vor allem durch Rahmenplanarbeit und Fortbildung darum gehen, diese Punkte zu verbessern.

Die Erfahrungen mit LER stimmen also insgesamt optimistisch. Die Praxis dieses Faches genügt in den allermeisten Fällen nach unserer Beobachtung dem, was von einem modernen und schülerbezogenen Unterricht verlangt wird. Dennoch muß auch an dieser Stelle davor gewarnt werden, alle Hoffnungen auf eine Veränderung von Schule auf das Fach Lebensgestaltung-Ethik-Religionskunde zu projizieren. Schulischer Unterricht ist nur so gut, wie die Lehrerinnen und Lehrer, die ihn gestalten, und wie die Schule, in der er stattfindet. Schulreform und Veränderung schulischen Lernens und schulischen Alltags müssen die ganze Schule und den Kanon aller Unterrichtsfächer umfassen. Deshalb wollen wir auch verhindern, daß alle Reformansprüche auf LER projiziert werden und sich der Rest der Schule von den Veränderungsnotwendigkeiten entledigt.

LER, Lebensgestaltung-Ethik-Religionskunde, ist nach der Erprobung in einem dreijährigen Modellversuch, an dem sich die evangelische Kirche beteiligt hatte, und nach den recht schwierigen Beratungen und Entscheidungsprozessen zu diesem Thema im Rahmen der Schulgesetzberatung, nunmehr ein ordentliches Unterrichtsfach der brandenburgischen Schule. Es wird schrittweise, beginnend in den Schulen der Sekundarstufe I, also in den Jahrgangsstufen 7 bis 10, auf die sich auch der Modellversuch erstreckte, eingeführt. Wir sind uns bewußt, daß an der fachlichen und didaktischen Fundierung von LER noch gearbeitet werden muß. Mit diesen Entwicklungsaufgaben sind unterschiedliche Bereiche und Gremien befaßt:

1. ein wissenschaftlicher Beirat, der die weitere Einführung von LER bis Ende 1999 durch Expertisen, Evaluation und Empfehlungen begleitet,
2. eine kürzlich berufene Rahmenplankommission, die die bisherigen curricularen Vorgaben zu einem Rahmenplan LER für die Sekundarstufe I weiterentwickelt und für deren beratende Unterstützung im religionskundlichen Bereich wir auch die religionspädagogischen Institute der Kirchen um Mitwirkung gebeten haben,
3. Fachkoordinatoren und Dozenten des seit Herbst 1996 laufenden Weiterbildungsstudienganges LER im Sonderprogramm Weiterqualifizierung brandenburgischer Lehrkräfte (in diesem Programm können sich Lehrkräfte berufsbegleitend für sog. Mangelfächer qualifizieren),
4. eine Arbeitsgruppe an der Universität Potsdam, die mit der Erarbeitung eines universitären LER-Studienganges beauftragt ist.

Zwischen diesen Bereichen und Gremien besteht Austausch und Vernetzung. Wir rechnen auch mit produktiven Synergieeffekten für die Weiterentwicklung von LER.

Es sei allerdings nicht verschwiegen, daß das Projekt LER mit seiner Einführung auch erheblich »Federn gelassen« hat. Da ist zum einen das unfruchtbare Ergebnis des Streits mit der evangelischen Kirche, die sich nach den drei Jahren des Modellversuchs aus der gemeinsamen Arbeit zurückgezogen hat. Dabei war ein m.E. in der Konstruktion des Modellversuchs angelegter Widerspruch ursächlich: Für die evangelische Kirche war es vor dem Hintergrund ihrer Rechtsauffassung von der Geltung des Art. 7 (3) Satz 1 GG nicht hinnehmbar, außerhalb des in den Differenzierungsphasen angewählten Religionsunterrichts im Rahmen von LER als Gast in einer staatlichen Lehrveranstaltung mitzuwirken. Für das Land Brandenburg hingegen war es rechtlich und tatsächlich nicht hinnehmbar, daß Religionslehrerinnen und Religionslehrer der Kirche in einem staatlichen Pflichtfach für alle Schülerinnen und Schüler verbindlichen Unterricht geben. Trotz der beiderseitigen Versicherung, die unterschiedlichen Rechtsauffassungen zu respektieren, und trotz der Unterschriften von Ministerpräsident Stolpe und Bischof Kruse unter diese Konstruktion führte dieser Widerspruch immer wieder zu Konflikten und Belastungen. Er war auch durch zahlreiche Bemühungen auf allen Ebenen der Politik und der Wissenschaft nicht auflösbar und hat zur Trennung geführt.

Auch die Regelung des § 141 des brandenburgischen Schulgesetzes, der eine Befreiung von Schülerinnen und Schülern, die einen werteorientierten Unterricht nur in konfessioneller Bindung wünschen, vom LER-Unterricht ermöglicht, ist vom Anspruch des Faches an einen gemeinsamen Unterricht für alle Kinder und Jugendliche ein schwieriger Punkt.

Bei aller notwendigen Diskussion zwischen Staat und Kirche auf diesem Feld sei allerdings noch einmal betont: Das Fach Lebensgestaltung-Ethik-Religionskunde reflektiert nicht in erster Linie das Verhältnis zwischen Staat und Kirche, sondern ist ein Beitrag zur Lösung der Aufgaben von Schule in einer modernen Gesellschaft. Es geht nicht um staatlich organisierte, quasi religiöse Unterweisung. Es geht darum, junge Menschen in einer zunehmend säkularen Gesellschaft in den Stand zu setzen, sich mit unterschiedlichen Werteauffassungen und gesellschaftlichen Lebensorientierungen auseinanderzusetzen, ihnen dabei zu helfen, ihren Weg zwischen den vielfältigen Anforderungen und Herausforderungen zu finden. Daß dieser Weg nur in der Auseinandersetzung des Menschen in und mit der Gesellschaft gefunden werden kann, macht ihn zu einer Aufgabe von Schule, der diese zunehmend weniger durch die reine Vermittlung von Wissenstatbeständen gerecht werden kann. Schulischer Unterricht bedarf für diese werthaltige Orientierungs- und Klärungshilfe nicht des konfessionellen Bezugs. Er kann sich auf den Wertekonsens in der Gesellschaft beziehen, der beispielsweise in der Verfassung des Landes, im

Grundgesetz, aber auch in der Allgemeinen Erklärung der Menschenrechte und in der UN-Konvention über die Rechte des Kindes zum Ausdruck kommt. Werteerziehung bewegt sich in unserer wie in anderen modernen Gesellschaften nicht auf dem Feld der Beliebigkeit, wenn das Feld religiösen Glaubens und konfessioneller Bindung verlassen wird.

LER in der politischen und rechtlichen Auseinandersetzung

Das Grundgesetz sagt in Artikel 7, Absatz 3, Satz 1: »Der Religionsunterricht ist in den öffentlichen Schulen mit Ausnahme der bekenntnisfreien Schulen ordentliches Lehrfach.« Eine andere Möglichkeit bot und bietet aus der Sicht der brandenburgischen Landesregierung und der Mehrheit des Landtags noch heute der Artikel 141 des Grundgesetzes, wonach der Religionsunterricht in öffentlichen Schulen nicht ordentliches Lehrfach sein muß (Art. 7 Abs. 3 Satz 1 findet keine Anwendung) »in einem Lande, in dem am 1. Januar 1949 eine andere landesrechtliche Regelung bestand«. Denn eben dies war in Brandenburg der Fall. Mit dieser Auffassung, sich hinsichtlich des Religionsunterrichts auf Art. 141 berufen zu können, steht Brandenburg unter den neuen Bundesländern übrigens nicht allein. In der Begründung zu Artikel 25 Abs. 1 der thüringischen Landesverfassung vom 25. Oktober 1993: »Religions- und Ethikunterricht sind in der öffentlichen Schule ordentliche Lehrfächer.« heißt es: »Trotz Artikel 7 Abs. 3 GG ist Thüringen wegen Artikel 141 GG nicht verpflichtet, Religionsunterricht als obligatorisches Schulfach zu gestalten.« Und wer die Dokumente aus der kirchlichen Diskussion über Religions- und Ethikunterricht im Jahr 1990 genau studiert, findet dort ebenfalls diese Überlegungen als ernstzunehmende Option.

Diese rechtliche Basis ist umstritten. Dabei geht der Streit auch darum, ob die Bestimmungen unseres neuen Schulgesetzes auch zu LER oder nur zum Religionsunterricht Streitgegenstand sind. Denn das Recht, Religionsunterricht – als Recht der Kirchen und Religionsgemeinschaften und seit Jahren auch als Praxis der evangelischen Kirche – in eigener Verantwortung in den Räumen der Schule anzubieten, gibt es im Land Brandenburg. Anfang März haben Frau Ministerin Peter und der Bischof der EKiBB, Wolfgang Huber, eine Vereinbarung unterschrieben, die die Durchführungsmodalitäten und die staatliche Bezuschussung dieses evangelischen Religionsunterrichts in den Schulen regeln. Ob das Land Brandenburg für sich die Öffnung des Artikels 141 GG in Anspruch nehmen kann, muß das Bundesverfasungsgericht entscheiden. Das Land Brandenburg wird diese Entscheidung respektieren. Allerdings muß darauf verwiesen werden, daß die Diskussion um die rechtliche Situation bisweilen erstaunliche Züge annimmt, wenn beispielsweise die rechtswidrige Auflösung der Länder in der gerade gegründeten DDR und ihre aus zentralstaatlichem Machtinteresse geborene Ablösung durch die Bezirke für die Rechtswidrigkeit von LER herhalten muß. Die Heftigkeit des Streits schlägt manchmal in Unseriosität um – vielleicht auch ein Signal dafür, daß Brandenburg mit LER bzw. mit seinem Weg, Wertevermittlung und die Auseinandersetzung mit Lebens- und Sinnfragen auch im religiösen Bereich in der Schule zu gestalten, an essentielle Fragen und Probleme des gesellschaftlichen Selbstverständnisses rührt, die in historischen Umbrüchen immer zu leidenschaftlichen und kontroversen Auseinandersetzungen geführt haben.

Insofern ist das LER-Projekt inzwischen zu einem großen innenpolitischen Feld der Auseinandersetzung geworden. Die CDU/CSU-Bundestagsfraktion hat mit ihrer Normenkontrollklage dem Projekt eine politische Dimension gegeben, die von den Initiatorinnen und Initiatoren des Projekts, die eine brandenburgische Lösung im Auge hatten, zunächst überhaupt nicht intendiert war. Dies verweist auf Probleme, die der Religionsunterricht bundesweit hat: Probleme, die sich z.B. in Abmeldezahlen ausdrücken, aber auch in konzeptionellen Schwierigkeiten und in der Problematik, nach den Grundsätzen der Kirche als Beamter oder Beamtin des Staates in einer sich zunehmend säkularisierenden Gesellschaft zu arbeiten. Insofern hat die Diskussion um das LER-Projekt zwischen der brandenburgischen Landesregierung und der EKiBB, eher indirekt auch mit der katholischen Kirche, zugleich Anstöße für die innerkirchliche Positionsentwicklung gegeben – für die uns mitunter auch gedankt wird. LER hat somit in einer eigentümlichen Bewegung einerseits zu einer Auseinanderentwicklung staatlicher und kirchlicher Positionen beigetragen, die im Scheitern des gemeinsamen Projekts mündete, auf der anderen Seite haben sich die Positionen der Kirchen in bezug auf ihren Auftrag in der Schule ausdifferenziert und verändert. Diese –ungewollte, aber offenbar auch fruchtbare – Provokation der innerkirchlichen Diskussion kommt nicht zuletzt auch in der großen Zahl der Einladungen an die Initiatoren und Mitarbeiterinnen und Mitarbeiter des LER-Projekts aus Kirchenkreisen zum Ausdruck, z.B. auch auf dem nächsten Evangelischen Kirchentag im Juni in Leipzig. Wir beteiligen uns gerne und sehr ernsthaft an dieser Debatte, um den Auftrag der Schule in diesem Bereich weiter zu klären und seine Ausgestaltung weiterzuentwickeln.

LER ist ein ostdeutscher Lösungsversuch für die Probleme der schulischen Bildungs- und Erziehungsleistung in einer modernen, säkularen Gesellschaft. Die Entwicklung dieses Faches steht erst am Anfang. Es verdient Aufmerksamkeit und Unterstützung – auch dort, wo es mit Schwierigkeiten zu kämpfen hat.

1 Diskussionspapier der Kommission für Kirchliche Arbeit mit Kindern und Konfirmanden des BEK, das am 07.04.1990 von der Konferenz der Evangelischen Kirchenleitungen zustimmend zur Kenntnis genommen worden ist. Es wurde den Gliedkirchen als wichtiges Material für die Weiterarbeit empfohlen. (Kopf des Papiers)

2 Dieter Reiher, Zu den kirchlichen Wurzeln von L-E-R, in: Christenlehre/Religionsunterricht – Praxis 1/96, S. 17-19. Der Autor ist heute Direktor des Evangelischen Bildungszentrums in Brandenburg/Havel.

3 Ebd.

4 Ob die Schule diese Aufgaben wirklich übernehmen soll oder muß, darüber wird derzeit unter Erziehungswissenschaftlern, Schulpädagogen und -theoretikern allerdings auch heftig diskutiert – vgl. die Debatte um Positionen von Hermann Giesecke: »Wozu ist die Schule da?« in der Neuen Sammlung)

Zweite Diskussionsrunde

Charles Coutel: Bezüglich der LER ergibt sich eine Frage: Welche Ausbildung haben die Lehrer dieses neuen Fachs? Denn wenn man religiös über Religion reden soll, muß die Ausbildung ja wohl zu einem bestimmten Zeitpunkt auch *Offenbarungs*charakter tragen und über die einfache Vermittlung von Unterrichtsinhalten oder Analysefähigkeiten hinausgehen. Wer wird dann also dem ersten Ausbilder seine Kenntnisse vermitteln? Darin besteht für mein Verständnis ein wirkliches philosophisches Problem, das durch den Bericht von Gerd Harms nicht gelöst wird.

Abgesehen davon muß man zugeben, daß wir – fast alle doch Europäer im Herzen und in unseren Vorhaben – angesichts der LER vergleichsweise radikal anderen Wahlmöglichkeiten, Denkweisen und Weltanschauungen gegenüberstehen als zumindest in Frankreich. In Frankreich z.B. wäre diese Art Experiment zum gegenwärtigen Zeitpunkt einfach undenkbar. Man hat zweifellos recht mit der Behauptung, daß das französische Schulsystem bei der Vermittlung von Allgemeinbildung noch zu wenige religionsgeschichtliche Elemente berücksichtigt und daß daraus bedauerliche Wissenslücken resultieren. Es stimmt aber auch, daß am Ende der Oberstufe ein *obligatorischer* Philosophiekursus vorgesehen ist, dessen Ziel nicht in der einfachen Gegenüberstellung der Meinungen besteht. Vielmehr soll jede religiöse und/oder ethische Anschauung hinterfragt werden. Das würde ich ohne Zögern die transzendentale Dimension jeder Institution nennen. Sie werden verstehen, daß mein rascher Vergleich eine gewisse Unruhe zum Ausdruck bringt, die ich auch als eine letzte Frage formulieren werde: Ist LER für Deutschland nicht eine Vorstufe zum Versuch eines obligatorischen Philosophieunterrichts?

Gerd Harms: Bei der Ausbildung handelt es sich um ein berufsbegleitendes Zusatzstudium im Umfang von 60 Semesterwochenstunden. An einer wissenschaftlichen Hochschule entspricht das dem zeitlichen Umfang, der beispielsweise in einem zweiten Fach für die Sekundarstufe verlangt wird. Diese berufsbegleitende Weiterbildung ist parallel zum Modellversuch organisiert und entwickelt worden. Sie wird von der Universität und dem Lehrerweiterbildungsinstitut des Landes organisiert. Derzeit ist es noch eine außeruniversitäre Ausbildung, doch soll zukünftig an der Universität Potsdam ein LER-Studiengang eingerichtet werden. Bei den Zeitplänen ist es so, daß das Fach derzeit in den Klassenstufen 7 und 8 jeweils zweistündig und in den Klassenstufen 9 und 10 einstündig unterrichtet wird. Dies ist noch keine endgültige Entscheidung.

Was mögliche Bezüge zwischen LER-Unterricht und obligatorischem Philosophieunterricht an französischen Schulen betrifft, bestehen solche

Verbindungen durchaus. In Bremen gibt es beispielsweise eine Initiative, die »Philosophieren mit Kindern« heißt. In Mecklenburg-Vorpommern existiert ein ähnliches Projekt. Dort gibt es unmittelbare Berührungspunkte mit der Philosophie, weil sie Fragen der allgemeinen Weltsicht aufwirft, denen sich auch Kinder und Jugendliche stellen müssen. Wir haben davon Abstand genommen, dies Philosophie zu nennen, denn zunächst – und dies ist im Hinblick auf die Entstehungsgeschichte auch gut nachvollziehbar – stand die Frage der Lebensbewältigung in den Wendezeiten im Mittelpunkt. Die zukünftige Entwicklung des Faches weist nun stärker in die Richtung von praktischer Philosophie, Ethik und Religionswissenschaft. Dies wären dann auch die Bezugswissenschaften für eine wissenschaftliche Ausbildung.

Wolfgang Huber: Um die beiden anderen Voten in die Diskussion mit einzubeziehen möchte ich Henri Madelin und Christian Krause fragen, ob sie aus ihrer Perspektive der Beschreibung der Gesellschaft als einer säkularen zustimmen. Meine Perspektive ist das nicht. Aus der Tatsache, daß wir einen säkularen Staat haben, leitet sich keineswegs auch eine säkulare Gesellschaft an sich ab. Viele Beobachtungen sprechen strikt dagegen. Wenn im Land Brandenburg gerade an einem Aktionsbündnis gegen Rassismus, Fremdenfeindlichkeit und Gewalt gearbeitet wird, zeugt das davon, daß an einer ganz elementaren Stelle gemerkt wird, daß dieses Land alles andere als säkular ist. Dadurch, daß die Bindungskraft der Kirchen durch aufzeigbare historische Gründe zurückgegangen ist, haben sich diejenigen Motive und Interessen, die sich in einer anderen Phase an die Kirchen gebunden haben, keineswegs in Säkularität aufgelöst. Wenn damit etwas Richtiges getroffen worden ist, bleibt die Frage, ob dasjenige, was an Orientierungserwartungen in einer Gesellschaft vorhanden ist, gerade auch in einer jungen Generation, mit dem Hinweis auf den Grundrechtskatalog des Grundgesetzes beantwortet werden kann, d.h. mit bestimmten Bildungsnormen, die an den Staat adressiert sind, und über deren Begründung im Grundgesetz aus guten Gründen kein Wort gesagt wird. Aber die Zustimmung zu Wertorientierungen, die darin enthalten sind, kann nur zustande kommen, wenn man über Begründungen redet. Diese Gedanken sind mir gekommen, als Henri Madelin unterschiedliche Haltungen zur Rolle der Religion in Frankreich geschildert hat. Alle waren durchgängig nicht säkular.

Henri Madelin: In der französischen Debatte über die Weitergabe von Werten an die jungen Generationen spielt diese Frage in der Tat eine außerordentlich große Rolle. Diese Wertevermittlung macht es erforderlich, im Schulsystem selbst die Inhalte zu verankern, die man Geistlichen in Frankreich nicht anvertrauen mag. Ich glaube, daß das ein gesundes

Vorgehen ist, aber das Problem bleibt dennoch bestehen, daß man in Frankreich zu einer Vermittlung kultureller Werte aufrufen muß, die das Verständnis der Grundlagen unserer Zivilisation erlaubt. Die Französisch- oder auch die Geschichtslehrer bemerken, daß ungefähr drei Viertel der Schüler bei dem Wort Christi, den »Kelch bis zur Neige zu leeren«, an eine Einladung Christi zum Trinken bis zum Umfallen bei einem Besäufnis denken. Hier geht es um Kunst, Kultur und Geschichte. In Frankreich richtete sich die Diskussion sehr schnell auf eine Neuorientierung der Lehrer: Man verlangt letztlich von den Philosophie- und Geschichtslehrern, daß sie bessere Lehrfähigkeit auf diesem Gebiet erlangen. In diesem Sinne werden sie in ihren Ausbildungsstätten, den *Instituts Universitaires de Formation des Maîtres* (IFUM; Universitätsinstitute für Lehrerbildung) ausgebildet, wo sie auf ihre Lehrtätigkeit vorbereitet werden. Im übrigen sind die Lehrer in den katholischen Privatschulen ebenso unwissend wie jene, die in öffentlichen Schulen unterrichten oder sich darauf vorbereiten. Dies ist die gegenwärtige Situation.

Man kann sich unsere säkularisierten Gesellschaften nicht als rein funktionale Gesellschaften vorstellen. Das Wesentliche ist trotz allem die Festlegung des zentralen Wertekanons unserer Gesellschaften, der an die nächsten Generationen weitergegeben werden muß. Meines Erachtens ist eine gewisse Verflachung des Laizismus zu beobachten, die in die Katastrophe führen und sich gegen das laizistische Projekt selbst wenden kann. Es ist diese Verflachung, die religiösen Fanatismus und außergewöhnlich starke Identifikationsbestrebungen schafft. Bei diesem Thema sind Klugheit und Vorsicht daher sehr angebracht. Eine noch dringendere und genauso schädliche Versuchung besteht in der Forderung an die Religionen, den Werten wieder mehr Gewicht zu verleihen.

Niemand kann bestreiten, daß die Religionen im Umgang mit Symbolmaterial, im Verständnis von Wirklichkeit, in der Organisation von Wertesystemen usw. eine gewisse Erfahrung und Tradition haben. Meist verfügen sie jedoch in der Gesellschaft nicht über ihrer Erfahrung entsprechende Kanäle, um ihre Standpunkte öffentlich zu machen. An dieser Stelle sollten wir die Diskussion auf ganz Europa erweitern. Einerseits müssen sich die Kirchen gegenwärtig vom Staat lösen, um nicht den Eindruck zu großen öffentlichen Einflusses zu erwecken. Nachdem sie ihre Erfahrungen in der Vergangenheit bedacht haben, vermeiden sie sorgfältig jedes heimliche Einvernehmen mit der politischen Sphäre. Andererseits braucht Europa den Beitrag der Kirchen, um sich seiner selbst zu vergewissern und sich eine Legitimation zu geben, die es noch nicht wirklich erreicht hat. Hier gibt es eine schwer zu beherrschende Spannung, für die man sich genauer interessieren sollte.

Wolfgang Bock: Henri Madelin schiebt die Begriffe Laizisierung und Säkularisierung relativ nah aneinander, spricht aber häufiger von Säkularisierung als von Laizisierung. Verweisen die französischen Beiträge auf ein grundlegend anderes Modell der Auseinandersetzung um das Verhältnis zwischen Staat und Kirche? Aus seinem Beitrag ist eine Stimmung zu vernehmen, die in Deutschland an den Kulturkampf erinnert. Das deutsche Modell, das ebenfalls unter dem Begriff des säkularen Staates zusammengefaßt wird, geht davon aus, daß Säkularisierung in unterschiedlichen Ausdrucksformen auftreten kann. Säkularisierung kann sich in einer (kirchen) feindlichen Haltung äußern, aber auch in einer so freundlichen, daß die Unterschiede zwischen Staat und Kirche fast verschwinden (Kulturprotestantismus). Säkularisierung kann drittens auch bedeuten, daß der Staat eine säkulare Distanz und Neutralität hält, aber nicht eine feindliche Abgrenzung vornimmt. Von diesen drei Modellen haben wir m.E. im deutschen Staatskirchenrecht das letzte; nämlich Distanz, Neutralität, aber auch die Möglichkeit zur Zusammenarbeit. Das führt im Staatskirchenrecht dazu, daß wir dort sehr allgemein gefaßte Mantelbegriffe haben, die die Möglichkeit eröffnen, Religion als selbstbestimmtes Verhalten der Einzelnen und der Religionsgemeinschaften zuzulassen und zu respektieren, aber auch genügend Distanz zu schaffen. Ist das französische Modell von Laizisierung so entgegengesetzt, daß dort die Konflikte stärker auftreten, oder eröffnet auch das französische Modell Möglichkeiten einer Abmilderung der Konflikte?

Christian Connan: Einige Monate vor der Diskussion um LER in Brandenburg fand in Bayern eine polemische Debatte darüber statt, ob Kruzifixe in Klassenräumen legitim seien oder nicht. Es ist bekannt, daß Bayern nicht ganz mit Brandenburg vergleichbar ist, ob es sich um die jüngere oder länger zurückliegende Geschichte handelt oder aber um den jeweiligen Platz der katholischen bzw. protestantischen Religion. Resultiert die Gleichzeitigkeit beider Debatten aus der einfachen Tatsache, daß heute unterschiedliche Entwicklungen konvergieren, oder kann diese Gleichzeitigkeit mit einer Veränderung der Rolle der Kirchen in diesen Ländern erklärt werden?

Reinhard Höppner: Meines Erachtens besteht das eigentliche Problem darin, daß sich die beiden Institutionen »Staat« und »Kirche« in einer Krise befinden und daher eine Verhältnisbestimmung außerordentlich schwierig wird. Aus der Schwäche der beiden Institutionen resultiert ein Machtkampf, der viel komplizierter ist als derjenige, der vor längerer Zeit möglicherweise noch aus einer Position der Stärke heraus geführt wurde. Diese Tatsache ist bislang nicht hinreichend berücksichtigt worden. Dies wiederum scheint mir ein Ausweis dafür zu sein, daß wir uns möglicherweise in einem Umbruch befinden, der eine Verhältnisbeschreibung in völlig neuer Weise erfordert. Die Kategorien, die wir in den letzten 250 Jahren dazu benutzt haben, reichen nicht mehr aus, um die Zukunft des Verhältnisses von Staat und Kirche oder Kirche und Gesellschaft zu beschreiben. Dieses dürfte nicht mehr machtorientiert, sondern müßte vielmehr zielorientiert sein. Es wäre also die Frage zu stellen, ob nicht Staat *und* Kirche als Institutionen für die Gesellschaft gleiche Aufgaben und Ziele formulieren? Vor dem Hintergrund der Aufgabenfülle ist es kurios, daß darum gestritten wird, wer welche Aufgabe wahrnimmt. Das gilt auch für den Religionsunterricht. Ist der Rechtsstreit nicht im Grunde genommen ein Machtkampf oder ein Kampf um Einfluß? Eine zielorientierte Debatte hätte die klare Definition der Aufgaben von Staat und Kirche zum Inhalt. Damit wäre auch der Machtkampf beendet.

Marianne Birthler: Das Wort Säkularität ist sehr unterschiedlich besetzt. Es schien mir teilweise in die Nähe von Banalität gerückt. Wie kommt Wolfgang Huber zu der Auffassung, daß Brandenburg im wesentlichen nicht säkular ist? Meines Erachtens wird auch die Klärung des Verhältnisses von Staat und Kirche nicht von anderen interessanten Verhältnissen unterschieden, z.B. dem von Kirche und Gesellschaft oder von Kirche und Öffentlichkeit. In der DDR gab es z.B. ein denkbar schlechtes Verhältnis zwischen Staat und Kirche, aber ein recht gutes zwischen Gesellschaft und Kirche – im Unterschied zu heute. Wenn man auf einer strikten Trennung zwischen Staat und Kirche besteht, sollte man deswegen noch nicht in den Verdacht geraten, die Kirche in den privaten Raum verdrängen zu wollen. Die Kirche soll vielmehr in der Gesellschaft präsent sein, ohne daß es eine enge Verbindung zwischen Staat und Kirche geben muß.

Christian Krause: Die in Brandenburg und Bayern zeitgleich geführten Diskussionen über das Verhältnis von Kirche und Staat und Kirche und Gesellschaft sind nur bedingt vergleichbar. Der Religionsunterricht im Sinne eines Neuanfangs ist etwas anderes als die Fortführung einer vorhandenen Tradition und eingebetteten Religiosität.

Das Bemühen um eine Neubestimmung des Verhältnisses von Kirche und Staat ist trotz aller Schmerzen, Mißverständnisse und Schwierigkeiten nicht ausschließlich ein Machtkampf. Was die Feststellung Reinhard Höppners betrifft, der eine zielorientierte Debatte über das Verhältnis zwischen Kirche und Staat einfordert, gebe ich zu bedenken, daß diese Zielorientierung leider nicht vorhanden ist. Wenn ich z.B. das weite Feld des sozial-kooperativen Handelns angehe, steht dahinter ursächlich der Ansatz eines bestimmten Menschenbildes. Wenn ich die Befürchtung äußere, daß wir aufpassen müssen, daß die Entflechtung des Menschen nicht bedeuten darf, daß der Schwächere dabei unter die Räder kommt, (diese Gefahr ist angesichts der Privatisierung auf dem sozialen Sektor nicht fernliegend), will ich damit keinen Machtkampf signalisieren, sondern genau diese Frage der Zielorientierung. In dieser kann ich im Gegensatz zu Gerd Harms keinen generellen gesellschaftlichen Konsens erkennen. In der Machtfrage oder der Durchsetzungsfrage unserer Gesellschaft ist genau diese Zielsetzung und Zielperspektive allen Handelns noch offen.

Die Differenzierung zwischen Staat und Gesellschaft ist evident. Spannender ist jedoch die Frage nach den Bezügen zwischen den staatlichen, gesellschaftlichen und kirchlichen Institutionen. In dieser Verhältnisbestimmung liegt der eigentliche Ansatzpunkt der Debatte. In diesem Kontext liegt auch der Ausgangspunkt der Frage nach dem Religionsunterricht.

Wolfgang Huber: Ich hatte dazu angeregt, aus dem Faktum, daß wir es in Deutschland mit einem säkularen Staat zu tun haben, nicht automatisch auf eine säkulare Gesellschaft zu schließen, weil ich die Unterscheidung zwischen Staat und Gesellschaft ernst nehmen wollte. Eine säkulare Gesellschaft würde sonst eine Gesellschaft ohne religiöse Institutionen sein. Das haben wir offenkundig nicht, sondern wir haben eine Gesellschaft, bei der wir akzeptieren, daß religiöse Institutionen innerhalb der Gesellschaft ihren Ort haben. Oder was würde säkulare Gesellschaft heißen? Eine Gesellschaft, in der die Mentalitäten der Gesellschaftsmitglieder in dem Sinne säkular sind, daß ich ihnen keine religiösen Fragen mehr stelle. Es ist doch deutlich, daß sich in dieser Gesellschaft Mentalitätsumbrüche abspielen, bei denen sich auch religiöse Fragen neu stellen. Leider geschieht dies in vielen Fällen so, daß die Antworten nicht bei den Institutionen gesucht werden, die dafür tatsächlich einen gewissen Erfahrungsschatz besitzen. Das ist ein sehr großes Problem, daß wir nicht mit der Antwort lösen können, wir befänden uns in einer säkularen Gesellschaft, sondern nur mit der Antwort, daß das Verhältnis von Religion und Aufklärung in dieser Gesellschaft neu hergestellt werden muß, daß also das Bündnis von Glaube und Bildung neu herbeigeführt werden muß. Nur so können wir fundamentalistische Antworten auf der einen Seite und relativistische Antworten auf der anderen Seite vermeiden. Mir geht es auch darum, daß, soweit dabei der Beitrag des christlichen Glaubens gefragt ist, die Deutungskompetenz dafür nicht als areligiöse Deutungskompetenz angesetzt wird. An dieser Stelle gibt es eben doch eine Komplementarität zwischen dem bayerischen und dem brandenburgischen Problem. Wenn das Bundesverfassungsgericht sagt, der Staat habe nicht das Recht, mit den Mitteln des staatlichen Zwangs Kruzifixe in staatlichen Klassenzimmern durchzusetzen, wird es sich auch die Frage stellen, ob es in Ordnung ist, wenn eine areligiöse Interpretation des christlichen Glaubens mit einem deutlichen Vorrang ausgestattet wird vor der Innensicht auf den christlichen Glauben aus der Perspektive der Kirchen.

Gerd Harms: Die Parallelen zwischen Brandenburg und Bayern kann ich nur insoweit erkennen, als es um die Frage geht, wie Staat in Schule handelt, wenn z.B. religiöse Symbole zur Diskussion stehen. Ansonsten geht es hier um einen geradezu entgegengesetzten Prozeß, nämlich um die Frage, wie weit der Minderheitenschutz in der bayerischen Schule geht, und was der Staat dem Einzelnen zumuten kann. Die Frage ist in Brandenburg in der Tat eine andere. Wir sind uns einig darüber, daß dort, wo Glaube und konfessionelle Interpretation von Welt gefragt ist, dies auch einen Ort in der Schule hat. In Brandenburg wird der Religionsunterricht nicht aus der Schule vertrieben, sondern, in Verantwortung und unter der Organisationshoheit von Kirchen, als freiwilliges Fach angeboten. Uneinigkeit besteht hingegen bei der Frage, ob der Staat mit seinen Beschäftigten einen konfessionell geprägten Religionsunterricht organisieren soll. Hier sind wir zu der Auffassung gelangt, daß dies – mit erheblichen staatlichen Zuschüssen – eine Aufgabe der Kirche ist. Der Unterschied ergibt sich bei der Frage, was in einer Situation, in der der Glaube nicht gefragt ist, passiert. Wir befinden uns in einer Situation, in der sich das Mehrheiten-Minderheitenverhältnis West-Ost dramatisch umgedreht hat. Das ist die Lebensrealität im Osten Deutschlands, wohin die Normalität der westlichen Situation nicht bruchlos übertragbar ist. Die Frage lautet nun: ist es dann nicht legitim zu sagen, daß diejenigen, die nach einem konfessionellen Religionsunterricht fragen, auch den Anspruch auf Gewährung dieses Unterrichts haben? Und daß dort, wo er aber nicht nachgefragt wird, es nicht die Aufgabe des Staates ist, diesen verpflichtend zu organisieren und dem Einzelnen aufzuerlegen, wenn er dies nicht will. Bedauerlicherweise ist es hier zu einem Machtkampf gekommen.

Es geht nicht um eine Deutungshoheit des Staates über Geschichte oder Aktualität von Religion oder Glauben. Aus unserer Sicht ist die Religionswissenschaft vielmehr eine Wissenschaft, die an Hochschulen gelehrt wird, und deren Erkenntnisse durchaus als Wissenschaftsbestände in den Unterricht einfließen können. Ein anderer Bestandteil des Konzepts ist aber auch, Schule zu öffnen, und sich mit denjenigen auseinanderzusetzen, die vor einem Glaubenshintergrund einer Kirche handeln. Etwa die Hälfte derjenigen Beschäftigten, die sich an dem LER-Projekt beteiligen, tun dies vor einem individuell-kirchlichen Hintergrund.

Henri Madelin: Ich glaube, daß es eine gute Analyse der aktuellen Situation ist, wenn man behauptet, daß sich beide Institutionen – Staat und Kirche – in einer Krise befinden. In der Vergangenheit wollte die politische Institution ein zu weites Feld bearbeiten, bis hin zum Glück oder den Problemen des Menschen. In dieser Hinsicht hat das Grundgesetz das frühere Hegemoniestreben der politischen Sphäre sanktioniert. Auch die kirchlichen Institutionen sind heute in der Krise, und es scheint, als ließe man sie für ihr einstiges Einvernehmen mit der Politik nun bezahlen. Dieses Phänomen ist ganz spezifisch europäisch – in den USA ist die Situation z.B. ganz anders. Aktuelle soziologische Untersuchungen zeigen nichtsdestoweniger, daß die Europäer starke religiöse Überzeugungen bewahren, aber – und darin liegt für mich das Problem – wenn sie auch noch an Dinge glauben, so lehnen sie doch in ihrer Mehrheit die Mitgliedschaft in einer Kirche ab: Das ist die berühmte Formel »believing without belonging«. Die Deutschen beweisen ein deutlich stärkeres Bedürfnis nach Zugehörigkeit zu einer Institution. Das erklärt sich zweifellos zum einen aus ihrer Geschichte. Zum anderen haben sie wohl begriffen, daß das religiöse Phänomen sich im Augenblick in Richtung Freiheit bewegt, worin eine Warnung für all diejenigen liegt, die eine m.E. viel zu stark vereinfachende Form des Laizismus vertreten. Mir scheint jedoch vor allem, daß die Kirchen im großen und ganzen allmählich begreifen, daß die Vermittlung des Glaubens über die Politik nicht mehr zeitgemäß ist. Im übrigen verfügt die Politik heute in Europa nicht mehr über die Mittel, die sie zur Glaubensvermittlerin par excellence werden ließen, auch wenn diese Vorstellung in der Welt noch ziemlich verbreitet ist. Die Kirchen, ich wiederhole es, neigen sich der Seite der Freiheit zu. Auf dem Weg über die Kirchen, deren Standpunkt ich hier verteidige, gilt es in der Tat, die Gesellschaft ein bißchen zu »dopen«, die nicht in purem Säkularismus leben kann. Meiner Meinung nach war Tertullians Satz noch nie so wahr wie heute: »Man wird nicht als Christ geboren, sondern man muß Christ werden.«

Jean Boussinesq: Zwei Probleme scheinen mir wichtig zu sein. Das erste könnte man das Problem der Vermittlung der religiösen Dimension der Kulturen in der Schule nennen. Diese Frage ist allen Ländern der Europäischen Union gemeinsam, mit um so größerer Berechtigung Deutschland und Frankreich. Ich trage zu dieser Diskussion den Standpunkt der laizistischen französischen Assoziation *Ligue de l'enseignement* (Liga für den Unterricht) bei, deren Vertreter ich bin. Wir kommen hier an ein Defizit, das wir m.E. so schnell wie möglich schließen müssen – in Frankreich jedenfalls – indem wir einen vernünftigen und gemäßigten Standpunkt einnehmen. Die Erinnerung ist in gewisser Weise von der religiösen Dimension der Kulturen abgetrennt. Daher rührt das offensichtliche Unverständnis vieler Kunstwerke und literarischer Werke sowie vieler sozialer Phänomene. Wer durch die Säle des 16., 17. und 18. Jahrhunderts eines großen Museums wie z.B. des Louvre geht, trifft – abgesehen von Stilleben und Genrebildern – auf zwei große Bildergattungen: Gemälde mit religiösem und Gemälde mit mythologischem Sujet. Ob man will oder nicht, der Mensch der Gegenwart versteht weder die einen noch die anderen, und vielleicht versteht er noch weniger die Gemälde mit mythologischem als jene mit religiösem Thema. So ist ein ganzer Teil der großen europäischen humanistischen Kultur bereits verschwunden oder dabei zu verschwinden. Muß man das bedauern? Ich glaube, daß das ein natürlicher Vorgang ist, teilweise wird er unvermeidlich oder sogar notwendig sein. Man kann heute nicht wieder einen Menschen schaffen, der in dieser Kultur so zu Hause wäre wie ein durchschnittlich Gebildeter um das Jahr 1880. Eine Auslese muß sich vollziehen, denn das Vergessen ist in kultureller Hinsicht ebenso wichtig wie die Erinnerung. Kultur ist eine unablässige Schöpfung; wäre sie nur Erinnerung, würde sie sich in reiner Wiederholung erschöpfen. Die wichtigste Frage ist, was bewahrt und an die nächsten Generationen weitergegeben werden soll. Die religiöse Dimension der Kulturen muß dieser allgemeinen Frage auch unterzogen werden, und soviel ich weiß, haben die Kirchen auch ein selektives Gedächtnis. Tragen Sie heute einem Katechumenen zu lernen auf, was er im 17. Jahrhundert hätte wissen müssen, und er wird die Welt nicht mehr verstehen. Im 17. Jahrhundert bildete das umfassende Problem der Gnade fast die gesamte normale Bildung und Mentalität des Christen, ob er Katholik oder Protestant war. Diese Frage gehört heute im wesentlichen der Vergangenheit an. Die Kriterien für das Bewahrenswerte verändern sich, und das kulturelle Gepäck jeder Epoche erneuert sich auf diesem Wege. Es ist daher sehr schwierig bzw. unnütz, die Frage zu beantworten, was gelehrt werden soll. Der Standpunkt der *Ligue de l'enseignement* ist dennoch folgender: In der universitären Bildung sollten wir den Studenten, die selbst dazu berufen sind, später Philosophie, Geschichte oder Literatur im Lycée oder Collège zu unterrichten, ausreichende Offenheit und Arbeitsmittel zur Verfügung stellen. Wenn sie selbst eine solide Ausbildung genossen haben, können sie diese Dinge dann in seelischer und geistiger Freiheit unterrichten, nach den Prinzipien der traditionellen akademischen Freiheit und je nach dem tieferen kulturellen Hintergrund des jeweiligen Unterrichtsgegenstandes.

Das zweite Problem betrifft den Islam und seine gegenwärtige Beziehung zu den europäischen Gesetzen, z.B. über den Laizismus. In der Kirchengeschichte gab es eine erste Periode, in der der Atheismus nicht zugelassen wurde. In einer zweiten Periode wurden Politik und Religion zu stark miteinander verknüpft, wie es noch heute in islamischen Ländern mit muslimischer Bevölkerungsmehrheit der Fall ist. Eine dritte Etappe ist jetzt erkennbar, da in Ländern wie den Mitgliedsstaaten der Europäischen Union eine muslimische Minderheit lebt, die gleichwohl zahlenmäßig sehr stark ist. Wenn die *Ligue de l'enseignement* zu diesem Thema die Führer der drei großen muslimischen Verbände in Frankreich befragt, ist die Antwort fast immer dieselbe: »Da wir in Ihrem Land in der Minderheit sind, müssen wir uns in Ihren Gesetzen einrichten, einschließlich der laizistischen Gesetze.« Wir erinnern unsere Gesprächspartner dann an Artikel 9 der Europäischen Menschenrechtskonvention von 1950, die nicht nur jedem Menschen das Recht auf Äußerung seiner Religion oder seiner Überzeugungen einräumt, indem er z.B. ein äußeres Zeichen seiner Religion trägt, sondern auch das Recht, seine Überzeugung oder Religion zu ändern. Die muslimischen Repräsentanten bestätigen dies, und wir nehmen sie dann beim Wort.

Rudolf von Thadden: Wenn wir einen deutsch-französischen Dialog führen, liegt es nahe, daß wir den Vergleich der Argumente, die wir bringen, stärker ins Auge fassen. Mir fällt auf, daß von der Seite unserer französischen Gesprächspartner, von Jean Boussinesq, aber auch von Henri Madelin, viel stärker die kulturelle Komponente des Problems ins Spiel gebracht wird als bei uns Deutschen, egal, ob wir aus dem Osten oder dem Westen Deutschlands kommen, ob wir den Akzent stärker auf den Staat oder auf die Gesellschaft legen. Kulturelle Komponente, d.h. (und das ist kein Zufall), daß der Hinweis auf den Islam z.B. von unseren französischen Freunden gekommen ist und noch nicht von der deutschen Seite erwähnt wurde. Wenn wir einmal die Diskussion vergleichen (wir haben ja auch Muslime in Deutschland), finde ich, ich karikiere etwas, in Deutschland eine Situation vor, in der häufig säkularisierte Christen mit weniger säkularisierten Muslimen diskutieren. Auf diese Weise tritt in der Schule der Zustand ein, daß unsere säkularisierten Schüler mit dem Phänomen Religion nur auf dem Umweg über die ihnen kulturell völlig fremde Religion des Islam in Berührung kommen. Das Interesse für die Bibel wird sozusagen auf dem Umweg über den Koran geweckt. Dasselbe gilt übrigens auch im Dialog mit Juden. Auf dem Umweg über eine Diskussion mit Juden fehlt auf einmal der Hinweis auf die Bibel, und nur selten wird dann festgestellt, daß man selber auch die Bibel als Grundlage hat. In Frankreich fällt mir dagegen auf, daß die Diskussion dadurch anders verläuft, daß man nicht so sehr nach den Glaubensverschiedenheiten fragt, oder nach dem, was wir in Deutschland immer unter dem Begriff konfessionell fassen, sondern daß nach den kulturellen Begleiterscheinungen der verschiedenen Religionen gefragt wird. Es wird z.B. darüber diskutiert, daß muslimische Mädchen in den Schulen häufig Wert darauf legen, einen Schleier zu tragen. Meiner Meinung nach sollten wir den Vergleich der Auseinandersetzung in Frankreich und Deutschland etwas stärker intensivieren, weil wir trotz aller europäischen Einigungsbemühungen doch auch mit einem je verschiedenen kulturellen Hintergrund leben. Es ist ein Unterschied, ob man, wie in Frankreich, in einer gewachsenen, durch Jahrhunderte hindurch nationalstaatlich abgesicherten Kultur lebt, die das ganze Land umfaßt, oder ob man, wie in Deutschland, in einem föderalistischen Staat lebt, der seit der Reformation immer schon multikonfessionell und damit auch multikulturell geprägt war. Das sind unterschiedliche Startbedingungen für die Diskussion, die, auch wenn wir uns in Europa zuammentun, noch sehr lange weiterwirken werden.

Rosen Le Goff: Die beiden Lösungsvorschläge zu LER in Brandenburg sind einerseits Religionsunterricht und andererseits eine Art Diskussionsforum, das der Entwicklung und persönlichen Entfaltung des Kindes in der Schule Raum geben würde. Meines Erachtens ist ein solches Modell in Frankreich undenkbar. Ich würde einen dritten Weg vorschlagen, der vielleicht europäischer ist, nämlich die Einführung eines Kurses in Religionshermeneutik. Jede Religion fände darin ihren Platz, und ein solcher Kurs könnte geeignet sein, die kulturellen Unterschiede, vor allem zwischen Deutschland und Frankreich, zu überbrücken.

Henri Madelin: Man sollte sich vor einer abrupten Gegenüberstellung von Kultur und Konfession hüten. Beide Begriffe geben für mich tiefe Dimensionen des menschlichen Lebens wieder, sie haben auch Bezug zur Ethik, zur Problematik des Sinns des Lebens und des Todes. Die Kirchen sind dabei nicht die einzigen Institutionen, die sich die eigentliche Substanz des Lebens aneignen müssen. Auch wenn die Kirchen sich mit ihrer Existenz in einem immer stärker säkulären Umfeld abfinden müssen, wäre es verhängnisvoll, wenn sich Europa nur noch funktionelle Fragen der Art »Wie geht das?« stellte. Leider hat diese Entwicklung in unserer Gesellschaft schon längst begonnen.

Bevor ich auf den Islam zu sprechen komme, möchte ich unterstreichen, daß das Gesetz von 1905 über die Trennung von Staat und Kirche die hierarchische Struktur der katholischen Kirche respektiert. Es ist m.E. ein großer Erfolg des französischen Jakobinertums, eine nicht zu absorbierende Struktur nicht durch den Wolf der Demokratie gedreht zu haben, wie es dem traditionellen jakobinischen Verständnis entsprochen hätte. Diese allgemeine Erfahrung bleibt auch heute sehr wertvoll. Was den Islam betrifft, möchte ich mich hier nicht in Antiislamismus ergehen: Eine der Stärken des gegenwärtigen Europa ist seine Verpflichtung, die Spielregeln eines vernünftigen Säkularismus, eines Laizismus im Respekt aller Konfessionen, also auch des Islams, festzulegen. Das ist eine vordringlich zu lösende Aufgabe, weil wir sonst auf eine explosive Entwicklung zusteuern. Darüber hinaus wären wir sehr inkonsequent, wenn wir uns morgen wundern würden, daß die Menschen jenseits unserer Grenzen unsere Konzeption vom legitimen Verhältnis zwischen Religion und Politik in Frage stellen. Dieses Problem wird in der europäischen Öffentlichkeit leider viel zu wenig diskutiert. Wir sollten jedoch unsere Aufmerksamkeit im Hinblick auf das Verhältnis zwischen Islam und Demokratie besonders einem Land widmen: Ich denke an Indien und ganz allgemein an alle Länder, wo der Islam in der Minderheit und daher nicht in der Lage ist, die politischen Regeln unmittelbar durchzusetzen, die er von seinen konfessionellen Positionen ableitet.

Ernst Gottfried Mahrenholz

Das Problem der Trennung von Staat und Kirche in der Bundesrepublik Deutschland

Das Thema »Kirche und Gesellschaft« ist in Deutschland immer noch nicht selbstverständlich. Viel lieber äußern sich Bischöfe und andere Kirchenleute, kirchenfreundliche Politiker und die in Deutschland ziemlich durchgängig kirchenfreundliche Wissenschaft vom Staatskirchenrecht über das Thema »Staat und Kirche«. Dieses Thema hat Tradition im Staatsrecht des 19. und 20. Jahrhunderts, und es ist mit bestimmten Begriffen wie »Partnerschaft zwischen Staat und Kirche« oder »Anerkennung des Öffentlichkeitsauftrages« der Kirchen durch den Staat leichter abzuhandeln. Indessen ist es ein guter Einstieg, wenn man das Problem der Kirche in der Gesellschaft heute präziser erfassen will.

Die Tradition dieses Verhältnisses findet ihren Ausgangspunkt in der Restaurationszeit, die maßgebend von dem österreichischen Staatskanzler Metternich geprägt wurde. Er sprach im Briefwechsel mit Kardinal Consalvi von einer »union intime« zwischen Thron und Altar; und in der Tat stützte die Kirche den Staat, weil sie ihn als den Ordnungsfaktor begriff, der auch ihre Stellung im Staat festigte. Die bürgerlichen revolutionären Bewegungen, die in Süddeutschland erste Erfolge errangen, indem sie die Fürsten nötigten, Verfassungen zu erlassen, waren der zeitlich erste Grund, Staat und Kirche in der Gegnerschaft gegen diese Bestrebungen zusammenzuhalten; dabei stand vor allem die Meinungsfreiheit im Vordergrund, gegen die Papst Gregor XVI. in einer Enzyklika 1831 sein Damnamus schleuderte. Bald darauf wurde die Ordnung allerdings weit mehr erschüttert durch die Revolution von 1848, die sich zwar nicht als Revolution durchsetzte, aber überall zu Verfassungen mit Grundrechten führte. Dann aber hat die Arbeiterbewegung die Gegnerschaft der Kirchen gegen den säkularisierenden Zeitgeist verstärkt; mit bleibenden Entfremdungen zwischen Kirche und Arbeiterschaft.

Die Kirche begriff die Arbeiterfrage nicht als politische, sondern als soziale Frage, als Problem der Nächstenliebe. Auf evangelischer Seite hat lediglich Johann Hinrich Wichern auf dem Ersten Deutschen Evangelischen Kirchentag 1848 in Wittenberg das Problem als ein politisches erkannt: es war die Geburtsstunde der sog. Inneren Mission, die aber keinen maßgebenden Einfluß gewinnen konnte. Heute ist sie eine evangelische karitative Organisation.

Ein Einschnitt im Verhältnis zwischen Staat und Kirche drohte nach der Revolution von 1918 während der Beratungen der Verfassunggebenden Deutschen Nationalversammlung. Die sozialdemokratische Partei wollte mehrheitlich die Kirchen nach französischem und amerikanischem Vorbild als Privatvereine charakterisiert wissen; dann machte, neben der gebotenen Rücksicht auf das katholische Zentrum, das Argument Eindruck, daß in Amerika die reichen Leute die Kirchen beherrschen. Eine solche Entwicklung empfand die SPD als Gefahr einer politischen Stärkung derjenigen Klassen, deren Einfluß sie bekämpfte. So hat die Kirche ihr Kirchensteuerprivileg aus der Kaiserzeit in die neue Zeit retten können. Und dazu war es nötig, daß sie »Körperschaften des öffentlichen Rechts« blieben. An diesen Status hat sich in der Folgezeit bis 1933 ein Kirchenvertragssystem angehängt, das sowohl gegenüber der evangelischen als auch der katholischen Seite diese Kirchen als Partner des Staates etabliert hat. Hitler machte sich diesen in der Zeit der ersten Republik eingeschlagenen Weg zunutze, um 1933 sein außenpolitisches System durch ein Reichskonkordat zu festigen.

Während der nationalsozialistischen Zeit blieben die Kirchen einflußlos, konnten aber ihr System und den beschriebenen Rechtscharakter bis 1945 weitgehend durchhalten.

Nach dem Zweiten Weltkrieg sahen sich die Kirchen in Anbetracht des verbrecherischen Charakters des Hitler-Regimes nunmehr vor die Aufgabe gestellt, ihren Beitrag zum Aufbau des Staates auf christlich-sittlichen Grundsätzen zu leisten. In dieser Zeit entstand der Begriff der »Partnerschaft zwischen Staat und Kirche«. Man sah nicht, daß damit die Gesellschaft entmündigt wurde. Auch jetzt wurde das System durch Konkordate und Kirchenverträge gesichert, und wenig ist so charakteristisch für die Gegenwart wie dies, daß in den neuen Bundesländern nach dem Zusammenbruch des kommunistischen Regimes alsbald Staat und Kirche sich wie gewohnt in vertraglichen Beziehungen zusammenfanden.

Es ist fast überflüssig zu betonen, daß das Grundgesetz als Verfassung der Bundesrepublik an den Verfassungsartikeln der Reichsverfassung von 1919, soweit sie die Kirchen betrafen, nichts geändert hat.

Gleichwohl wird dieses staatskirchenrechtliche System inzwischen, und zwar innerhalb der beiden großen Kirchen, deutlich auf seine Tragfähigkeit hinterfragt. Und dieses Fragen beginnt mit einem energischen Drängen darauf, daß die Kirchen in erster Linie ihre Rolle in der Gesellschaft zu spielen hätten, und erst in zweiter Linie im Verhältnis zum Staat. Dem haben sich die Kirchen auch nicht verschlossen. Die erste große Konfrontation mit dem Staat fand im Kontext der Problematik der Kriegsdienstverweigerung statt, als die Bundesrepublik auf der Basis einer allgemeinen Wehrpflicht mit dem Aufbau der Bundeswehr begann. Die Kirchen setzten eine außerordentlich großzügige Regelung durch, die, in

Übereinstimmung mit dem Willen der Kriegsdienstverweigerer, einen Ersatzdienst außerhalb der Bundeswehr vorsah. Das zweite bedeutende Beispiel ist das Einschwenken der evangelischen Landeskirchen in Norddeutschland auf einen schulrechtlichen Kurs, der für die Volksschulen auf den konfessionellen Charakter verzichtete; der vorherrschende Schultyp ist inzwischen überall in Deutschland die sog. Christliche Gemeinschaftsschule, in der indessen nach der Interpretation des Bundesverfassungsgerichts außerhalb des Religionsunterrichtes der Unterricht nicht christlich geprägt sein darf, aber das Christentum als geschichtlich und gegenwärtig formende Kraft in Rechnung stellen kann. Weitere Punkte des Engagements folgten: Gefangenenseelsorge; Drogenberatung (in erster Linie deshalb, weil der Staat nicht genug Geld für das Thema der Drogenabhängigen bereitstellt); Hilfen für die sog. Entwicklungsländer durch Spendenfonds der beiden großen Kirchen; Hilfe für Asylbewerber bis hin zur Gewährung von »Kirchenasyl«, also der Aufnahme von nicht anerkannten Asylbewerbern in die Räume der Kirche, um sie vor der Abschiebung durch staatliche Behörden zu schützen usw.

Indessen ist mit der Beteiligung der katholischen Kirche an der Beratung von Schwangeren noch ein besonders heikles Gebiet des kirchlichen Engagements in der Gesellschaft gegeben. Denn ohne diese Beratung, die seit etwa 20 Jahren besteht, und an der auch die evangelische Kirche sowie kommunale Stellen und ein nicht-religiöser Verband (Pro familia) beteiligt sind, ist eine Abtreibung in Deutschland strafbar.

Im Jahr 1998 sprach der Papst gegenüber der Deutschen Bischofskonferenz die »Bitte« aus, auf die Beteiligung hieran zu verzichten, da sie durch die Ausstellung des Beratungsscheins zugleich das Tor zur Tötung des ungeborenen Lebens eröffne. Die große Mehrzahl des Episkopats und wohl auch das Kirchenvolk, vor allem die führenden Katholiken in der Laienbewegung der katholischen Kirche, haben jedoch zu dem Papstbrief eine kritische Haltung eingenommen. Jüngst hat die Bischofskonferenz dem Papst mehrheitlich ein geändertes Modell vorgestellt, das die Beratung für die Schwangeren nicht versagt, aber dem Papst die Entscheidung überläßt.

Diese Entwicklung ist deshalb bemerkenswert, weil hier in einem besonderen Maß sowohl die deutsche Amtskirche als auch die Laienorganisationen das gesellschaftliche Engagement zugunsten schwangerer Frauen in den Mittelpunkt ihrer Aufmerksamkeit stellten und den Umstand, daß der Beratungsschein auch die schwangere Frau in den Stand setzt, straflos die Schwangerschaft abbrechen zu lassen, in den Hintergrund rückten. Wie in einem Brennpunkt spiegelt sich hier die Möglichkeit, ja sogar die Unausweichlichkeit des Konflikts zwischen wohlbegründeten tradierten kirchlichen Positionen des Schutzes menschlichen Lebens durch Ablehnung des Schwangerschaftsabbruchs und der ebenso notwendigen Hin- und Einordnung der Kirche in die zentralen Bereiche gesellschaftlicher Diakonie. Diese gebietet es, schwangere Frauen nicht ohne kirchliche Hilfe zu lassen, auch wenn sie fehlzuschlagen droht. Die Öffentlichkeit hat noch nicht bemerkt, daß die einmütige Haltung des Kirchenvolkes in diesem Punkt diejenigen Kräfte auf Dauer und unabhängig von der Entscheidung des Papstes stärken wird, die auf eine energische Einordnung der Kirche in die Gesellschaft drängen. Dieser Konflikt signalisiert, daß innerhalb des Verbändewesens der Gesellschaft in Deutschland auch die Kirchen Verbände sind und daß diese Entwicklung den verfassungs- und vertragsgeschützten Status der Kirche weiter relativiert, ja sogar entwertet. »Kirche von unten« heißt deshalb nicht zuletzt eine Parole der Katholikentage. Auch diese wurden bereits im 19. Jahrhundert gegründet. Heutzutage fördern gerade die Evangelischen und Katholischen Kirchentage den Prozeß der gesellschaftlichen Verantwortung der Kirchen. Hier manifestieren sich alle zwei Jahre der deutsche Protestantismus und der deutsche Katholizismus auf der Suche nach der richtigen Antwort auf die Probleme der Gesellschaft. Diese Suche nach Antworten wird von den Evangelischen und Katholischen Akademien nachhaltig gefördert.

Jean Boussinesq

Die aktuelle Debatte in Frankreich: neue Fragen an den Laizismus

Außerhalb Frankreichs mögen die französischen Diskussionen zum Laizismus ein wenig seltsam erscheinen, um so mehr, da der Terminus *laïcité* selbst schwer ins Deutsche oder Englische zu übersetzen ist. Aber ich erinnere daran, daß das Wort »Laizismus« in den französischen juristischen Texten praktisch nicht erscheint, und daß das Adjektiv »laizistisch« dort sehr selten Verwendung findet. Es definiert zwar die Republik in den Verfassungen von 1946 und 1958, dies aber nur, um auf das Gesetz zur Trennung der Kirchen vom Staat aus dem Jahre 1905 zu verweisen, in dessen Text das Wort »laizistisch« vermieden wird. Dafür gibt es eine Fülle von Literatur, die sich mit dem Begriff des Laizismus auseinandersetzt, seit dieser vor knapp einem Jahrhundert in den Sprachgebrauch eingeführt wurde. Wir haben es also einerseits mit einem politisch-juristischen System zu tun, das Frankreich »laizisierte«, wobei es dieses Wort recht selten gebrauchte, und andererseits mit einer intellektuellen Debatte, in der das Wort »Laizismus« im übrigen auf unterschiedliche, ja sogar antagonistische Art und Weise interpretiert wird. Die gegenwärtigen Probleme müssen demnach zuerst im Hinblick auf die Übereinstimmung dieser oder jener sozialen Veränderung innerhalb der sogenannten laizistischen Institutionen mit der tieferen Logik, wenn nicht sogar dem Wortlaut des Gesetzestextes, und anschließend in Konfrontation dieser Veränderungen mit der einen oder anderen Philosophie des Laizismus, oder im weiteren Sinne der Varianten dessen, was wir als »laizistische Mentalität« bezeichnen können, betrachtet werden.

Eine bewegte Geschichte

Um die französischen laizistischen Institutionen zu verstehen, muß man in der Geschichte nicht sehr weit zurückgehen. Im Großen und Ganzen können drei hauptsächliche Einflüsse unterschieden werden. Da ist zuerst einmal der Kampf des Königtums gegen die päpstliche Bevormundung bei der Ausübung der weltlichen Macht zu nennen, ein Kampf, der parallel zum Kampf der Kaiser geführt wurde, und für den Wilhelm von Ockham in seinen Schriften im 14. Jahrhundert schon eine ziemlich klare Theorie entwickelte. Später kam es in der Zeit der Religionskriege, nach den Mißerfolgen der interkonfessionellen Kolloquien, zu verschiedenen Abschlüssen eines »Religionsfriedens«, die auf Initiative von Juristen, Politikern oder Administratoren zustande kamen und erreichen sollten, daß Bürger verschiedener Glaubensbekenntnisse auf staatsbürgerlicher und nicht auf theologischer Grundlage zusammenlebten. Schließlich entstand mit der Aufklärung im 18. Jahrhundert eine philosophische Kritik der religiösen Macht, die zuweilen antichristlich, meist aber nur antiklerikal war. Zur gleichen Zeit verdoppelte der Staat seine Anstrengungen, sich von Rom unabhängig zu machen, indem er die Macht des Königs sakralisierte und versuchte, eine gallikanische Kirche zu schaffen – ein Unternehmen, über das Louis XIV. in seinen gallikanischen Aufsätzen berichtete und das später unter Napoleon I. wieder aufgegriffen wurde. Der Gallikanismus erreichte seinen Höhepunkt während der Revolution in der zivilrechtlichen Konstituierung des Klerus, in deren Ergebnis eine echte Staatskirche entstand. Andererseits folgten 1795 eine erste kurzzeitige Trennung der Kirchen vom Staat und 1801 das Konkordat, das, obwohl es ein Abkommen zwischen Frankreich und dem Heiligen Stuhl darstellte, durch grundlegende Bestimmungen für die Kirchen ergänzt wurde.

Das 19. Jahrhundert war vollständig erfüllt von einem zähen Kampf, den sich die katholische Kirche mit den neuen Kräften der Modernität lieferte, welche letztendlich in der Dritten Republik die Macht errangen. Ab dieser Zeit wurden die wichtigsten »laizistischen« Institutionen geschaffen. Dennoch darf nicht vergessen werden, daß bereits seit 1792 zahlreiche Bestandteile des bürgerlichen und politischen Lebens »laizisiert« worden waren, also von der kirchlichen zur politischen Macht übergegangen waren. Das trifft nicht nur für den Familienstand, die Trauung und das gesamte Bürgerliche Gesetzbuch zu.

Ein laizistisches Land

Heute, nach jenen zwei Jahrhunderten bewegter Geschichte, ist Frankreich laut Verfassung ein laizistisches Land. Was bedeutet das? Zuerst einmal liegt dem französischen Staat ein System der Trennung zugrunde. Sicherlich eine gut gemeinte Trennung, denn das erklärte Ziel der Verfasser des Gesetzes von 1905 war der religiöse Frieden und nicht der antireligiöse Kampf. Dieses Ziel wurde langfristig und trotz vorübergehender Schwierigkeiten, die insbesondere am Anfang bestanden, erreicht. Trennung, d.h. vor allem, daß für die Kirchen (frühere, gegenwärtige oder zukünftige) Privatrecht gilt. Dieses Recht ist real und legitim, was die Gerichte oft anerkannt haben. Dagegen können die Kirchen aber kein öffentliches Recht für sich geltend machen und besitzen folglich auch keines der Privilegien der Staatsgewalt. Eine wichtige Konsequenz ist, daß die Kirchen, Konfessionen und Kulturen vor dem Gesetz gleichgestellt sind. Vielleicht besteht gerade darin die französische Besonderheit in Europa. Im Gegenzug erkennt die Republik in den Artikeln 1 und 4 der Verfassung die Gewissens- und Glaubensfreiheit an und darüber hinaus die Freiheit der Kirchen, sich nach eigenem Belieben und gemäß ihres eigenen Rechtssystems zu organisieren. In der Rechtsprechung wurden diese Prinzipien reichlich und in einem großzügigen Sinne angewandt, der auf eine Regel zurückging, die der Referent des Gesetzes selbst, Aristide Briand, aufgestellt hatte: gemäß dieser Regel muß im Zweifelsfall die liberalste Interpretation ausschlaggebend sein, da sie am ehesten im Sinne des Gesetzgebers ist.

Das Prinzip des Laizismus, wie es gewöhnlich genannt wird, findet auch bei zahlreichen öffentlichen Einrichtungen, die den Staat vertreten, oder bei Körperschaften des öffentlichen Rechts Verwendung. So etwa bei den staatlichen Krankenhäusern, den Gerichten, den Friedhöfen usw. Zuallererst aber gilt es für die Schule. In Frankreich gibt es zwei Arten von Schulen, die im Gesetz vorgesehen sind: die staatlichen Schulen und die privaten Schulen. Der Staat erkennt es als sein Recht und seine Pflicht an, staatliche Schulen für alle Kinder ohne Unterscheidung nach sozialer Klasse, Herkunft oder Religion einzurichten. Diese Bildung ist in der Grundstufe, der Mittel- und Gymnasialstufe und im Prinzip auch während der Hochschulausbildung kostenlos. Sie muß neutral sein, d.h. sie darf z.B. die religiösen Überzeugungen der Schüler nicht verletzen, was eine gewisse Berufsethik für den Lehrerberuf bedingt. Private Schulen dagegen haben im Prinzip die freie Wahl ihrer Lehrpläne und Methoden. Das Gesetz von 1886, das 1888 durch den Staatsrat interpretiert wurde, untersagt direkte staatliche Subventionen für die privaten Schulen im Grundstufenbereich. Für die Mittel- und Gymnasialstufe begrenzt das Gesetz von Falloux von 1850, Art. 69, diese Subventionen auf 10% der Ausgaben. Im Hinblick auf den Hochschulunterricht wurde nichts festgelegt, während für Berufsschulen Subventionen möglich sind (Gesetz von 1919, vorgeschlagen von einem laizistischen Parlamentarier namens Astier). Religionsunterricht ist für die Familien, die dies wünschen, gestattet, aber außerhalb der schulischen Räumlichkeiten in der Grundstufe und im außerunterrichtlichen Rahmen in der Mittel- und Gymnasialstufe. Auf keinen Fall darf er von Lehrern der staatlichen Schulen gehalten werden. In Privatschulen kann für die Schüler Religionsunterricht im Rahmen der schulischen Ausbildung erteilt werden.

Eine lange, fast 40 Jahre andauernde Kontroverse hat unser Land in der Frage der Subventionen für Privatschulen gespalten. Das Gesetz von Debré von 1958 enthält eine Lösung, die heute von der Mehrheit der

Franzosen akzeptiert zu sein scheint. Ohne die vorhergehenden Gesetze außer Kraft zu setzen, ermöglicht dieses Gesetz Subventionen des normalen Schulbetriebs (Schulpersonal und Betrieb der Einrichtung) für die Klassen und Aktivitäten der Privatschulen, die sich nach den Lehrplänen der staatlichen Schule richten, und dies unter strengen Auflagen in Bezug auf ihre Einstellung von Personal, ihre Kontrolle usw.. Die meisten dieser Schulen sind »an den öffentlichen Dienst angeschlossen«, gehören ihm aber nicht an.

Schließlich muß noch auf zwei liberale Bestimmungen des Gesetzes von 1905 hingewiesen werden. Gemäß der ersten Bestimmung und aufgrund des Prinzips der Glaubensfreiheit können Personen, die an einen Ort gebunden sind, vor Ort einen Seelsorgedienst nutzen, der meist durch die öffentliche Hand bezahlt wird, so in Gymnasien, in der Armee, in Gefängnissen und in Krankenhäusern. Die zweite Bestimmung betrifft die Gotteshäuser, deren große Mehrheit 1905 Eigentum des Staates oder der Kommunen war. Da die kirchlichen Handlungen danach von privatrechtlichen Vereinigungen übernommen wurden, stellt das Gesetz diese Gebäude kostenlos entweder den Religionsgemeinden oder, wie ein anderes Gesetz von 1907 besagt, anderen Vereinigungen oder sogar dem qualifizierten Pfarrer zur Verfügung. Aber die Gesetzgeber von 1905 sahen die Zukunft nicht voraus, und die neuen, nach diesem Datum erbauten Gebäude waren somit von dem gesetzlich vorgeschriebenen Verbot aller Subventionen für kirchliche Handlungen betroffen. So führte ein Gesetz, das Frieden und Gleichheit bringen sollte, infolge der soziologischen Entwicklung unseres Landes der letzten 60 Jahre zu Ungleichbehandlung.

Aktuelle Probleme

Das ist die gegenwärtige Situation. Der vorangegangene Überblick wird helfen, die Probleme zu verstehen, mit deren Untersuchung die Liga der Schulbildung, die sich auf Erfahrungen aus über einem Jahrhundert stützen kann, befaßt ist, um Lösungen zu erarbeiten.

Ich werde jene Probleme beiseite lassen, die sich aus geographisch bedingten Ausnahmen der laizistischen Gesetze ergeben. In jeder Gesetzgebung gibt es historisch, politisch, ja sogar diplomatisch bedingte Ausnahmen. Eine solche Ausnahme ist das Steuersystem der Insel Korsika. Auch im Elsaß und im Departement Moselle gilt ein lokales Recht. In Bezug auf die Religion und die Schulbildung entspricht das Rechtssystem dieser drei Departements im Großen und Ganzen dem französischen Rechtssystem von 1870 – abgesehen von einigen Zusätzen, die zwischen 1871 und 1918 hinzugefügt wurden. Aber es gibt noch andere Fälle: in Bezug auf die Religion richtet sich das Recht in Französisch-Guyana nach einem Erlaß von König Karl X.!

Die Probleme, die sich in der großen Mehrheit der Departements stellen, für die gemeines Recht gilt, sind unterschiedlicher Art.

1. Zuerst ist das Problem der Freiheit des religiösen Bekenntnisses zu nennen. Diese Freiheit ist nicht nur durch die laizistischen Gesetze und die Deklaration von 1798, sondern auch durch internationale Verträge, wie die Europäische Konvention vom 4. November 1950, Artikel 9, garantiert. In diesem Sinne werden prinzipiell seit langem die Probleme religiöser Prozessionen und Veranstaltungen auf öffentlichen Straßen geregelt. Auch der Staatsrat hat in seiner Erklärung vom 27. November 1989 sowie in verschiedenen Beschlüssen eine unserer Meinung nach angemessene Lösung zum Problem des Tragens religiöser Zeichen durch die Schüler in staatlichen Schulen (insbesondere die sogenannten islamischen Schleier) angeboten. Aber hier haben ängstlich auf »Laizismus« bedachte Philosophen einerseits und Politiker, die das Konzept des Laizismus nutzen, um Teile der Bevölkerung auszuschließen, andererseits gegen die Position des Staatsrats protestiert, obwohl diese der Logik unserer Institutionen am meisten gerecht wurde.
2. Ebenso kann das Problem der Vermittlung religiöser kultureller Aspekte in der Schule (Geschichte, französische und ausländische Literatur) intelligent gelöst werden. Mangelnde Flexibilität und teilweise auch eine unzureichende Ausbildung führen häufig dazu, daß diese bedeutenden Aspekte der Kultur durch die Lehrer der staatlichen Schulen vernachlässigt werden. Wir glauben, daß eine bessere Ausbildung an den Hochschulen ihnen ermöglichen wird, diese Fragen aufzugreifen, ohne daß spezielle Unterrichtsfächer eingerichtet werden müssen, die sehr problematisch wären.
3. Ich habe schon erwähnt, daß die 1905 für die Gotteshäuser gefundene Lösung den gegenwärtigen Erfordernissen nicht mehr genügt und daß sich infolge enormer Umsiedlungen ein großer Teil der schon 1905 existierenden Kirchen geleert hat, während es in den Großstädten an Kirchen, erst recht an Gotteshäusern der neu hinzugekommenen Religionen, vor allem des Islam, fehlt. Hervorragende Juristen glauben, daß dieses Problem im Rahmen des Gesetzes von 1905 selbst gelöst werden könnte. Aber auch hier behindern die unzureichend aufgeklärte Öffentlichkeit, die Politiker, die sich nach der öffentlichen Meinung richten, sowie radikale »laizistische« Philosophien Entscheidungen, die dringend getroffen werden müßten.
4. Viele Probleme bleiben bezüglich der Privatschulen ungeklärt. Hier stoßen sich die »laizistischen« Mentalitäten nicht nur an der Bereitwil-

ligkeit vieler Franzosen zu religiösem Frieden, sondern auch an der Eroberungsgier gewisser, übrigens nicht nur katholischer Kirchenkreise.

5. Kirchenverantwortliche haben das Problem des Feiertagskalenders aufgeworfen. Die einen treten für das Recht der Nicht-Christen auf eigene Feiertage entsprechend ihrer kirchlichen Feste, sogar einschließlich des Sabbats ein, die anderen protestierten gegen jegliche Reform des Schuljahres, die ihnen als ungünstig für den katechetischen Unterricht erscheint. Das Problem des Feiertagskalenders wäre unlösbar, würden die Feiertage aller Religionen berücksichtigt. Allerdings hat der Staatsrat entschieden, daß individuelle Ausnahmen bewilligt werden können, sei es für die Angestellten im öffentlichen Dienst oder sogar für die Schüler, jedoch in Maßen und unter bestimmten Bedingungen. Auf diese Weise wird in den meisten Ländern vorgegangen.
6. Neue Religionen haben im französischen Mutterland Fuß gefaßt: jene, die man allgemein als »Sekten« bezeichnet, aber auch der Buddhismus und vor allem der Islam. Das Problem der Sekten muß behandelt werden können, ohne die Glaubensfreiheit und die Vereinigungsfreiheit anzutasten, aber unter Beobachtung des mitunter strafbaren oder sogar kriminellen Verhaltens einiger dieser Vereinigungen aus nächster Nähe. Was den Islam betrifft, so sollte er in der Tat die gleichen Rechte wie alle anderen Konfessionen genießen, sowohl im Hinblick auf eigene Bräuche (z.B. das rituelle Schlachten von Opfertieren) als auch bezüglich des Rechts auf freies Glaubensbekenntnis und schließlich des Rechts auf den Bau und die Nutzung von Moscheen. Aber auch hier müssen nicht nur von Seiten der Institutionen oder der Rechtsprechung Anstrengungen unternommen werden, sondern zuallererst von Seiten der Politiker. Das setzt wiederum eine enorme pädagogische Arbeit in der Bevölkerung und vor allem bei den Lehrern voraus.
7. Ich erwähne noch kurz ein großes Problem: die moralische Erziehung der Jugendlichen. Diese war früher eines der Hauptanliegen der staatlichen laizistischen Schule. Heute besteht die Schwierigkeit in der Pluralität der moralischen Bezüge – oder im Fehlen jeglichen moralischen Bezugs – in einem pluralistischen und überdies zutiefst beunruhigten und verunsicherten Land. Wie soll den Jugendlichen beigebracht werden, nach einer bestimmten Anzahl von grundlegenden Werten zusammenzuleben? Die Liga der Schulbildung beschäftigt sich mit dieser Frage – eine Arbeit ungewissen Umfangs, aber mit kapitalem Wert.

Diese kurze Aufzählung sollte zeigen, daß die gegenwärtigen Probleme des Laizismus weniger von den Institutionen herrühren, die wir laizistisch nennen.

Laizismus und laizistische Philosophien

Zur Lösung dieser Probleme können die verschiedenen Philosophien herangezogen werden, die um den Begriff des Laizismus, mitunter auch um den Begriff der »Abtrennung« oder weiter gefaßt im Rahmen einer Überlegung zum Wesen der Republik entstanden sind. Die Anzahl der Bücher, Artikel und Kolloquien zu diesen Themen hat sich seit ungefähr zehn Jahren vervielfacht. Bei dem Versuch, eine Typologie zu erstellen, wird ersichtlich, daß sie im wesentlichen auf drei Kategorien zurückgehen.

Da gibt es zum einen die historischen oder soziologischen Essays, die zur Erklärung des Phänomens »Laizismus« Modelle nutzen, wie sie bei den Humanwissenschaften üblich sind, oder sogar ideale Typen nach dem Weber-Verfahren herausarbeiten. Zu ihnen gehören die Arbeiten von Jean Baubérot, die sich auf das Modell der »drei Schwellen« des Laizismus stützen und den Akzent auf den Begriff des »laizistischen Pakts« legen. Ganz anders, da analytischer und extrem sorgfältig im Hinblick auf den verschlungenen Lauf der Geschichte, ist das mustergültige Werk von Émile Poulat. In diese Kategorie werden viele andere Arbeiten eingeordnet wie etwa jene von Maurice Barbier, der vielleicht zu sehr zur Gegenüberstellung einer »laizistischen Trennung« und einer »laizistischen Neutralität des Staates« neigt, die angeblich aufeinander folgten. Im Grunde sind diese beiden Merkmale des Laizismus untrennbar, und schon seit 1905 bestehen Briand und Méjan, wie die historischen Studien von Jean-Marie Mayeur zeigen, sowohl auf dem einen als auch auf dem anderen.

Alle anderen Werke beinhalten philosophische Überlegungen zum abstrakten Begriff des »Laizismus« oder der »Trennung« und versuchen, so einigermaßen die »Empirie« (der Ausdruck stammt von einem der Autoren), d.h. die historische, soziologische und juristische Realität des Laizismus zu treffen. Einige dieser Autoren bestehen auf der logischen Verbindung zwischen Laizismus und Republik, die, wie sie sagen, eine notwendige, wesensgleiche Verbindung ist. Dies wirft so einige Fragen auf. Wären demnach Republiken, die nicht laizistisch im französischen Sinne des Wortes sind, die also die Trennung der Kirchen vom Staat nicht vollzogen haben, unvollständige oder unfertige Republiken? Wenn man die Formulierung in der französischen Verfassung (»Frankreich ist eine unteilbare, laizistische, demokratische und soziale Republik«) näher untersucht, so kommt man nicht umhin, eine historische Verbindung (eine treffende, meiner Meinung nach aber keine notwendige) zu erkennen, die das Ergebnis zahlreicher, für unser Land typischer Kämpfe ist. Dagegen gibt es anderswo Republiken, die nicht demokratisch, wohl aber laizistisch sind (Irak, Syrien), oder echte Demokratien, die sich nicht für den

Laizismus entschieden haben (Deutschland) und auch nicht für die Republik (Großbritannien).

In den Überlegungen einiger Autoren wird der Laizismus aus seinem rein politischen Rahmen gelöst: ihrer Meinung nach ist der Laizismus alles in allem eine Tugend des Menschen selbst, da der Bürger als solcher als »abgetrennt« von jeglicher Konfession, Doktrin oder sogar Philosophie betrachtet werden muß. Dies kommt dem Gesellschaftsvertrag von Rousseau sehr nahe. Diese Vorstellung von Laizismus weist viele Übereinstimmungen mit dem auf, was wir gewöhnlich als eine kritische, rationalistische Philosophie bezeichnen. Aber wie soll man verstehen, daß zahlreiche Gläubige (Protestanten, Katholiken usw.) wirklich und aufrichtig laizistisch sein sollen? Nun ist das aber eine unleugbare Tatsache, die uns zeigt, daß der Laizismus in der Tat vielmehr eine politische Philosophie, eine Philosophie des Staates in seiner pluralistischen Wirklichkeit (wie Briand und seine Freunde schon 1905 sehr gut festgestellt haben), als eine Philosophie des Menschen ist.

Schließlich darf in dieser kleinen Zusammenstellung der Typen laizistischer Philosophien eine gewisse, seit einem Jahrzehnt recht verbreitete Philosophie der Schule nicht fehlen, die aus der laizistischen Schule eine Art von Heiligtum machen möchte, geschützt vor Beeinträchtigungen der Außenwelt und Leidenschaften oder im Grunde unreiner Interessen. Dieser schulische und laizistische Jansenismus wird beispielsweise bei Régis Debray offensichtlich: »Versuchen wir, uns heilige Räume zu bewahren, in denen es Verbote geben kann, in denen Regelungen gelten und die fähig sind, die Einheit der Menschen aufrechtzuerhalten.« Die Schule wäre einer dieser geschlossenen Räume. So aber haben die geistigen Urheber der laizistischen Schule (allen voran Ferry) sich diese nicht vorgestellt, sie sahen sie im Gegenteil untrennbar mit der ländlichen Gesellschaft dieser Zeit verbunden. Es genügt, die Lehrpläne der Grundschule aus den 80er Jahren des vorigen Jahrhunderts zu lesen, um sich davon zu überzeugen. Der geschlossene, alles äußere Leben verachtende Raum, existierte vielmehr in den humanistischen Gymnasien, wo die humanistische Schulbildung, weit entfernt vom Lärm, der Technik und den marktwirtschaftlichen Sorgen, fortlebte. Das brachte Frankreich im Hinblick auf die technische Ausbildung einen rückstand ein, den der Laizist Astier schon 1906 bedauerte.

Muß ich jene Artikel und Werke erwähnen, die aus dem »Laizismus« eine Art Synthese, einen gemeinsamen Nenner der verschiedenen Philosophien oder geistlichen Weltanschauungen, machen wollen, die unser Land teilen? Der Gedanke hält der Prüfung nicht stand: was ist das schon für eine Synthese verschiedener – alter und neuer – Religionen, zuzüglich der Nicht-Gläubigkeit von mindestens 25% der Franzosen, der von den Soziologen beschriebenen Religion »à la carte« usw.? Wenn es eine Philosophie gibt, die den laizistischen französischen Institutionen, die ich versucht habe, zusammenzufassend darzustellen, zugrundeliegt, dann ist dies eine politische Philosophie, die weniger von der Ethik der Überzeugung, als vielmehr von der Ethik der Verantwortung inspiriert wurde, um die berühmte Unterscheidung von Weber wieder aufzunehmen.

Laizismus und Dialog

Sicher erfordert religiöser und sozialer Frieden nicht nur gute Institutionen (und ich habe das Gefühl, daß die laizistischen französischen Institutionen, auch wenn Einzelheiten verbessert werden könnten, hinsichtlich ihres allgemeinen Ziels gute Institutionen sind). Es bedarf auch eines Willens zum Dialog und zum gegenseitigen Verständnis, ohne das die besten Institutionen Gefahr laufen, nur leere Hüllen darzustellen. Auch auf Seiten der Religionen muß noch einiges getan werden. Ein praktischer Nominalismus macht es vielen Gläubigen möglich, Glauben und Vernunft, Geistliches und Weltliches zu unterscheiden, wie es schon Wilhelm von Ockham im 14. Jahrhundert tat. Der politische Augustinismus, der das Irdische dem Himmlischen unterordnet, existiert nur noch in einigen Resterscheinungen. Der Weg, den eine Kirche zurückgelegt hat, läßt sich ermessen, wenn man bedenkt, daß auf dem Treffen der Kardinäle und Erzbischöfe Frankreichs im Jahr 1925 die laizistischen Gesetze unwiderruflich als »Gesetzesmißbrauch, eher Gewaltanwendung als Gesetze« verdammt wurden, während ein kürzlich von Seiner Exzellenz Dagens verfaßter und von der Vollversammlung des Episkopats angenommener »Brief an die französischen Katholiken« die Trennung der Kirchen vom Staat als »institutionelle Lösung« betrachtet, »die den französischen Katholiken die Möglichkeit eröffnet, rechtschaffene Mitglieder der bürgerlichen Gesellschaft zu sein.«

Aus diesem Grunde scheint es mir angebracht, der Denkrichtung einiger Philosophen, die ich noch nicht erwähnt habe, wie z.B. Dominique Lecourt oder Paul Ricoeur, zu folgen. Ich könnte meinen Aufsatz nicht besser beenden als mit einem schönen Zitat von Ricoeur über den Laizismus:

»Diesem Fehlen transzendenter Werte haben wir in der französischen Tradition einen Namen gegeben: Laizismus ... Der Laizismus des Staates wurde als ein Laizismus der Zurückhaltung entworfen ... d.h. als ein Laizismus, der Überzeugungen nur nebenbei erwähnte ... In diesem Sinne war der Laizismus berechtigt, sich von einer Legitimität der Tradition loszureißen und diese durch eine Legitimität der Argumentation zu ersetzen … Nun dürfen wir uns aber nicht damit begnügen, Überzeugungen außer Betracht zu lassen, sei es auch nur, um die öffentliche Diskussion über die großen gesellschaftlichen Entscheidungen zu nähren. Wir müssen also den Bereich berücksichtigen, in dem sich Überzeugungen entfalten, nämlich den Bereich der bürgerlichen Gesellschaft. Somit muß neben dem staatlichen Laizismus der Zurückhaltung ein Laizismus der Konfrontation, der Diskussion, ein Laizismus der bürgerlichen Gesellschaft, die sich von der staatlichen Macht unterscheidet, geschaffen werden. Der Idee von einem lebendigen Laizismus muß wieder mehr Gewicht verliehen werden, eines Laizismus, der für die Konfrontation verschiedener Überzeugungen sorgt, die selbst durch die Vielfalt unseres kulturellen Erbes gespeist werden, eines Erbes, das für mich jüdisch-christlich ist, das Erbe der Griechen und der Römer, das Erbe der Aufklärung und des Sozialismus des 19. Jahrhunderts, und das selbstverständlich durch islamische Traditionen und vielleicht noch andere ergänzt werden muß …«

In diesem ebenso aussagereichen wie knapp formulierten Text ist alles gesagt. Ein Dialog in der bürgerlichen Gesellschaft, d.h. ein Dialog, der nichts Institutionelles an sich hat, der nicht unter das öffentliche Recht fällt, der aber nur deshalb möglich ist, weil der Staat außerhalb und über den Ideologien und Religionen steht, weil er *laizistisch* ist.

Charles Coutel

Laizismus und Moderne – die Bedeutung Condorcets für unsere Zeit

Unter den großen Grundprinzipien der französischen Republik nimmt der Laizismus einen besonderen Platz ein. Seine Durchsetzung und Institutionalisierung waren von einem langen Kampf begleitet. Heute löst allein die Nennung des Begriffes sofort heftige Stellungnahmen aus, denen nicht immer kritische Auseinandersetzung oder besondere Definitionsgenauigkeit vorausgehen. So hält man sich häufig an den Laizismus in der Schule, ohne jenen des Staates zu berücksichtigen. Man konzentriert sich auf die Denunzierung des religiösen Klerikalismus, ohne sich anderer Formen des Klerikalismus anzunehmen. Beide Begriffsverengungen haben historische Ursachen besonders aus der Zeit der Dritten Republik, auch wenn Ferdinand Buisson unter dem Stichwort »Laïcité« seines 1911 erschienenen *Dictionnaire de Pédagogie* eine sorgfältige Unterscheidung des Wortes »laïque« als Antonym zu »clérical« und nicht etwa »religieux« vornimmt. Das Wort »laïque« läßt sich auf das griechische *laos* (λαος: Volk, Gemeinwohl) zurückführen. Der Verfasser beschließt seine Analyse wie folgt:

> »Der Klerus, die Kleriker: Teil der Gesellschaft, der sich für besonders auserwählt und außerhalb der Gesellschaft stehend hält, und der glaubt, eine Mission zur Herrschaft über den Rest der Menschheit erhalten zu haben. Klerikaler Geist ist der Anspruch dieser Minderheit, im Namen einer Religion über die Mehrheit zu herrschen. Die Laien sind das Volk, die nicht außerhalb stehende Masse, das sind alle außer den Klerikern, und weltlicher Geist (*esprit laïque*) ist die Gesamtheit der Hoffnungen des Volkes, des *laos*, das ist demokratischer und volkstümlicher Geist.«

Trotz dieser Warnung Buissons wurde der Terminus in der Dritten Republik von all jenen propagiert, die gegen den Unterricht durch Ordensmitglieder in den Schulen kämpften; sie nahmen das Risiko einer Verfälschung und Verkürzung der Diskussion in Kauf. Es ging um den Widerstand gegen die Vertreter der Kirche in den Schulen, nicht weil die Religion an sich schädlich gewesen wäre, sondern weil die öffentliche, weltliche Schule zur Verkündung von universellen Werten und Rationalität verpflichtet ist: In der Schule kann man nicht gleichzeitig unterrichten und bekehren. Das säkulare Ideal durfte sich nicht wie eine sektiererische Kirchenkritik ausnehmen.

Dies war leider der Fall des sog. Combismus. Ein katholischer Philosoph wie La Berthonnière hatte in seiner *Théorie de l'Education* (1923) leichtes Spiel, als er sich jener annahm, die »mit bezeichnender Ironie … den Laizismus zu einer Religion erheben, die sie gegen die andere in den Kampf schicken und der sie genau dieselben Vorgehensweisen zubilligen, die sie der anderen vorwerfen.«

Die konfessionellen Schulen konnten sich auf diese Hypothese La Berthonnières stützen und verwandelten sie in einen Kampfspruch, um die Bezeichnung »Schulen in freier Trägerschaft« (*enseignement libre*) zu erlangen. Daher die Mißverständnisse unter dem Erziehungsminister Savary 1984 … Von diesen Betrachtungen kommen wir zu einigen grundsätzlichen Fragen, die unseren Rückgriff auf Condorcet im folgenden rechtfertigen können:

1. Bauen wir nicht auf einer verkürzten Definition des laizistischen Ideals auf?
2. Wenn ja, wo soll man dann eine genauere und umfassendere Definition des ursprünglichen Laizismus suchen, die uns Zugang zu grundsätzlichen Problemen gestattet, welche das laizistische Prinzip verursacht, zu deren Erhellung es aber auch beiträgt?

Mit der Antwort auf diese Fragen können wir den ursprünglichen Sinn des Begriffes Laizismus wiederfinden, aber auch die oben erwähnten Begriffsverengungen kritisch analysieren. Unsere Hypothese, die sich auf eine universitäre Studie stützt, ist folgende: Am Ende des monarchisch-klerikalen Ancien Régime und vor den blutigen Rückschritten des Großen Terrors fand das laizistische Ideal zwischen 1789 und 1793 im Denken und Handeln großer Revolutionäre seinen schlüssigsten Ausdruck. In Kenntnis der Philosophen der Aufklärung und unter dem Zwang der dringenden institutionellen und politischen Erneuerung erhoben diese Männer den Laizismus zu einem ethischen Wert, zu einer politischen Forderung und juristischen Notwendigkeit. Das Ziel wurde mit der Ausrufung der Republik im September 1792 und der Einrichtung eines staatlichen Bildungswesens erreicht. (Condorcets *Bericht über die allgemeine Organisation des öffentlichen Unterrichtswesens – Rapport sur l'Instruction Publique* – verbindet beide Bereiche, worin seine Bedeutung für die Geschichte der Laizismusidee begründet liegt.)

Indem wir die Etappen von Condorcets revolutionärem und laizistischem Werdegang schildern, wollen wir nicht etwa hagiographischer Faszination nachgeben. Die Abschnitte seines Weges sind vielmehr konstitutive Etappen für die Begriffe Laizismus und Republik. Diesen Weg nachzuvollziehen, heißt sich die intellektuelle, aber auch ethische, institutionelle und politische Reichweite des laizistischen Ideals neu anzueignen. Condorcet hat dieses Ideal 1793 zusammenfassend folgendermaßen formuliert: »Eine Generation hat nicht das Recht, folgende Generationen ihren Gesetzen zu unterwerfen, und jede funktionelle Vererbung ist absurd und tyrannisch.«[1]

Kriterien der Überprüfung und kritischer Selbstbefragung, angewendet auf das Wissen, die Gesetze und die Wissenschaften, sind von größter Bedeutung für das Verständnis der wechselseitigen Beziehungen zwischen Laizismus, Toleranz, Rationalität und Humanität.

Ein beispielhafter Werdegang: Die Entstehung der laizistischen Idee bei Condorcet

Condorcet wird versuchen, das laizistische Prinzip mit seiner Staatstheorie auf den politischen Bereich anzuwenden, so wie er es mit der Theorie über das staatliche Bildungswesen auf den schulischen Bereich überträgt. Deshalb muß man das Wissen der Aufklärung verbreiten, die Menschen retten, ohne sie zu fragen, sie auch gegen ihren Willen zur Tugend bringen. Dieses Streben war in der Folge die Obsession aller Formen des Klerikalismus und Integrismus.

Ein Thema ist der Verteidigung der Republik, des laizistischen Ideals und der staatlichen Schule gemein: Rationalismus und Fortschritt der Aufklärung zu fördern. So wie es im Verfassungsentwurf von 1793 niedergeschrieben ist, war das laizistische Ideal auch die Inspirationsquelle der gesamten Schrift über das staatliche Bildungswesen von April 1792.

Das laizistische Ideal hält stets an zwei Eckpunkten fest: einerseits das freie und vernunftbegabte Individuum, andererseits aber auch das Gemeinwesen, die Republik. Diese Theorie des laizistischen Ideals ist untrennbar mit einer komplexen begrifflichen Entwicklung verbunden. Wir können vier entscheidende Wegmarken für die Entstehung laizistischen Bewußtseins erkennen, die jeweils mit einem bestimmten Werk verbunden sind, das wir im folgenden benennen werden.

Drei wichtige soziale Gegebenheiten hatten das Ancien Régime auf die allgemeine Säkularisierung vorbereitet, die Condorcet so unmißverständlich einforderte:

1. Weite Verbreitung des Wissens, der Ideen und der Kenntnisse in ganz Europa durch den Aufschwung der Lektüre, durch Gelehrten- und Philosophengesellschaften sowie durch die Werke der Enzyklopädisten.
2. Theoretische Infragestellung religiöser Dogmen, vor allem der Erbsünde (z.B. durch Rousseaus These vom Naturzustand). Die Philosophen

ersetzten die Idee der Sündhaftigkeit durch die Idee der Vervollkommnungsfähigkeit.

3. Aufkommen demokratischer Forderungen in der Ausübung der politischen, ökonomischen und sozialen Macht. Der Kampf Voltaires gegen Justizirrtümer ist hierfür beispielhaft.

Die vier großen Etappen auf Condorcets Weg zum Laizismus

Der erste Schritt: Schriften über die Protestanten (1778-1781)
Gegen den religiösen Klerikalismus

Vor der Revolution zwang die königliche Zensur Condorcet zur Vorsicht, aber die Monarchie selbst war so unangreifbar, daß das laizistische Ideal als solches weder gedacht noch ausgesprochen werden konnte. Man muß warten, bis der Vorhang zerreißt, zunächst durch die Flucht des Königs nach Varennes, dann, im Juli 1791, mit einer Schrift über die Republik, in der Condorcet die Notwendigkeit zur Abschaffung der Monarchie verkündet.[2] 1791 ist auch das Jahr der *Fünf Denkschriften über das staatliche Bildungswesen*, in denen Condorcet seine Theorie zum Schulwesen entwickelt.[3]

Wenn das laizistische Ideal 1791 nur in Condorcets Schriften über die Republik und über das staatliche Bildungswesen seinen Ausdruck findet, warum werden hier auch die heute kaum gelesenen Schriften über die Protestanten erwähnt? Vielleicht deshalb, weil am Ursprung der laizistischen Idee die fundamentale Forderung nach Gerechtigkeit und Gleichheit steht, die man vor allem in den Schriften zur Affaire de la Barre, über Frauen und über Schwarze sowie über die Protestanten findet, die zwischen 1778 und 1781 verfaßt wurden.[4] Vor und während der 1770er Jahre haben die Protestanten noch unter den Auswirkungen der königlichen Willkür und des katholischen Klerikalismus zu leiden. Angesichts von Ausgeschlossensein und Ungerechtigkeit erregt sich Condorcet als Mensch, als Wissenschaftler und als Staatsbürger. Wie so oft wird er anklagen, aber auch Vorschläge unterbreiten, konstruktiv wirken, zu Gesetzesänderungen anregen. Der *Bericht* von April 1792 wird den Absichten und Vorschlägen von 1778/81 zum Durchbruch verhelfen. Im Vorwort von 1781 schreibt Condorcet über die Protestanten: »Es ist schwierig, den Blick auf eine Million Menschen zu richten, denen man die Rechte des Menschen und des Bürgers genommen hat und die barbarischen Gesetzen unterworfen werden, ohne daß man versucht, ihr Los zu erleichtern.«[5]

Als verstreute Teilchen der Gesellschaft, denen die wirkliche Eingliederung versagt bleibt, werden die Protestanten hier zum Sinnbild jeder ungerechtfertigten Unterdrückung. Gleichermaßen sieht Condorcet im Schicksal der Protestanten das Abbild der gesamten unterjochten und abhängigen französischen Gesellschaft, also auch seiner eigenen Unterjochung. Er fährt fort: »... Man kann sich von diesen kläglichen Objekten nicht abwenden noch ruhig zusehen; man schreibt sozusagen gegen seinen Willen, doch schreibt man dann nicht für die Unterdrückten, sondern für sich selbst.«[6] Das Widerliche an jeder Form des Klerikalismus ist ihre duldsame Rechtfertigung aller Ungleichheit (... zweierlei Gewicht, zweierlei Maß ...).

Die Protestanten sind von nun an das Sinnbild für das menschliche Schicksal als Opfer »geistlicher Usurpation«. Die Verweigerung der Gerechtigkeit wird zum Anlaß einer Reihe von Analysen und Klarstellungen: Condorcet wird die Abschaffung der Gesetze verlangen, die die Protestanten verpflichten, ihre Kinder in katholische Schulen zu schicken. Durch die Schule, sagt er, versuchen der König und die Kirche mehr zu bekehren als zu lehren. Das Gesetz entziehe somit den Eltern das Erziehungsrecht. Indem die politische Macht mittels der Schule bekehren wolle, würden die Erziehung, aber auch die Lehre in Fesseln gelegt: Kann man hierin nicht bereits in Umrissen das laizistische Ideal erkennen? Eine Vorahnung des Laizismus durchzieht alle Seiten dieser Schrift, aber es fehlt noch der juristische Rahmen, d.h. die Republik. Wir schreiben das Jahr 1781.

Nach Condorcets Ansicht hat der Staat nicht zu erziehen, sondern Bildung zu vermitteln. Im *Bericht über die allgemeine Organisation des öffentlichen Unterrichtswesens* vom April 1792 erinnert sich Condorcet an die Willkür, die die Protestanten erleben mußten. Er spricht sich erneut für das Erziehungsrecht der Eltern aus. Nachdem er der Monarchie dieses Recht abspricht, wird er es nach 1789 auch dem revolutionären Staat nicht zugestehen.

Weiter unten in seiner Schrift über die Protestanten geht Condorcet noch weiter und beginnt, Kritik am religiösen Klerikalismus auszusprechen und Rationalismus und Aufklärung zu verteidigen. Er möchte den Protestanten nicht nur das Staatsbürgerrecht, sondern auch den Zugang zum staatlichen Bildungswesen gewähren. Zehn Jahre später dehnt er diese Forderung auf alle Bürger aus, die nach der Revolution endlich frei sind. Es bedurfte dieses Bewußtseinswandels, um die Forderung nach Laizismus entstehen zu lassen, in der sich das Streben nach Gerechtigkeit, Bürgerrechten, Gleichheit, aber auch nach Aufklärung widerspiegelt.

Laizismus in der Schule und den höheren Lehranstalten stehen am Anfang, während Größeres und Besseres noch auf sich warten läßt: die Säkularisierung des ganzen Staates durch den Sturz der Monarchie. 1781 mußte Condorcet den Zensor überlisten und konnte nicht mehr als folgendes schreiben:

> »Hinsichtlich der Verteilung der Lehrstühle und dem Zugang zu den Akademien scheint das Gemeinwohl zu erfordern, daß diese nur den Gebildetsten und Begabtesten gewährt werden. So ehrbar es auch ist, nur Männern von unzweifelhafter Rechtgläubigkeit eine kirchliche Würde anzuvertrauen, so lächerlich ist es, die Rechtgläubigkeit eines Physik- oder Anatomielehrers zu überprüfen. Heidnische Philosophen konnten unter der Herrschaft der christlichen Kaiser in der Schule von Alexandria weiter unterrichten. Man glaubte keineswegs, daß man Christ sein müsse, um die Entdeckungen eines Archimedes oder Hipparchos zu erklären. Warum sollte man dann nicht, ohne Katholik zu sein, jene Newtons und Hallers erklären können?«[7]

Die Aufklärung und ihre Verbreitung sind der Königsweg auf der Suche nach der Wahrheit; die Schulbildung der Kinder profitiert von dieser Bewegung für die Gegenwart, aber auch für die Zukunft der Menschheit. Condorcet wird nicht mehr aufhören, über die Schule nachzudenken: Sie ist für ihn das Herz des laizistischen Ideals. Die Republik selbst wird der zugehörige Körper sein. Diese mutige Stellungnahme zugunsten der Protestanten markiert den ersten Abschnitt der Geburt des laizistischen Ideals bei Condorcet.

Der zweite entscheidende Schritt: Gegen den politischen Klerikalismus

Nach 1789 erneuert und präzisiert Condorcet sein laizistisches Ideal vor allem in drei Auseinandersetzungen, die erst mit seinem Tode 1794 enden sollten:
- der Kampf für die Republik und die Menschenrechte,
- der Kampf für die Aufklärung,
- der Kampf für das staatliche Bildungswesen.

1. Der Kampf für die Republik und die Menschenrechte intensiviert sich nach der Flucht des Königs nach Varennes und seinem Prozeß. Es ist bekannt, daß Condorcet den König einem ordentlichen Gerichtsverfahren unterziehen wollte, im Gegensatz zu anderen, die der Nationalversammlung Justizvollmachten geben wollten. Dieser Kampf für die Republik findet schriftlichen Ausdruck in dem Text *De la République* vom 12. Juli 1791: »Im Augenblick geht es weniger darum, einen König auszubilden, als ihn zu lehren, nicht mehr König sein zu können und zu wollen.«[8]

Die Unterweisung durch Privatlehrer ist mit der Schule der Republik unvereinbar, denn sie vermittelt den Eindruck, daß der Zugang zum Wissen mit Geld und Macht verbunden ist. Condorcets Schrift behauptet daher die Notwendigkeit der Republik; dem Philosophen genügt nicht allein Demokratie, sondern die Republik muß es sein. Die Forderung nach einer Republik wird es Condorcet ermöglichen, auf eine bemerkenswerte Feststellung hinzuwirken: es kann in der Demokratie sowohl politisch als auch religiös klerikale Abweichungen geben. Wir können guten Gewissens sagen, daß die Republik nun das laizistische Ideal in seiner Anwendung auf die Demokratie verkörpert. Die Demokratie ohne Republik kann immer stärker durch Klerikalismus geprägt werden und dabei nicht nur die Menschenrechte, sondern auch das Recht auf Vernunft aufgeben. Dank der Republik ist die Demokratie nicht mehr die Herrschaft der Vielen, sondern die Herrschaft des Rechts. In seinen *Ideen über den Despotismus* von 1789 warnt uns Condorcet davor, daß jedes Regime tyrannisch werden kann, wenn es die Menschenrechte vergißt. Im *Leben Turgots* schreibt Condorcet: »Eine republikanische Verfassung ist jene, in der die Menschenrechte gewahrt werden. ... Eine republikanische Verfassung ist die beste aller Verfassungen.«[9]

2. Der Kampf für die Aufklärung dient der Verteidigung der Akademien und Gelehrtengesellschaften, besonders in der *Zweiten Denkschrift über das staatliche Bildungswesen* (1791), in einem Artikel von Januar 1793 über die *Notwendigkeit des staatlichen Bildungswesens* sowie im *Entwurf einer republikanischen Verfassung.* Condorcet zeigt hier die Widersprüchlichkeit Marats und Davids, die die Bewegung der Enzyklopädisten und die Akademien mit dem aufgeklärten Despotismus assimilierten. Nach Rousseaus Analyse mußten die Akademien beseitigt werden, da sie mit den Wissenschaften die Wurzel aller Übel der Menschheit schützten. Condorcet hingegen wird nicht müde, die befreiende Kraft der Wissenschaften und der Abstraktion allgemein zu betonen. Diese Behauptung wird von der laizistischen und republikanischen Tradition übernommen, besonders in den Schulen der Dritten Republik.

3. Der Kampf für das staatliche Bildungswesen ist der bekannteste. 1791 und 1792 entwickelt Condorcet eine vollständige und systematische Theorie der staatlichen Schule. Die Schule spiegelt nicht die gegenwärtige Gesellschaft wieder, aber nimmt die künftige Gesellschaft vorweg. Die Unabhängigkeit der Schule und der Lehrer muß gewährleistet sein; diese Unabhängigkeit ermöglicht zugleich die Vervollkommnung der Wissenschaften und der Gesetzgebung und damit auch der Republik. Wie die Wissenschaften ist sich auch die Republik der eigenen Grenzen bewußt. Diese Analysen haben es Condorcet erlaubt, die Unparteilichkeit des Un-

terrichts und die Kompetenz der Lehrkräfte zu garantieren – was 1789 nur Wünsche gewesen waren. Condorcet sollte bald erkennen, daß das laizistische Ideal auf neue Hindernisse stößt: in den Reihen der Revolutionäre selbst entsteht insbesondere die Tendenz, Macht zu mißbrauchen, um zu bekehren anstatt zu unterrichten, und willkürlich zu herrschen anstatt zu regieren.

Er erwähnt das Risiko, daß aus der Politik eine »Religion« entstehen könne, in der *Ersten Denkschrift* (1791). Wenn sich der sakrale Gehalt der Religion im Staat selbst verdichtet, entwickelt der Staat eine Tendenz zur Vergöttlichung. Dieses Risiko stellt Condorcet in der Anmerkung E des *Berichts über die allgemeine Organisation des öffentlichen Unterrichtswesens* dar. Die Republik braucht aber freie und aufgeklärte Menschen zu ihrer Vervollkommnung; die Demokratie kann sich mit Nutzern und Konsumenten zufriedengeben; die staatliche Erziehung genügt sich in der Beschäftigung der Kinder statt in ihrer Unterweisung.

Der gleichzeitige Kampf für Republik, Aufklärung und Schule ist zur Verwirklichung von Condorcets laizistischem Ideal notwendig. In dem Widerspruch, den er auslöst, erkennt er drei gefährliche Gegenbewegungen der Republik:

1. Die Republik kann auf die Demokratie reduziert werden.
2. Die Aufklärung kann auf irreführende Illusionen beschränkt werden.
3. Das staatliche Bildungswesen kann auf gemeinsame patriotische Erziehung beschränkt werden.

Sind diese Gegenbewegungen nicht teilweise noch heute aktuell? Die Verbindung aller drei Gegenbewegungen beschreibt das permanente Risiko des politischen Klerikalismus. Bestimmte Revolutionäre strebten den Sturz der Monarchie ohne Einrichtung der Republik an, ohne Förderung der Wissenschaften (da das Wissen nur den Reichen nütze). Sie erlagen dem Traum eines Erziehungsstaates, der den neuen Menschen »formen« werde. Condorcets laizistisches Ideal äußert sich also nicht allein in Abgrenzung zum religiösen Klerikalismus (wie dies zwischen 1778 und 1781 der Fall ist), sondern in Abgrenzung zu klerikalen Entgleisungen der politischen Herrschaft in den Jahren 1792 und 1793. Darin sehen wir seinen zweiten entscheidenden Schritt: Condorcet hat als erster verstanden, daß in einer Revolution auf politischer Ebene Heils- und Tugendvorstellungen neu entstehen konnten, die in bestimmten vergangenen Epochen zur Klerikalisierung einiger Religionen geführt hatten.

Haben wir damit ein Argument in der Hand, um die eingangs beschriebenen Vorurteile der Dritten Republik zu überwinden? Mit seiner Kritik an der überzogenen Sakralisierung der politischen Herrschaft betonte Condorcet stets die Notwendigkeit, die Schule von jeglicher staatlichen Einmischung freizuhalten. Der Schulunterricht hat in der Tat eine erkenntnistheoretische Funktion (indem man möglichst vielen Menschen Bildung vermittelt, ermöglicht man den wissenschaftlichen Fortschritt), eine staatsbürgerliche Funktion (durch aufgeklärte, demokratische Meinungsbildung), aber auch eine ethische Funktion (jedem Individuum wird Autonomie sowie die liebevolle Hinwendung zu den Menschen ermöglicht). Diese Verantwortungsbereiche der Schule sind dem Zugriff der Exekutive entzogen: die Regierenden müßten also auf die Beeinflussung der Organisation der Lehre verzichten, erst recht aber auf die Bestimmung der Unterrichtsinhalte. Condorcet kommt in seinem Werk an mindestens drei Stellen auf diese Forderungen zurück; und zwar zwischen April 1792 und Februar 1793, also sowohl vor als auch nach der Ausrufung der Republik. Im *Bericht über die allgemeine Organisation des öffentlichen Unterrichtswesens* von April 1792 liest man:

> »Da die erste Bedingung jedes Unterrichts die alleinige Lehre der Wahrheit ist, müssen die Einrichtungen, die die Staatsmacht dem Unterricht widmet, so unabhängig wie möglich von jeglicher politischen Gewalt sein … Keine staatliche Gewalt darf die Macht oder auch nur das Bestreben haben, die Entwicklung neuer Wahrheiten oder den Unterricht von Theorien zu verhindern, die ihrer besonderen Politik oder ihren zeitweiligen Interessen entgegenstehen.«[10]

Im Januar 1793 bekräftigt Condorcet diese Forderungen: Die Regierung dürfe »keinen Einfluß auf die Unterrichtsinhalte« haben. Im Februar 1793 wird die Unabhängigkeit der Schule wie ein Naturrecht behandelt. Die Unabhängigkeit der Schule wird von der Republik sogar gewollt sein: Die Schule, vor äußerem Druck geschützt, wird eine fortgeschrittene Republik sein, indem sie die Liebe zur Aufklärung, zur Vernunft und zur Menschheit fördert. So garantiert die republikanische Schule durch den Unterricht der Kinder in Elementarwissen den Fortbestand der Vernunft in der Republik. Zugleich ist die laizistische Republik Bedingung für den Fortbestand der republikanischen Schule.

Laizismus des Staates und der Schule gehen gleichermaßen von Wahrheitstreue und Sorge um das Gemeinwohl aus: »Die Menschen unterrichten, um Bürger aus ihnen zu machen«, insistiert Condorcet.

Auguste Comte, ein Leser Condorcets, verwendet 1826 das Wort Ministerialismus für die Einflußnahme der Exekutive auf öffentliche Einrichtungen wie die Schule.

Nach Meinung Condorcets muß die Staatsmacht Wissenschaften und Schule gegen die Macht des Geldes, der Leidenschaften und der physischen Gewalt schützen. Das Recht soll das höhere und elementare Wissen gegen die klerikalen Gefahren jedweder Herkunft schützen.

An dieser Stelle erfolgt der dritte Schritt auf Condorcets Weg zum Laizismus. Er ist vor allem in der *Zweiten Denkschrift* von 1791 nachzulesen.

Ein dritter entscheidender Schritt: Die Kritik des Korporatismus

Eine klerikale Gefahr kann von der Religion oder von der politischen Macht herrühren, wenn diese den Bezug zu den Menschenrechten und zum Rationalismus verliert. Sie kann aber auch aus öffentlichen Einrichtungen selbst, z.B. der Schule, kommen: Die Lehrer können versucht sein zu glauben, daß die Schule in ihrem Dienst steht, während sie den Schülern dienen soll. Die Gefahr des Korporatismus ist eine gänzlich klerikale Bedrohung. Ihr muß mit wissenschaftlicher und ethischer Ausbildung der Lehrer begegnet werden. Eine solche Ausbildung fördert das Nachdenken und den Respekt für alle anderen. In der *Zweiten Denkschrift* von 1791 heißt es:

> »Die Lehrer, welche ihre Aufgaben isoliert wahrnehmen, dürfen keinen Korpus bilden. So darf man nicht nur keine bereits gebildete Korporation mit dem Unterricht betrauen, sondern auch keine Mitglieder einer solchen zu irgendeinem Teil der Schulerziehung zulassen, denn da sie vom Corpsgeist durchdrungen sind, würden sie die vollständige Eroberung dessen anstreben, das man ihnen zu teilen erlaubt. Diese notwendige Vorsichtsmaßnahme genügt nicht; weder dürfen die Lehrer eines Schulbezirkes noch auch nur jene einer einzigen Einrichtung einen Verein bilden; sie dürfen weder irgend etwas gemeinsam verwalten noch die Verteilung freier Posten unter sich beeinflussen. Ein jeder muß einzeln tätig sein; das ist das einzige Mittel zum Erhalt eines Wettstreits unter ihnen, der weder in Ehrgeiz noch Intrige ausartet. So bewahrt man den Unterricht vor Routine und verhindert schließlich, daß die Institution, die für die Schüler geschaffen worden ist, nach den Interessen der Lehrer geregelt wird.«[11]

Man erkennt hier, wie deutlich Condorcet die Gefahren einer Allianz von Korporatismus und Ministerialismus vorhergesehen hat. Diese Gefahren verdoppeln sich, falls der Staat offen eine Tendenz zum Obskurantismus fördern sollte. Die Kritik des Obskurantismus ist die letzte Etappe auf Condorcets Weg zum Laizismus.

Der letzte entscheidende Schritt im ›Entwurf einer republikanischen Verfassung‹ (1793/1794)
Die Kritik des Obskurantismus

Wir rufen hier nur am Rande die Bedeutung dieses letzten großen, 1793/94 entstandenen Werkes in Erinnerung. Es ist die Krönung von Condorcets politischer und philosophischer Entwicklung, aber auch des Rätsels Schlüssel. Die ganze Geschichte der Menschheit ist ein Kampf zwischen Aufklärung und den Kräften des Klerikalismus und Obskurantismus. Zwischen diesen Kräften gibt es allerdings Widersprüche, die sich die Aufklärung zunutze machen konnte.

Die Religionen haben Wissenschaften und Künste manchmal gefördert, die dann ihrerseits die Säkularisierung der Gesellschaft beschleunigten. Gewalt tritt andererseits stets dann wieder auf, wenn Wissenschaft oder staatliche Erziehung vernachlässigt werden. Erzielte Fortschritte sind also ständig gefährdet.

Condorcet beendet seine Suche nach dem laizistischen Ideal und dem Gemeinwohl mit der Kritik des Obskurantismus und des Aberglaubens. Die Suche nach der Wahrheit erfolgt auf dem Weg über den Schutz der Wissenschaft, Respekt vor den Kindern, juristischer Gleichheit zwischen Mann und Frau und über die Achtung der Menschenrechte. Mit diesem Text schließt sich der Kreis: Condorcet hat endlich die Antwort auf seine Frage von 1781 gefunden. Er versteht, und wir mit ihm, warum man Newton und Haller erklären kann, ohne Katholik oder Protestant zu sein. Die Kritik des Obskurantismus ergänzt und erläutert die Kritik des religiösen Klerikalismus, aber auch des politischen Klerikalismus und aller Formen des Korporatismus. In verstreuten Papieren stellt Condorcet kurz vor seinem Tod die Figur der Atlantis als Sinnbild der auf Wissen und Recht gegründeten universalen Republik dem Mythos Spartas gegenüber. Condorcet hat nun endlich seine Theorie des laizistischen Ideals vollendet und hinterläßt uns dieses Vermächtnis.

Aus dieser kurzen Studie kann man am Ende einige Lektionen ziehen. Müssen die Etappen der Bewußtseinsbildung Condorcets nicht von jedem von uns immer wieder nachvollzogen werden, die wir uns als Laizisten und Republikaner bezeichnen? Resultieren die Verwirrungen der Dritten Republik nicht aus der unvollständigen Kenntnis dieser revolutionären Synthese Condorcets, die am Ursprung des Laizismus stand? Ging in diesem Fall Unkenntnis mit Amnesie einher?

Auch wenn es stimmt, daß laizistische Bestrebungen im Kampf gegen den Machtmißbrauch der Offenbarungsreligionen entstanden sind, so beschränkt Condorcet den Begriff Klerikalismus dennoch nicht allein auf diese Religionen. Wir konnten erkennen, wie deutlich er sich gegen politischen Klerikalismus wendet, der unter dem Deckmantel des nationalen oder patriotischen Interesses die Menschenrechte und die Idee der Republik angreifen kann. Condorcet hatte schließlich den nötigen Mut, die Schule gegen sich selbst zu schützen, nachdem sie vor den politischen Gewalten geschützt worden war. Die Teilamnesie, die die Freunde des laizistischen Ideals heute befallen hat, ist im Ansatz vielleicht so zu erklären: der Kampf für den Laizismus betrifft nicht nur die Schule, und es gibt viele Formen des Klerikalismus.

Mit Condorcet sollten wir uns in Erinnerung rufen, daß der Kampf gegen den Klerikalismus sich nicht allein auf den Kampf gegen die Religionen beschränkt, daß Demokratie allein nicht ausreicht, sondern die Republik dazugehört, daß die »staatliche Schulbildung« ohne den Schutz des staatlichen Unterrichts tyrannisch sein kann, daß Toleranz und Neutralität nicht genug sind ohne das laizistische Ideal, die Liebe der Vernunft, der Republik und der Menschheit. Um es ganz klar zu sagen: Verteidigung des laizistischen Ideals heißt Wille zu Freiheit, Gleichheit und Brüderlichkeit.

1 Condorcet, *Œuvres complètes*, Paris: Arago 1847/49, Bd. XII, S. 422.
2 Ebd., S. 227.
3 Ders., *Cinq Mémoires sur l'Instruction Publique*, Paris: Garnier-Flammarion 1994.
4 Ders., *Œuvres complètes*, Bd. V, S. 393-573.
5 Ebd., S. 397.
6 Ebd.
7 Ebd., S. 518.
8 Ders., *Œuvres complètes*, Bd. XII, S. 236.
9 Ders., *Œuvres complètes*, Bd. V, S. 209.
10 Rapport sur l'Instruction publique, Paris: Edilig 1989, S. 84.
11 Ders., *Cinq Mémoires*, S. 152.

Françoise Champion

Das Verhältnis von Kirche und Staat im europäischen Vergleich

Die Beziehungen zwischen Kirche und Staat – genauer gesagt, zwischen Religion und Nationalstaat, wenn man die kulturelle und soziale Dimension des Themas breiter ausleuchten will – haben sich historisch gesehen in der Verschiedenheit konstituiert. Sie definieren noch heute zu großen Teilen die nationalen Identitäten, die angesichts einer ungewissen Zukunft bekanntlich neuerdings wieder erstarken. Von dieser Voraussetzung ausgehend, können vier Typen in der historischen Strukturierung dieser Beziehungen unterschieden werden: Laizisierung in Ländern mit Monopol- oder Quasimonopolstellung des Katholizismus; Säkularisierung in protestantischen Ländern; Bikonfessionalismus in Ländern, wo die »zweite« christliche Konfession nicht einfach nur Minderheitenstatus hat; schließlich ein nationaler Behauptungswille, der immer noch auf der Tagesordnung steht.

Bikonfessionalismus: Deutschland und die Niederlande

In der genannten Typologie wird Deutschland gemeinsam mit den Niederlanden dem Bikonfessionalismus zugeordnet. Die Geschichte beider Länder ist grundlegend gekennzeichnet von Auseinandersetzungen und Friedensschlüssen zwischen den beiden Konfessionen. Eigentlich müßte man in beiden Ländern, über den Bikonfessionalismus hinaus, aufgrund der Diversifizierung des Protestantismus, von Plurikonfessionalismus sprechen. In Deutschland geht es auf protestantischer Seite vor allem um Lutheraner und Calvinisten, in den Niederlanden um orthodoxe Calvinisten und humanistische Arminianer.

Vom 16. bis zum 18. Jahrhundert wechseln sich »Kriege« und, angesichts der unrealisierbaren konfessionellen Einheit, erzwungene Friedensschlüsse ab. Letztere konnten im historischen Kontext dieser Epoche stets nur auf territorialer Basis erfolgen.[1] Im 19. Jahrhundert, als sich die Nationalstaaten und die weitgehend noch heute üblichen politischen Gebilde konstituieren, gibt es nochmals Kämpfe mit Waffengewalt und neue Herausforderungen. Ab dem 20. Jahrhundert findet man wiederum zu erzwungenem Frieden miteinander, der freilich radikal anders gestaltet wird als im 17. und 18. Jahrhundert. Immer stärker erlangt seit dem Ende des letzten Krieges, vor allem seit den sechziger Jahren, die Zusammenarbeit die Oberhand, was Rivalitäten und gegenseitige Vorbehalte nicht ausschließt.

Kommen wir auf die Kämpfe und Friedensschlüsse zurück. Religionskrieg und -frieden kennzeichnen zwar gleichermaßen die Geschichte der Vereinigten Niederlande wie Deutschlands im 17. und 18. Jahrhundert. Sie sind jedoch zeitlich nicht exakt parallel, sondern sozusagen unterschiedlich geordnet. Im 16. Jahrhundert liefern sich, wie überall in Europa, Protestanten und Katholiken auch auf dem Territorium der Spanischen Niederlande gewalttätige Auseinandersetzungen. Die Verfassung des neuen Nationalstaates der Vereinigten Niederlande wurde durch die katholisch-protestantische Allianz in der Utrechter Union (1579)[2] ermöglicht. In der Folge waren die Katholiken[3] diskriminierenden Maßnahmen bis hin zur Verfolgung ausgesetzt, in deren Ergebnis die Zahl bekennender Katholiken erheblich sank und ihre soziale Vielfalt eingeschränkt wurde. Außer in den rein katholischen Gebieten, die oft keine politische Vertretung hatten, wurde der Katholizismus in der Regel zur Sache von kleinen Kaufleuten und Handwerkern. Dieser Katholizismus der kleinen Leute spielte politisch faktisch keine Rolle.

In Deutschland wird unter der befriedeten Oberfläche nach dem Augsburger Religionsfrieden eine Art Stellungskrieg geführt. Nach dem Dreißigjährigen Krieg kommt der Westfälische Friede zwar unter Zwang zustande, aber er ist in seiner Wirkung doch effizient, während in den Vereinigten Niederlanden die Entkatholisierung fortgesetzt wird. Mit einem System konfessioneller Staaten versuchen beide Konfessionen, eine »selbstverständlich« konfessionelle Welt wiederaufzubauen. Da dies jedoch durchaus nicht selbstverständlich ist, dient starke Abgrenzung voneinander der Ausbildung konfessioneller Identität. Das System konfessioneller Staaten bewirkt auch, daß der deutsche Katholizismus, im Gegensatz zum niederländischen, im Verlauf der deutschen Geschichte immer eine wichtige Rolle gespielt hat. Der aufkommende Nationalismus, der Frankreichs Hegemonie und spätere Dominanz ablehnte, war im übrigen unentschieden, welcher konfessionale Staat – das protestantische Preußen oder das katholische Österreich – die Nation einigen könnte. Preußen war unzweifelhaft eine Großmacht im Kommen, doch auch viele einflußreiche, reaktionäre preußische Protestanten wollten die kleindeutsche Lösung nicht zulassen, die Österreich als einstiges Zentrum der kaiserlichen Dynastie des Heiligen Römischen Reiches Deutscher Nation aufgegeben hätte. Ein Jahrhundert später wird das Grundgesetz der Bundesrepublik Deutschland – wenngleich durchaus bikonfessionell – eher zugunsten der Katholiken verfaßt werden. Und die Geschichte setzt sich fort, denn mit der Wiedervereinigung der beiden deutschen Staaten verändert sich die Gewichtung der beiden Konfessionen erneut. Allerdings hat sich mit der Integration von Millionen Bürgern protestantischer Tradition, die aber atheistisch sozialisiert wurden, das Verhältnis von Politik und Religion grundlegend verändert, zumal diese Integration das Ende des Kalten Krieges besiegelt. Doch greifen wir nicht vor.

Gehen wir zurück ins Deutschland und die Vereinigten Niederlande des 17. und 18. Jahrhunderts. In beiden Ländern wird die bikonfessionelle Situation von einer Entflechtung von Religion und Politik begleitet, die umso bemerkenswerter ist, als zu diesem Zeitpunkt überall in Europa immer noch nach dem Prinzip »un roi, une loi, une foi« (ein König, ein Gesetz, ein Glaube) verfahren wurde.[4]

In den Vereinigten Niederlanden steht eine gewisse Toleranz am Ursprung der Gründung des neuen Nationalstaates. Der Text der Utrechter Union (1579), der einzige Verfassungstext der neuen Nation, sah keine Gründung einer ausschließlich protestantischen Nation vor, denn vor allem Wilhelm von Oranien hoffte immer noch, die Unabhängigkeit der gesamten Niederlande zu erlangen. Konkret ging es um den Calvinismus, der, obschon offizielle Religion, nicht zur Staatsreligion erklärt wurde. Staatliche und kirchliche Macht waren getrennt, und das politische Leben war von gegenseitigem Mißtrauen beider Autoritäten gekennzeichnet. Die staatlichen Machthaber zeigten oft wenig Eifer bei der Durchsetzung von Entscheidungen der calvinistischen Synoden, die unablässig die Exklusivität der reformierten Konfession bekräftigten und ein breites Spektrum von Verfolgungsmaßnahmen gegen die »Häretiker« vorschlugen. Theoretisch war zwar die Gewissensfreiheit, nicht jedoch die Kultusfreiheit gewährleistet, denn Verfolgungen waren verboten, und die Teilnahme am calvinistischen Gottesdienst war nicht obligatorisch.

In deutschen Landen zeichnet sich, während sich mit den Religionskriegen die Bildung konfessioneller Staaten zwingend macht, gleichfalls eine Entflechtung von Religion und Politik ab; sie wird sich immer mehr verstärken. Die religiösen Spaltungen erzwingen eine gewisse Institutionalisierung des religiösen Pluralismus. Als der Kurfürst von Brandenburg 1613 zum Calvinismus übertritt, läßt er die Einwohner seines Territoriums im lutherischen Bekenntnis. Gleichzeitig bewahrt er seine Autorität über die lutherische Kirche, der er nicht mehr angehört. Er verzichtet also auf sein Recht, den Glauben seiner Untertanen zu bestimmen. Von einer solchen Verfügung hatten 1609 bereits die Katholiken im Herzogtum Kleve und 1611 in Preußen auf Grund eines Abkommens mit dem König von Polen profitiert. Allgemein wird in Brandenburg-Preußen von diesem Zeitpunkt an eine Politik wirksam, die der Rationalisierung und der Expansion des Staates gegenüber dem konfessionellen Element den Vorzug gibt und, zunächst innerhalb der verschiedenen protestantischen Bekenntnisse, Toleranz mit sich bringt.

Der Westfälische Friede geht weit über die Bestimmungen des Augsburger Religionsfriedens hinaus. Das Prinzip *Cuius regio eius religio* wird in der Tat stark relativiert. Die öffentliche Ausübung ihrer Religion wird all jenen gestattet, deren Konfession zum Stichdatum 1624 bereits bestand, auch wenn ihr Bekenntnis von dem des Fürsten, dessen Untertanen sie sind, abweicht. In der Zukunft wird die Konversion eines Fürsten jene seiner Untertanen nicht mehr nach sich ziehen. So wird der Kurfürst von Sachsen – der Wiege des Protestantismus – zum Katholizismus übertreten, während seine Untertanen Lutheraner bleiben. Solche Situationen zeigen, daß die organische Verbindung zwischen den Staatskirchen und ihrem Fürsten nicht länger Bestand hat. Nicht nur die Emigration ohne persönlichen oder juristischen Schaden wird erlaubt, sondern auch die private Andacht. Gewissensfreiheit ist auf diese Weise bis zu einem bestimmten Grade gewährleistet. Im übrigen gibt es Ausnahmen von der Regel der Bindung einer Konfession an ein Territorium. In einigen Gebieten, z.B. in den niederrheinischen Herzogtümern, haben die drei Konfessionen die Garantie gleicher Rechte; das gleiche ist einigen Städten, vor allem Neugründungen, der Fall.

Bezogen auf das Gesamtreich, beendet der Westfälische Friede rechtlich offiziell die Kongruenz von politischer und religiöser Gemeinschaft. Religiöser Pluralismus existiert nun nicht mehr allein faktisch, sondern auch rechtlich: In allen Strukturen des Reiches, in allen Bereichen mit Bezug zu konfessionellen Angelegenheiten, wird in zwei getrennten, katholischen bzw. evangelischen, Körperschaften beraten.

Im 19. Jahrhundert ist die soziopolitische Stellung des Katholizismus sowohl in Deutschland als auch in den Niederlanden von relativer Offenheit geprägt.[5] Mit der Herausbildung der modernen Gesellschaft in allen Bereichen und der deutschen Einheit unter preußischer Vorherrschaft kristallisiert sich jedoch in den Nationalstaaten Deutschland und Niederlande ein politischer Gegensatz zwischen politisch und sozial dominierendem und privilegiertem Protestantismus und unterlegenem, auch unterdrücktem Katholizismus heraus. Letzterer ist im Laufe des Jahrhunderts immer stärker ultramontan ausgerichtet und befindet sich in strikter Opposition zur Welt der Moderne.

Der Eintritt ins moderne politische Zeitalter vollzieht sich in den einzelnen europäischen Ländern sehr unterschiedlich, vor allem in Deutschland und den Niederlanden. Aber überall erlangt das Volk politische Beteiligung. Gewerkschaften werden gebildet. In den Niederlanden wie auch in Deutschland bildet sich eine katholische Strömung, die ideologisch und materiell das ganze Leben der Katholiken von der Geburt bis zum Tod begleitet. Aus der territorialen wird eine vertikale Begrenzung.

In beiden Ländern hat diese Strömung nicht nur den Kampf um soziale Anerkennung sowie wirtschaftliche und politische Gleichberechtigung der Katholiken zum Ziel (in den Niederlanden kam man diesen Zielen unter dem Einfluß der Liberalen näher), sondern sie will die katholische Identität auch gegen alle Aspekte der Säkularisierung verteidigen. In den Niederlanden formiert sich auch eine calvinistisch-orthodoxe Strömung. An ihrer Spitze steht der Prediger Kuyper, Volkstribun, Schriftsteller, Journalist, furchterregender Polemiker und unermüdlicher Organisator, der die Idee der Gottesherrschaft über alle Gebiete des gesellschaftlichen Lebens verteidigt. Wie die Katholiken ist er gegen das allgemeine Wahlrecht; gleichwohl gründet er die erste wirklich moderne Partei der Niederlande: die Gegenrevolutionäre Partei. Seiner Partei gelang es gemeinsam mit der Partei der Katholiken, dem Staat nach und nach immer größere Verantwortung für die konfessionelle Erziehung zu übertragen. Auf dieser Grundlage bildete sich die auf verschiedenen »Säulen« ruhende niederländische Gesellschaft heraus. Diese Sozialstruktur beruht auf der Koexistenz sich gegeneinander abgrenzender konfessioneller und/oder ideologischer Kulturen und Institutionen, und wurde bis in die 1950er Jahre immer deutlicher sichtbar. In Deutschland wirken zwei Umstände der Tendenz zu einer solchen Säulenstruktur entgegen: Zum einen wirken die verschiedenen protestantischen Strömungen nicht auf eine solche Entwicklung hin (aber es gibt eine sozialdemokratische »Säule«), zum anderen bleibt die Schule als entscheidender Faktor weitgehend konfessionsübergreifend.

In den Niederlanden gipfelt die aus Konflikten entstandene »Versäulung« in der sogenannten »befriedeten Demokratie«; ich füge den von mir bereits mehrfach gebrauchten Terminus »erzwungener Friedensschluß« hinzu. Die Weimarer Republik mit der zentralen Rolle der Zentrumspartei stellt ihrerseits einen solchen erzwungenen Friedensschluß nach konfessionellen Auseinandersetzungen dar.

Seit den sechziger Jahren hat sich in den Niederlanden, so wie seit der Verabschiedung des Grundgesetzes in der Bundesrepublik Deutschland – ich komme darauf zurück – eine Art befriedete Zusammenarbeit zwischen den Kirchen durchgesetzt, die gleichzeitig die Rolle der Kirchen stärkt und zur »Entsäulung« der niederländischen Gesellschaft beiträgt. Die Zusammenarbeit der Kirchen ist im Grunde ein Ergebnis der wachsenden religiösen Bindungslosigkeit: unsere Zeit steht nicht im Zeichen religiöser Konflikte, sondern der »Gefahr« eines radikalen Niedergangs des Christentums.

Deutschland und die protestantischen Staaten

Deutschland, wenngleich bikonfessionell, ist historisch besonders stark durch den Protestantismus geprägt; man denke an den entscheidenden Beitrag Luthers zur Herausbildung der deutschen Hochsprache als Bindemittel der Nation oder die Rolle Preußens im Prozeß der Reichseinigung. Im protestantischen Deutschland folgte die Emanzipation gegenüber der politisch strukturbildenden Religion einer Logik der Säkularisierung. In idealtypischer Weise bedeutet dies Emanzipation mittels gleichzeitiger und progressiver Transformation der Religion und der verschiedenen Sphären sozialen Handelns. Diese Transformationen erfolgen durch unter Umständen gewalttätige Konflikte, in denen sich nicht weltliche Emanzipierungskämpfer und Kirche gegenüberstehen, sondern die sowohl die Kirche als auch die anderen Bereiche sozialer Aktivität durchziehen. Die mehr oder weniger akzeptierte oder bekämpfte Unterordnung der Kirche unter die politischen Machthaber erleichtert auch die »Verweltlichung« der Kirche. Diese Logik der Säkularisierung unterscheidet sich grundsätzlich von der Logik der Laizisierung, die typisch für katholische Länder ist, wo die transnationale (katholische), hierarchisch strukturierte Kirche dem Staat als Konkurrentin gegenübersteht. In diesen Ländern (für die Frankreich beispielhaft ist) kann die Emanzipation der Gesellschaft gegenüber der Religion nur durch die Mobilisierung der politischen Macht erfolgen, um die einzelnen Bereiche des sozialen Handelns ganz oder teilweise dem Zugriff der Kirche zu entziehen. Das Eingreifen der politischen Macht ist äußerer Ausdruck des verdeckten, mehr oder weniger globalen oder situationsbezogenen Konflikts zwischen, vereinfacht ausgedrückt, Klerikalen und Antiklerikalen.

Diese Idealtypen finden ihre deutlichste Ausprägung im 19. und 20. Jahrhundert bis fast in die Gegenwart; sie entsprechen heute jedoch nicht mehr vollständig der Realität. Sie sind auch bis zu einem gewissen Grade auf das 18. Jahrhundert anwendbar. Vergleicht man die französische Aufklärung, die nicht nur sehr antiklerikal, sondern auch antikatholisch war, mit dem englischen *Enlightenment* oder der deutschen Aufklärung, die Christentum und Vernunft nicht als Gegensatzpaar, sondern als mögliche Ergänzung zueinander begreifen, so erkennt man bei letzteren eine Tendenz zur aufgeklärten Religion.

Im 19. Jahrhundert gibt es im Protestantismus ganz Europas mehrere Tendenzen, und die Modernisierungsbestrebungen in Kultur, Politik, Wirtschaft usw. können sich auf modernisierungsfreundliche protestantische Strömungen (meist von Liberalen getragen) stützen. Der Protestantismus erfährt dabei dieselben Evolutionen wie die säkulare Gesellschaft. Dies ist umso einfacher, als es sich um Staatskirchen handelt, die in der jeweiligen nationalen Identität verwurzelt und darüber hinaus, auch wenn dies nicht für alle protestantischen Kirchen in England gilt, der politischen Macht untergeordnet sind. Letzteres gilt in unterschiedlichem Grade und mit Ausnahme der Republik der Vereinigten Niederlande.[6]

Von allen protestantischen Ländern war die Unterwerfung der Kirchen in Deutschland am ausgeprägtesten. (Dies ist sicherlich eines der bekanntesten Merkmale Deutschlands.) In England ist die Unterordnung der anglikanischen Kirche unter die politische Herrschaft mit dem »Erasmianismus« weniger als Unterwerfung denn als Unterordnung/Assoziierung zu sehen. Die anglikanische Kirche nimmt an der politischen Herrschaft teil: die Mitgliedschaft der Bischöfe im Oberhaus kraft ihres Amtes bringt dies deutlich zum Ausdruck. Assoziierung äußert sich hier auch im Vorhandensein eines politisch-juristisch-religiösen Establishments. Die aktive politische Rolle der anglikanischen Kirche hat durch den calvinistischen Puritanismus und seine Tendenz zu politisch-religiösem Aktivismus Unterstützung erfahren.

Die Unterwerfung der deutschen protestantischen Kirchen unter die politische Herrschaft wird häufig als Ursache nicht weniger Verirrungen der deutschen Geschichte angesehen: Die lutherische Kirche und ihre pietistische Erneuerungsbewegung erziehen wohl zur inneren Freiheit, aber auch zur Passivität bzw. gar zur Anbiederung gegenüber der jeweils herrschenden Macht. Sie trügen dadurch bedeutende Mitverantwortung für die autoritäre Tradition der deutschen Politik und somit auch für die Akzeptanz des Nationalsozialismus. Eine kurze Parenthese zu diesem Thema ist hier berechtigt. Die beschriebenen Vorstellungen von Luthertum und Pietismus sind in Frankreich in der Tat vorherrschend, wie noch kürzlich die Schrift des großen Denkers Louis Dumont in *L'Idéologie allemande* (1991) gezeigt hat. Ich selbst bin zu Beginn dieser vergleichenden Studie über verschiedene europäische Länder empfänglich für diese These gewesen. Inzwischen mußte ich sie relativieren, um die klare Determinierung religiöser Konzepte durch die sozialen und politischen Bedingungen hervorzuheben. Ich kann hier natürlich nur einige Elemente nennen, die für eine solche Relativierung sprechen. Zunächst einmal ist hier die territoriale Lösung der religiösen Auseinandersetzungen zu erwähnen: Über lange Zeit waren die Beziehungen zwischen politischer Herrschaft und Kirche in katholischen Territorien nicht spürbar anders als in protestantischen. Außerdem war der Pietismus in Wirklichkeit nicht immer passiv. Im Dänemark des 19. Jahrhunderts war die große Persönlichkeit, die auf politische wie religiöse Modernität hinarbeitete, kein anderer als der Pastor und Theologe N.F.S. Grundtvig (1783-1872), der jedoch nicht liberal, sondern pietistisch orientiert war. Selbst in Deutschland stand der württembergische Pietismus vom 18. Jahrhundert bis zur Verwirklichung der Reichseinheit dem Absolutismus im allgemeinen ablehnend gegenüber. Hingegen akzeptierte der preußische Calvinismus besonders leicht seine Unterwerfung unter die absolute Autorität der politischen Herrschaft.

Antiklerikalismus in Frankreich und Deutschland

Ich habe bereits auf das vom religiösen Standpunkt Trennende zwischen Deutschland und Frankreich hingewiesen. Diese Trennung wurde durch die Feindseligkeit der Deutschen infolge des französischen Expansionismus am Ende der Revolutionsperiode und unter Napoleon I. noch verstärkt, zumal dieser Expansionsdrang eine gewisse religiöse Erneuerung in Deutschland hervorrief. Diese hat freilich nicht verhindern können, daß die starke Ablehnung kirchlichen Einflusses auf die Gesellschaft, die stärker als in den meisten europäischen Ländern war, erhalten blieb. In dieser Hinsicht besteht zwischen Frankreich und Deutschland, und zwar bis zum Zweiten Weltkrieg, deutliche Übereinstimmung; ich komme noch darauf zurück. Sicher weisen die Formen der Ablehnung kirchlichen Einflusses deutliche Unterschiede auf, besonders, wie schon erwähnt, im 18. Jahrhundert. Antidogmatismus und der Wille zu einer aufgeklärten Religion haben in Frankreich eine viel antiklerikalere, ja antichristlichere Prägung. Im 19. Jahrhundert gibt es, ungeachtet sehr unterschiedlicher Entwicklungen, in beiden Ländern eine starke Bewegung gegen die etablierte Religion. In Frankreich sieht sich das antiklerikale Lager als Erbe der Revolution und Napoleons, als Vertreter liberalen wie republikanischen Gedankenguts. Es zeigt unablässig seine Kraft und schafft so eine Grundlage für den Laizismus der Dritten Republik. In Deutschland ist der Widerstand gegen eine konservative und reaktionäre Religion nicht nur im aufgeklärt-liberalen Protestantismus stark, der, wie in Frankreich, theologische Lehrsätze hervorbringt, die die Grundlagen des Christentums selbst in Frage stellen. Auch die Arbeiterbewegung, aus der die mächtige SPD hervorgehen wird, ist in diesem Sinne religionsfeindlich.[7] Dieser Widerstand entwickelt sich im Humus eines Ideals vom Staat, der sich die Kirchen unterordnet. In Deutschland wie in Frankreich konzentriert sich die Ablehnung der Religion zu einem beträchtlichen Teil auf den romtreuen Katholizismus mit immer stärker ultramontanen Zügen. Die Laizisierungsmaßnahmen der 1870er Jahre, bei denen es vor allem um Personenstandsangelegenheiten und um die Kontrolle der schulischen Erziehung ging (weder katholische noch protestantische Kleriker behalten das Recht auf Inspektion der Grundschulen), finden im Rahmen des Kulturkampfes statt. Es handelt sich hierbei um die Umsetzung eines reinen

Antiklerikalismus, der ebenso antikatholisch wie antiprotestantisch agiert. Er nährt sich zum einen aus dem sehr konservativen, patriarchalischen Charakter der protestantischen Kirchen, die in den Obrigkeitsstaat Bismarcks und Wilhelms II. eingegliedert sind, zum anderen aus der mehr oder weniger atheistischen Ideologie der Sozialdemokratie. Dieser Antiklerikalismus führt 1919 zu den Projekten des kurzzeitigen preußischen Kultusministers Adolf Hoffmann, dessen eigentliche Bekanntheit sich auf die Vorstellung der Zehn Gebote als Werkzeuge des Kapitalismus gründet. Seine Maßnahmen gegen kirchliche Schulen und Religionsunterricht überhaupt riefen außergewöhnlich scharfe Proteste katholischer wie protestantischer Konservativer hervor, die sich dabei ausnahmsweise einig waren. Diese Proteste hatten zum Ergebnis, daß den Kirchen der Status von »Körperschaften des öffentlichen Rechts« erteilt wurde. Darüber hinaus erlangte die katholische Kirche Gleichberechtigung mit der evangelischen Kirche sowie die Anerkennung ihrer Verbindungen mit Rom.

Das Defizit an liberalen und/oder republikanischen politischen Kräften führt dazu, daß expliziter Antiklerikalismus hauptsächlich Sache der Sozialdemokraten wird, während die antiklerikalen Kräfte in Frankreich Republikaner und keine Sozialisten sind. Das politische Kräfteverhältnis ist damit ganz anders als in Frankreich, wo sich »einfach nur« Klerikale und Antiklerikale gegenüberstehen. In Deutschland näherte sich die sozialistische Bewegung antiklerikaler Prägung auf der Suche nach Verbündeten – auch im Kontext des scharfen Konflikts mit ihren am weitesten links stehenden früheren Strömungen – immer deutlicher einer Allianz mit der katholischen Zentrumspartei. In der Weimarer Republik und nach dem Zweiten Weltkrieg verliert der Antiklerikalismus, obgleich immer noch vorhanden[8], immer mehr an Bedeutung; beispielhaft für diese Entwicklung ist der ideologische Wandel der SPD mit dem Bad Godesberger Programm.

Wir befinden uns nun in der Zeit nach dem Zweiten Weltkrieg, im Kontext der Teilung Deutschlands und des Kalten Krieges. Die Bundesrepublik Deutschland kann nun sinnvollerweise mit Italien verglichen werden.

Die neue politische Rolle der Kirchen in Deutschland und Italien vor dem Hintergrund des Kalten Krieges

Nach der Kapitulation Deutschlands haben nur sehr wenige Institutionen, die sich eine gewisse Unabhängigkeit vom nationalsozialistischen Regime bewahrt hatten, dessen Untergang unbeschadet überstanden. Dazu gehören die Kirchen, die von einem eher positiven Vorurteil der

Sieger profitieren und faktisch die einzigen deutschen Institutionen sind, die keiner direkten Kontrolle durch die Militäradministration unterliegen. Nach dem Beginn des Kalten Krieges und der Gründung der DDR zeichnet sich im Westen ein neuer deutscher Staat unter westlicher Kontrolle ab, dessen Rückgrat die Kirchen bilden, denen auch die Funktion einer Festung gegen den kommunistischen Machtblock zukommt. Die Besatzer, die mit der Westverankerung des neuen Staates alles für die Förderung nationalen Zusammenhalts tun, unterstützen nicht nur die Gründung einer konfessionsübergreifenden christlichen Partei, sondern auch die einer Einheitsgewerkschaft.[9] Die neue westdeutsche Gesellschaft hat von nun an eine christliche Nationalidentität (die katholisch dominiert ist, auch wenn Adenauer kirchlichen Eingriffen in die politische Sphäre zu widerstehen weiß, da er dort alleiniger Herr zu bleiben gedenkt).

Die Einigung Italiens hatte einen Staat hervorgebracht, der sich gegen Rom und gegen die Katholiken konstituierte, die hinter dem Papst und den Bischöfen standen. Nach der Unterzeichnung der Lateranverträge wollte Mussolini die nationale Identität vor allem auf einer Wiederbelebung von Symbolen des Römischen Reiches begründen. Die Nachkriegszeit eröffnet einen neuen Abschnitt in den Beziehungen zwischen dem italienischen Nationalstaat und der Kirche. Diese sieht sich von nun an gern als dessen Ursprung. Mehr noch als in Deutschland kann das Christentum eine vollkommene Einheit mit der Nation bilden, denn im Gegensatz zu Deutschland gehört kein Teil des italienischen Territoriums samt seiner Bevölkerung zum gegnerischen kommunistischen Lager. Die italienische und römische katholische Kirche betrachtet sich ab jetzt, mittels der *Democrazia Cristiana*, als Fundament und Sinngeberin des Nationalstaates: Sie hofft, in Italien eine christliche Gesellschaft aufbauen zu können, und interpretiert den Kalten Krieg als Krieg der christlichen Zivilisation gegen die atheistische Zivilisation, wie sie der kommunistische Machtblock vertritt.[10]

Es ist zu bemerken, daß das Christentum in ganz Europa sowohl spirituelle Wiederbelebung als auch politische Mobilisierung erfährt, um sich moralisch und organisatorisch im Kampf gegen alle Arten des Totalitarismus zu wappnen. Selbst im laizistischen Frankreich gelang es dem politischen Katholizismus christdemokratischer Prägung erstmals, eine große Partei (*Le Mouvement républicain populaire*) zu bilden, die bis zu einem Viertel der Wählerstimmen auf sich vereinigen konnte. Vor dem Hintergrund des Kalten Krieges kam es schließlich überall in Europa, wenn nicht zum Ende der Verdächtigungen gegen die romtreuen katholischen Kirchen, so doch wenigstens zur Einstellung der damit verbundenen Schikanen.[11]

In Deutschland spielen die Kirchen nicht nur durch ihre direkten politischen Einflußmöglichkeiten – vor allem über die CDU – eine hervorragende Rolle im gesamten gesellschaftlichen Leben, sondern auch durch ihre vielfältigen Verwaltungsfunktionen. Abgesehen von Griechenland und Irland haben die Kirchen in Deutschland zweifellos den höchsten gesellschaftlichen Rang, indem sie – mit den nötigen finanziellen Mitteln – wichtige Aufgaben des Öffentlichen Dienstes in weitreichender Autonomie übernehmen. Diese Autonomie bildet den Unterschied zu Systemen der Staatsreligion oder einer etablierten Religion, in deren Rahmen die Kirchen ansonsten eine ähnliche Rolle spielen können.

Schluß

Mit dem Fall der Berliner Mauer und dem Ende der politischen Bipolarität verliert die enge Verbindung von Christentum und »freier Welt« ihre Daseinsberechtigung. Damit erfahren zumindest die Kirchen, wenn nicht das Christentum überhaupt, eine Schwächung ihrer politischen Dimension. Die europäischen Länder sind in dieser Hinsicht unterschiedlich betroffen: Frankreich recht wenig, Deutschland hingegen sehr. Der Fall der Berliner Mauer war ja hier nicht nur symbolisch; er führte vielmehr zur Bildung eines neuen Staates. Gerade zur Frage des sozialen Gewichts der Kirchen aber haben die Deutschen aus der ehemaligen DDR besonders deutlich ihre Meinung geäußert. Dies betraf vor allem den Schwangerschaftsabbruch und die Kirchensteuer. Auch ohne zu behaupten, daß ihr Beispiel Schule gemacht habe, kann man eine gewisse Stimulierung oppositioneller Stimmungen im Westen feststellen.

Andererseits kann der Fall der Mauer auch zur Wiederbelebung der Wertedebatte beitragen, indem er (durch das Ende des ideologischen Konflikts, durch die Enttäuschung über das kapitalistische Modell) das Sinn- und Wertedefizit verstärkt. Die Kirchen – auch in Frankreich – wären für eine solche Debatte besonders gut gewappnet. In diesem Punkt sind derzeit alle Interpretationen und Überzeugungen möglich.

1 Im Rahmen des Nationalstaates in den Niederlanden; vor dem Hintergrund eines immer stärker zersplitterten und »fernen« Reiches in Deutschland.

2 Nach dem Scheitern des Friedens von Gand und des Religionsfriedens, d.h. nachdem viele Katholiken ins andere Lager gewechselt waren.

3 Zu bestimmten Zeiten auch zu »laue« Protestanten, Arminianer, Humanisten.

4 Vor allem in Frankreich, und zwar sogar schon vor dem offiziellen Widerruf des Edikts von Nantes. Mehrere Jahrzehnte war auch Frankreich bikonfessionell gewesen, wodurch eine für diese Epoche große Toleranz erzwungen worden war.

5 In Deutschland wechseln Phasen der Annäherung und Konflikte zwischen den beiden Konfessionen einander ab bzw. überlagern sich; in den Niederlanden genießen die Katholiken von nun an religiöse und politische Rechte.

6 Bis zum 19. Jahrhundert war die Unterordnung der Kirchen unter die politische Macht nicht nur ein Kennzeichen protestantischer Länder, sondern überall in Europa die Regel. Sie war ein wichtiger Schritt auf dem Weg der Emanzipation der Gesellschaft gegenüber der Religion. Beispiele sind der königstreue Gallikanismus in Frankreich und der Josephismus in Österreich. Die Unterordnung der katholischen Kirche unter den Staat ging jedoch nicht soweit wie in protestantischen Ländern.

7 1912 wurde die SPD stärkste Partei im Reichstag.

8 Dieser Antiklerikalismus ist mit jenem in Frankreich vergleichbar; ich spreche nicht von der Feindseligkeit der Nationalsozialisten gegenüber den christlichen Kirchen.

9 Diese Einheitsgewerkschaft wird im übrigen gegen den Willen der meisten Bischöfe und des Papstes gegründet.

10 Es sei daran erinnert, daß die politische Alternative in Italien mit der mächtigen KPI verbunden ist.

11 In England wurde z.B. mit dem *Education Act* von 1944 der – zu dieser Zeit stets christliche -Religionsunterricht als einziges landesweites Pflichtfach eingeführt. Vor dem Hintergrund des Kalten Krieges wurde mit der Menschenrechtserklärung der Vereinten Nationen und der Europäischen Menschenrechtskonvention von 1950 auch ein weiterreichendes Recht auf Religionsfreiheit verkündet (dies trifft zumindest auf einige Länder, besonders Frankreich, zu), das vor allem die Freiheit des Religionsunterrichts einschloß.

Patrick Michel

Politik und Religion nach dem Zusammenbruch des Kommunismus. Funktionen der Religion in der Phase einer globalen Neuordnung[1]

Der Beitritt mehrerer Staaten des früheren sowjetischen Machtblocks zur Nato und ihr in Aussicht stehender Eintritt in die Europäische Union machen die internationale Anerkennung deutlich, die dem Weg dieser Länder seit 1989 zuteil wird. Das betrifft sowohl den wirtschaftlichen Aspekt als auch die Demokratisierung des politischen Lebens. Befreit von einem wegen seiner Illegitimität und Ineffizienz diskreditierten Regime, werden diese Länder jetzt und in der Zukunft für ihre Anstrengungen belohnt, sich den Kriterien europäischer Normalität anzupassen.

Alles wäre also bestens im besten aller Europas, glaubte man einem Szenario, das trotz mancher Ungewißheiten und Mängel von untadeliger Schlüssigkeit scheint: Der Zusammenbruch eines freiheitsfeindlichen Regimes ermöglicht den Übergang zu Demokratie und Marktwirtschaft. Erfolg in dieser Phase führe zur Integration in die große europäische Familie. Wohlgemerkt findet die europäische Integration als Ziel des Prozesses nach dem Zusammenbruch des Kommunismus nach wie vor in allen politischen Lagern breite Zustimmung, und das im ganzen Bereich, den man noch vor kurzem »Osten« nannte.

Zwar ist das ehemalige Jugoslawien, vorsichtig ausgedrückt, kein Teil dieses idyllischen Schemas. Sicher sind noch nicht alle Probleme gelöst. Sicher ist »auf der anderen Seite des Spiegels« der Sinn, der in der Europäischen Union von ihren jetzigen Mitgliedsländern erkannt wird, nicht unbedingt eindeutig. Aber im großen und ganzen gehen die Dinge in die richtige Richtung. Eine solche Sicht der Dinge ist völlig berechtigt und sinnvoll. Dennoch weist sie einen dreifachen Mangel auf, der zu schmerzvollen Überraschungen führen kann, wenn man nicht aufpaßt:

- Dieser Standpunkt geht davon aus, daß der 1989 begonnene Prozeß nur die Staaten im ehemaligen sowjetischen Einflußbereich in Europa betrifft. Der Zusammenbruch des Kommunismus wird dabei natürlich als ein erfreuliches Ereignis angesehen, aber sehr selten als Evolution erkannt, die die westliche Welt direkt betrifft.
- Er führt daher nicht zu einer wirklichen Reflexion über die tiefere Bedeutung dieses Zusammenbruchs und zu einer Analyse seiner Konsequenzen. Er unterschätzt somit die Tragweite dieses Ereignisses.
- Schließlich wird es von diesem Standpunkt aus als erwiesen betrachtet, daß der begonnene Prozeß in der progressiven Anpassung der Länder

des früheren sowjetischen Machtblocks an eine angenommene westliche »Normalität« besteht. Der Prozeß selbst erscheint dabei ebenso eindeutig wie das Bestehen dieser »Normalität«.

Die Beseitigung des Kommunismus hat bekanntlich zu großartigen politischen, wirtschaftlichen, sozialen und kulturellen Erneuerungen geführt. Diese sind oft umso weniger faßbar, als sie im umfassenden Rahmen eines Zusammenbruchs des Bezugssystems erfolgen, das in der Vergangenheit die Welt der Gegenwart prägte. (Dabei ist unklar, ob dieser seinerseits durch den Zusammenbruch des Kommunismus herbeigeführt wurde, oder ob der Zusammenbruch des Kommunismus ein Zeichen oder eine momentane Ausprägung des Zusammenbruchs des Bezugssystems ist.)

Die Herausstellung des illegitimen, ineffizienten, überholten Charakters des Monopols einer Partei auf der politischen Bühne hat zu einer globalen Neubestimmung der Politik geführt. (Dabei ist es teilweise zu barocken Konfigurationen gekommen. So gibt es widernatürlich erscheinende Allianzen, seltsames Umdenken, ungewöhnliche Nostalgie oder auch die Neuverteilung des politischen Personals der ehemals herrschenden Partei auf alle überlebenden bzw. bei der Neuordnung entstandenen anderen politischen Gruppierungen.)

Diese Prozedur insgesamt hat dazu beigetragen, Identitätsprobleme zu schaffen (oder zu verstärken), in deren Folge es bis zur Infragestellung des Staates und seiner Funktionen bzw. des bestehenden nationalen Rahmens überhaupt kommen kann. Das Zerbrechen dieses Rahmens kann dann zu einer bestimmenden Forderung in der politischen Diskussion werden.

Diese Beschreibung, so gerafft sie auch sein mag, kann man mit einiger Schlüssigkeit auf die Situation zahlreicher Lände im ehemaligen Ostblock anwenden. Mit manchen Nuancen trifft sie auf die Entwicklung in der ehemaligen Tschechoslowakei oder der früheren Sowjetunion ebenso wie auf die – dramatischen – Anfänge dieser Evolution in Ex-Jugoslawien zu. Sie könnte sich aber auch ohne allzugroße Abstriche auf das Italien der Gegenwart beziehen …

Und wenn man statt vom Verschwinden einer monopolistischen Partei eher vom Verschwinden der Ost-West-Achse als eigentlicher Strukturachse der Gegenwartspolitik spricht, dann werden alle gegenwärtigen Gesellschaften zu postkommunistischen Gesellschaften. Denn sie alle müssen mit dem Verschwinden der Bipolarität als letzter Referenz und mit dem Aufbau eines neuen Bezugssystems umgehen.

Worin liegt die Bedeutung des Zusammenbruchs des Kommunismus? Als System, das sich auf totale (oder zentrale) Bezugspunkte stützt, bedeutet seine (definitive, dauerhafte, vorübergehende?) Beseitigung die Entwertung der kollektiven Utopie als Instrument politischer Legitimation. Die Beseitigung des Systems wäre also Ausdruck eines fortschreitenden Prozesses, der durch die immer deutlichere Loslösung vom impliziten oder expliziten Rückgriff auf Politikzauber zum Zweck der Strukturierung eines öffentlichen Bereiches gekennzeichnet ist.[2]

Unter diesem Gesichtspunkt ist es kein Zufall, daß die politischen Kategorien der Gegenwart zur Verwirklichung des Nationalstaats, die Rechte und die Linke, durch ein anderes Gegensatzpaar ersetzt werden oder versucht wird, sie zu ersetzen. Die Herausbildung des Nationalstaates erfolgte verspätet, d.h. in der zweiten Hälfte des 19. Jahrhunderts, mit der Instrumentalisierung der Nation durch den Ordnungsgedanken, der seinerseits zentraler Impuls der Bewegung in Europa war. Das neue Gegensatzpaar hat seinen Ursprung in der Periode vor der Herausbildung des Nationalstaats: Ordnung und Bewegung, Referenz auf (möglicherweise fiktive) Kontinuität oder (möglicherweise scheinbaren) Bruch, geschlossene Identität oder offene Identität.

Diese Tendenz, die in Frankreich z.B. beim Referendum über den Maastrichter Vertrag deutlich wurde, kommt auf den politischen Bühnen des ehemaligen Ostblocks nicht so klar zum Ausdruck (oder in manchen Fällen zu deutlich: so z.B. im ehemaligen Jugoslawien, wo die Beseitigung des früheren Bezugssystems für die meisten Landesteile zu einem langen und grausamen Krieg geführt hat).

In Polen bezeichnet die Strukturierung der Politik bei Erhaltung eines (gesellschaftlich völlig überholten) Gegensatzes zwischen Solidarnosc und Kommunisten lediglich ein tiefes Defizit an politischen Kategorien, die die Organisation eines tragfähigen Raumes für eine wirkliche und notwendige Neuordnung ermöglichen würden. Die Dauerhaftigkeit dieser Struktur ermöglicht die Aussetzung oder zumindest den Aufschub von Debatten, die zu dieser Neuordnung führen würden.

Diese Debatten behandeln natürlich die Integration Polens in die Europäische Union und, hier ziemlich am Rande, in die NATO. Es ist bezeichnend, daß sowohl die eine als auch die andere Integration scheinbar von einem breiten Konsens getragen werden. Aber der Aufbau der gegenwärtigen politischen Landschaft Polens zeigt, daß diese Frage für einen wichtigen Teil der Gesellschaft und der politischen Eliten bevorzugter Schauplatz der Inszenierung starker identitärer Verkrampfungen ist.

Die Frage der Identität nimmt heute einen zentralen Platz ein. Welche sind im Rahmen der beschleunigten Bewegung, deren Ausdruck und Ursache das Ende des Kommunismus ist, die vorhandenen Identifikationsmodelle? Auf welche Arten von Identitätsmarkierungen greift man zurück? Man befindet sich ja in einer Situation, wo alle diese Markierungen von innen ausgehöhlt sind und ihre Handhabbarkeit große Probleme bereitet. Selbst wenn die Fälle teilweise auf die Spitze getriebener Instrumentalisierung der Nation nicht selten sind, wäre es sinnlos zu leugnen, daß auch diese Instrumentalisierung das Vorhandensein einer unbestreitbaren Krise des nationalen Rahmens nicht verbergen kann. Für einige Probleme ist er zu klein geworden, für andere zu groß. Gleichzeitig muß man sich fragen, ob Europa als Identitätsmarkierung brauchbar ist. Man kann natürlich inniglich die Herausbildung einer kollektiven europäischen Identität wünschen. Dennoch muß man anerkennen, daß diese für einen Großteil der betroffenen Gesellschaften kaum Sinn hat.

Fassen wir zusammen:

1. Auch wenn der Zusammenbruch des Kommunismus kurzfristig zu einem »Übergang« vor allem in den Staaten des ehemaligen sowjetischen Machtblocks führt, bezeichnet er langfristig die Fortsetzung eines Prozesses der politischen Entzauberung. In diesem Prozeß ist der Zusammenbruch des Kommunismus gleichzeitig Zeichen und momentaner Ausdruck, der alle Gesellschaften der Gegenwart betrifft.
2. Dieser Zusammenbruch wird überall durch eine Beschleunigung der Bewegung gekennzeichnet. Dadurch wird ein doppeltes Problem aufgeworfen: Einerseits bedarf es der Bildung politischer Kategorien, die diesen Prozeß beschreiben können (und nicht mehr vorgeblich an einer fiktiven Stabilität festhalten), andererseits müssen neue Identitätsangebote bereitgestellt werden, da die alten mehr und mehr überholt erscheinen.

Vor dem Hintergrund dieser Problematik werden wir uns hier in strikt theoretischer Weise[3] mit den verschiedenen Funktionen der Religion in einer Lage befassen, die in Mittel- und Osteuropa durch den Zusammenbruch des Kommunismus entstanden ist.

Der Weg aus dem Kommunismus, den Mittel- und Osteuropa seit 1989 gehen, kann als Prozess einer beschleunigten Differenzierung beschrieben werden. Der Osten, dem nur der Bezug auf eine Praxis sowjetischen Typus' Sinn geben konnte, erscheint dadurch immer stärker als sinnentlehrte Kategorie. Von nun an wäre für die Situation eines jeden Staates eine spezifische Darstellung und Behandlung notwendig, bei denen außer den Modalitäten der Beseitigung eines eigenen kommunistischen Modells die jeweilige Ausprägung dieser Beseitigung und die besonderen Probleme jedes Falles bestimmt werden müßten, vor allem die neue Bedeutung der Geschichte und der Tradition.

Insgesamt kann man also sagen, daß die Kirchen Mittel- und Osteuropas unter dem Zwang einer Neubestimmung ihrer Beziehungen zu Politik und Gesellschaft notwendig in einem jeweils spezifischen Kontext stehen.

Diese Neubestimmung steht aber auch im Zusammenhang mit einem größeren und gemeinsamen Prozeß neuer Positionsbestimmung gegenüber der Moderne. Dieser Prozeß vollzieht sich durch die Reevaluierung der Haltung zu Zentralismus, Pluralismus und Relativismus.

Diese Problematik soll hier durch drei Analysevorschläge illustriert werden.

1. In dieser Region hat es weder vor noch nach dem Zusammenbruch des Kommunismus eine »religiöse Erneuerung« gegeben. Seit 1989 wird die Situation hinsichtlich der Beziehung zwischen Politik und Religion grundsätzlich durch zwei Prozesse gekennzeichnet, die simultan verlaufen können: Aufhebung der Zweideutigkeiten, auf denen der Rückgriff auf die Religion aufbaute, und Erscheinungen neuer politischer Instrumentalisierung gerade dieses religiösen Bereiches.
2. Diese erneute Instrumentalisierung wird in Beziehung gesetzt zur Analyse schwankender Identifikationen. Das betrifft auch bestimmte Gärungsprozesse, auf denen Instrumentalisierungsversuche aufbauen und durch die sie sich zu legitimieren versuchen.
3. Schließlich ist die bevorzugte Nutzung der Religion zu diesem Zweck Indikator und Ausweg eines politischen Defizits sowie der schwierigen Definition einer Beziehung zur Bewegung, d.h., wie zuvor beschrieben, des Nichtvorhandenseins politischer Kategorien zur Beschreibung der Bewegung, die sich also nicht auf ein Trugbild von Stabilität berufen, wie es vorher der Fall war.

Die Analyse der Beziehung zwischen Politik und Religion im Osten zur Zeit des Kommunismus stützte sich lange auf zahlreiche Stereotypen, die oftmals mehr über die Phantasie ihrer Erfinder aussagten als über die Wirklichkeit, die sie zu beschreiben vorgaben. So war es, um es kurz zu machen, mit der Fiktion eines uniformen und homogenen »Ostens« wie mit dem Modell einer »Kirche der Stille«, das mit dieser Fiktion eng verbunden war und sie tendenziell glaubhaft machte. Ohne nun die sehr reale Verfolgung von Kirche und Gläubigen in bestimmten Ländern leugnen zu wollen, konnte eine solche Kategorie gerade durch ihre Unerschütterlichkeit eine äußerst vielgestaltige Wirklichkeit nicht erklären.[4]

Zu diesen ersten Stereotypen gesellte sich im Laufe der Zeit das Stereotyp einer »religiösen Erneuerung«, der für beide Zeitabschnitte, vor und nach dem Zusammenbruch des Kommunismus, funktioniert. Es handelte sich hierbei sowohl um die Erklärung der Erosion und später des Sturzes des Sowjetregimes durch Handlungen der Religion einerseits, als auch um die Sinngebung für den Prozeß, der durch diesen Sturz ausgelöst wurde, andererseits.

Es ist bekannt, wie dieses Stereotyp glaubhaft gemacht wurde: Ob es sich nun, unter anderem, um die religiösen Symbole bei Solidarnosc oder die Beteiligung der Kirche an der Evolution in Polen, um den Platz von Gläubigen – Katholiken und Protestanten – im Milieu der Charta 77 in der Tschechoslowakei, um die Rolle der evangelischen Kirchen im Widerstand gegen das ostdeutsche Regime oder die des Pastors Tökes in Rumänien handelt – überall schien die Religion, natürlich in unterschiedlichem Maße, einen vorrangigen Impuls zum Untergang des Kommunismus gegeben zu haben.

Doch selbst wenn die Kirche wirklich Impulse für die Befreiung geben konnte, die die vorhandenen Akteure nur zu nutzen brauchten,[5] stützte sich diese Fähigkeit nicht notwendig auf eine Erneuerung des Glaubens, sondern war eher dem besonderen Status geschuldet, den Systeme nach sowjetischem Muster der Religion verliehen. Indem dieses System Gott zur einzigen Kategorie machte, die ideologisch zu vereinnahmen es sich selbst verbot, erhob es Gott zur einzigen autonomen Kategorie, von der aus seine Legitimität in Frage gestellt werden konnte.

Mehr noch: In Polen, das für unsere Betrachtung wegen der Herkunft des Papstes und dessen Bemühungen, aus diesem Land einen »Modellfall« zu machen, eine besonders wichtige Rolle spielt, wurde ein Gegenleitbild aufgebaut. Dieses stellte der Einstimmigkeitsfiktion zum Versuch der Legitimierung des offiziellen politischen Systems das Bild einer Gesellschaft entgegen, die geschlossen hinter ihrer Kirche steht.

Mit dem Verschwinden der einen Fiktion ging folgerichtig das Ende der anderen einher. Die in der Pluralisierung der politischen Landschaft begründete Rückkehr in die Wirklichkeit machte eine Zweideutigkeit sichtbar, die zur Bedingung für das Funktionieren der Mittel gesellschaftlichen Widerstandes geworden war: Indem sie ihre eigene Totalitätskonzeption derjenigen entgegenstellte, die das offizielle System zu erzwingen versuchte, verteidigte die Kirche letztlich, bewußt oder unbewußt, den Relativismus. Gegenüber dem »realen Sozialismus« verkörperte die Kirche den »realen Pluralismus«. Die verschiedenen Komponenten der Gesellschaft nutzten die Kirche, ihren Diskurs und ihre Werte emblematisch als gleichwertige Instrumente zur Infragestellung der Legitimität des Regimes. Aber die Wahl eines Trägers mit totalem Anspruch implizierte nicht notwendig Zustimmung zu dieser Totalität. Diese Feststellung wird durch die Beobachtungen der Akteure selbst gestützt. In der Tat haben viele Beispiele seit dem Ende der siebziger Jahre gezeigt, daß die Autorität der Kirche immer dann abnahm, wenn ihr Diskurs sich zugunsten der Formulierung ihrer eigenen Ziele und Prioritäten zu weit von den Interessen der Gesellschaft entfernte. Dies gilt insbesondere für die Politik. Seit

1989 hat der Einfluß der Kirche immer mehr abgenommen: Schätzten 1989 noch 90% der Polen ihre Rolle positiv ein, so waren es 1992 nur noch 45%.[6] Im gleichen Zusammenhang ist der Erfolg der Postkommunisten bei den Wahlen zum Sejm im Herbst 1993 und der gleichzeitige Mißerfolg aller Parteien zu sehen, die sich auf den Katholizismus beriefen. Diese Wahlergebnisse sind in Polen ebenso wie der Sieg Aleksander Kwasniewskis bei den Präsidentschaftswahlen 1995 weitgehend als Sanktion der kirchlichen Bemühungen interpretiert worden, in einem pluralistisch geprägten politischen Umfeld dauerhaft eine zentrale Rolle zu spielen, die sie nur durch eine vom System sowjetischen Typus' bedingte besondere Konfiguration hatte erreichen können.

Die Anwendung dieser Stereotypen auf den Osten, die Kirche der Stille oder die religiöse Erneuerung führte zu einer bestimmten Lesart der Wirklichkeit, die dadurch vereinfacht wurde. Die Einführung eines neuen Stereotyps, nämlich des »Übergangs zu Demokratie und Marktwirtschaft«, hat eine noch stärkere Einebnung der Tiefenschärfe zur Folge und verzögert die doch so notwendige mehrdimensionale Wahrnehmung.

Bei Anwendung einer Analyse, die von Brüchen in der Entwicklung ausgeht,[7] gab die Verwendung des Begriffes »Übergang« zu verstehen, daß mit der Beseitigung einer »anormalen« Situation (Kommunismus) und dem progressiven Übergang zur »Normalität« nach westlichen Begriffen die Bedingungen für eine veritable »religiöse Explosion« gegeben wären. Auch die Akteure selbst hegten diese Erwartung: 76% der Ungarn und 71% der Russen glaubten 1990, daß die Demokratisierung eine Verstärkung religiöser Praktiken begünstigen würde.[8]

Zum gleichen Zeitpunkt dachten hingegen 57% der Polen, daß der begonnene Prozeß nichts ändern oder zu einer Verringerung religiöser Praxis führen würde. Der Fall Polens kann einzigartig erscheinen, und er ist es auch wirklich, gerade wegen der besonderen Bedeutung der Religion und der Kirche im langen Prozeß des Weges aus dem Kommunismus. Und auch wegen des verschwommenen Bewußtseins, daß die Polen mit der Vernichtung des zentralen Bezugssystems Kommunismus auch die Zentralität vernichteten, die sie der Kirche für den Kampf selbst zugewiesen hatten.

Vor allem steigerte der Fall Polens bestimmte Charakteristika ins Extrem, die überall gegeben waren, mindestens aber dort, wo die Religion in der Tat Impuls für das Ende des Kommunismus gewesen war. Zu einem bestimmten Zeitpunkt (Mitte der siebziger Jahre), als die Schaffung einer infra- bzw. metapolitischen Plattform notwendig wurde, um die Legitimität des Systems in Frage zu stellen, konnte die Religion sich in den allgemeinen Widerstandsverbund einreihen, der sich auf die Fiktion eines

Konsenses aller Protagonisten über den Inhalt dieses Verbundes gründete (die Menschenrechte). Dabei kam der Religion zugute, daß der Zugang zum Bereich der Politik durch das Wesen der sowjetischen politischen Praxis verboten war und der Eindruck vermieden werden mußte, direkt ins eigentlich politische Feld einzudringen. Sobald der Verbund keine Daseinsberechtigung mehr hat, verschwindet auch der Konsens, und damit die Zweideutigkeit als Basis des potentiellen gesellschaftlichen Einflusses der Kirche(n).

Das Ergebnis ist eine extrem schnelle Beschränkung der Religion auf die Privatsphäre: Schon 1991 glaubten 81% der Polen, daß die Kirche sich zu Unrecht in Fragen der Empfängnisverhütung einmischte, 71% hielten dies auch hinsichtlich von Problemen der Abtreibung für zutreffend (während die Kirche, auch auf höchster Ebene, den Kampf gegen die Abtreibung als eine ihrer Prioritäten betrachtet), und 63% akzeptierten die Haltung der Kirche zur Scheidung nicht.[9]

Diese Beschränkung auf die Privatsphäre betrifft nicht nur Polen. Schon in der Vorkriegszeit war die religiöse Praxis in der Tschechoslowakei nur noch wenig verbreitet. Der Widerstand gegen die Normalisierung war bis zum Zusammenbruch des Systems erhalten geblieben. (So blieb trotz einiger Ernennungen in der letzten Phase des alten Regimes die Bischofshierarchie unvollständig besetzt.) Doch auch wenn die Kirchen, vor allem die katholische, am Ende der »Samtenen Revolution« sich wirklicher Wertschätzung erfreuten, ist die Religion in Böhmen (wieder) zu einer »Privatsache« geworden.[10] Kleriker wie Pater Vaclav Maly oder Pastor Milos Rejchrt, die sich in der Charta 77 engagiert hatten, lehnten die Annahme offizieller Posten ab, die ihnen bei der Rückkehr in ihre Gemeinden angeboten wurden. In Ungarn praktizieren nicht mehr als 10% der Menschen ihre Religion.

Schwacher gesellschaftlicher Einfluß der Kirchen, Beschränkung der Religion auf die Privatsphäre: Diese Entwicklung wird durch die Diskussionen um die Rückgabe kirchlichen Besitzes verstärkt, der von den Kommunisten enteignet worden war. In Ungarn ist nach Beobachtungen des Piaristen Laszlo Lukacs mit der Rückgabe des von den Kommunisten konfiszierten Kirchenbesitzes (die mit Ausnahme von Grund und Boden durch Gesetz vom 10. Juli 1991 vorgesehen ist) folgende Situation eingetreten: Der Aufruf zur Nächstenliebe und Freigiebigkeit geht von der Politik aus, während die Verkündung des Rechts auf Eigentum seitens der Kirchen erfolgt. Auch in der Tschechischen Republik ist nach Ansicht von Pastor Rejchrt das Vertrauenskapital der Kirche wie in Ungarn im Schwinden begriffen, und zwar ebenfalls wegen des Problems der Rückgabe von Kirchengütern.[11]

Bemerkenswerterweise ist diese Problematik sogar im vereinten Deutschland zu beobachten. Mgr. Karl Lehmann, Bischof von Mainz und Vorsitzender der Deutschen Bischofskonferenz, konnte daher vor kurzem erklären: »Wir waren uns des Gewichts von 70% atheistischen Ostdeutschen nicht bewußt. Die Wiedervereinigung hat die Tendenz zur Kritik und eine allgemeine Gleitbewegung in Richtung auf die Säkularisierung verstärkt.«[12] Überall hat der Untergang des Kommunismus zu Unsicherheit und Neuordnung geführt, was die eigene Identität betrifft. In einer sehr bewegten Lage, wo die meisten Bezugspunkte verloren gegangen sind, ist die Versuchung offenkundig, sich der Religion zu bedienen, um zu etwas zu gehören, eine Identität zu haben. Genauso liegt die Versuchung zutage, dieses Verhalten für Legitimationszwecke oder zur Führung einer politischen Klientel zu benutzen. Man muß feststellen, daß in Polen wie der Slowakei, Rußland, Ungarn oder, in besonders dramatischer Weise, dem ehemaligen Jugoslawien die nationalistische Mobilisierungskraft der Religion in den Dienst politischer Absichten gestellt worden ist.

So haben z.B. die religiösen Prozessionen, die in der Slowakei zur Feier des Zusammenbruchs des Kommunismus stattfanden, zweifellos zur Bejahung einer Entwicklung beigetragen, die von der überwiegenden Mehrheit der Gesellschaft nur geduldet worden war. Sie zielten auf den Beweis des persönlichen und kollektiven Sieges über einen Gegner, gegen den man doch eigentlich die meiste Zeit gar nicht gekämpft hatte. (Man wollte also Rache an der Geschichte nehmen, eine neu interpretierte und korrigierte Vergangenheit zähmen, die aufgestauten Frustrationen überwinden.) Aber diese Prozessionen ermöglichten dadurch auch, eine Identität zu bezeugen, die die Erfahrung der Vergangenheit aufzulösen gesucht hatte. Durch diese Prozessionen gelang die Anknüpfung an ein zeitliches Band, das der Kommunismus angeblich zerrissen hatte, durch die Religion, den bevorzugten Aufbewahrungsort identitärer Gründungsmythen. Die Prozessionen trugen gleichfalls zur Wiederaneignung eines nationalen Raumes bei, indem sie die Alltagsgeographie sakralisierten. In der Konsequenz ermöglichten sie schließlich durch die Gelegenheit zur Verkündigung einer slowakischen Identität eine Stellungnahme zu den Tschechen. Damit verband sich auch eine Positionierung gegenüber der Einheit beider Völker im Rahmen desselben politischen Gebildes bzw. gegenüber ihrer Trennung.

Mutatis mutandis, reiht sich auch die Neubewertung der Person Midszentys in Ungarn in diese Logik ein. Die feierliche Überführung seiner sterblichen Überreste nach Esztergom im Mai 1991 gestattete es der Kirche, sich als Opfer des alten Regimes darzustellen. Wie die Schullehrbücher im Osten, wurde auch die Geschichte der Beziehungen zwischen Staat und Kirche in Ungarn stets überarbeitet: In den siebziger und achtziger Jahren verschwieg sie Midszenty willentlich. Heute wird Kardinal Lekaï, Midszentys Nachfolger an der Spitze der ungarischen Kirche und Autor der Politik der »kleinen Schritte«, vor der Öffentlichkeit verborgen. Es ging darum, der Kirche eine »Widerstandsidentität« zu geben, die von Parteien, die Interesse an der Nutzung religiöser Referenzen haben, vorgebracht werden kann.

In Polen ist das Stereotyp »polnisch = katholisch« neuen Instrumentalisierungsversuchen unterworfen worden, die dieses leistungsfähige Werkzeug zur Delegitimation des kommunistischen Systems nun zur Disqualifizierung politischer Gegner nutzen.[13] In Rußland ist die identitäre Desorientierung vielleicht noch deutlicher als woanders. Dies ist einerseits auf die längere Lebensdauer des Regimes und andererseits auf den Doppelcharakter der zu rekonstruierenden Identität zurückzuführen (außer dem Zusammenbruch eines politischen Systems bedeutet das Verschwinden der Sowjetunion den Zerfall eines Reiches.) Die zahlreichen »Konversionen« der letzten Jahre stehen offenbar in Zusammenhang mit neuer Zustimmung zu einer russischen Identität, indem eine Tradition wiederbelebt wird, die gleichzeitig nationale und imperiale Identität zu tragen imstande ist. So werden die Befürchtungen erklärlich, die manche Beobachter empfinden, wenn der Bezug auf die Religion politisch vereinnahmt wird und so das berühmte Triptychon Uwarows wiedererstehen kann: Autokratie, Orthodoxie, Nationalcharakter.[14]

Das ehemalige Jugoslawien bedarf seinerseits, aus einleuchtenden Gründen, einer besonderen Behandlung: In der Tat sind die religiösen Bezüge hier im Rahmen eines Krieges reaktiviert worden. Srdjan Vrcan kommt am Ende einer Studie über die Einbeziehung der Religionen in den Konflikt zu dem Schluß, daß sich die Synthese zwischen Orthodoxie und Nationalismus in Serbien gefestigt habe. In Kroatien ist die *ecclesia militans* in einem günstigen Klima für katholischen Integrismus gestärkt worden; dies trifft auch auf den Panislamismus und islamischen Fundamentalismus in Bosnien zu. Vrcan kommt zu der These, daß »die Religionen in der jugoslawischen Krise gezeigt haben, eher … zur Entfernung als zur Einigkeit fähig zu sein, eher zur Teilung als zur Sammlung, zur Gegenüberstellung als zur Annäherung, zur Brandstiftung als zur Beruhigung«:[15] Die Religion erscheint nur insofern als Zeichen einer Identitätskrise und Werkzeug der Neuordnung infolge dieser Krise, als sie in erster Linie Indikator für den fortgeschrittenen Zustand eines Prozedere ist, das auf die Definition der Beziehung zur Bewegung zielt. (Dabei dient sie oft als Referenz einer Tradition, an der das Besondere ist, daß man sie nach und nach erst begründet, während man sie schon zu verteidigen behauptet.) Die Religion ist hier neutral. Das bedeutet, daß jedweder religiöser Inhalt in den Dienst einer Anstiftung zur Bewegung, der Bewältigung oder Ablehnung einer Bewegung gestellt werden kann.

Von diesem Standpunkt aus gesehen, überrascht es nicht, daß die öffentliche Diskussion in Polen von 1989 bis 1993 um Fragen wie den rechtlichen Status der Kirche, die verfassungsmäßige Natur des Staates, das Konkordat, die Abtreibung, den Katechismus in der Schule, die Scheidung usw. kreiste. Alle diese Fragen ermöglichten es der polnischen Gesellschaft, ihre Beziehung zum Pluralismus festzulegen. Darüber hinaus wurden Risse geschaffen, die zur – mindestens beginnenden – Strukturierung des öffentlichen Raumes benötigt wurden, den der Kommunismus frei (oder verwaist) von allen Bezugspunkten hinterlassen hatte. Die Beziehung zur Religion bleibt so, wie sie gestern war: ein hervorragender Indikator für die Herstellung einer Beziehung zum Pluralismus. Da sich der Kontext aber geändert hat, schreitet die Demokratie recht weitgehend gegen die Kirche voran, während sich der Sturz des Kommunismus mit ihr (und bis zu einem bestimmten Grade dank ihrer) vollzogen hatte.

Die Annahme wäre nicht exakt, daß der laufende Prozeß hinsichtlich einer Neuaufteilung von politischem und religiösem Bereich in Mittel- und Osteuropa nur dort Auswirkungen hat, wo er derzeit greift. Der »Osten« ist dabei, eine Politik neu zu erfinden, die sich vom Bezug auf den Kommunismus befreit hat (dabei besteht nicht der mindeste Widerspruch mit der Tatsache, daß die Mehrheit der Wähler für postkommunistische Parteien stimmt ...). Aber der Westen sieht sich vor derselben Herausforderung. Die Bezugnahme auf die Religion kann angesichts der Neubestimmung von Politik im Osten wie im Westen, Norden oder Süden oft ein Mittel zur Stellungnahme gegenüber dem Pluralismus sein. Sie stellt darüber hinaus ein Werkzeug zur Neuorganisation des öffentlichen Raumes dar. Die Frage ist hier nicht so sehr, dessen Platz zu bestimmen, sondern zu versuchen, die Modalitäten der Verwaltung dieses öffentlichen Raumes zu beeinflussen. Nicht zu übersehen sind Versuche, die Zugangsbestimmungen für den öffentlichen Raum festzulegen.

Der Diskurs Papst Johannes Pauls II. ist in diesem Zusammenhang beispielhaft: »Der wirklich Schuldige,« schrieb er in *Entrez dans l'Espérance*, »ist die Ablehnung Gottes, der Wille zur systematischen Vernichtung alles Christlichen. Dieser Kampf gegen Gott beherrscht in hohem Maße seit drei Jahrhunderten das Denken und Leben des Abendlandes. Der marxistische Kollektivismus ist lediglich eine ›verschärfte Version‹ dieses Programms zur Ausradierung des Christentums. Wer erkennt heute nicht, daß ein solches Programm die Bedrohung nicht mehr verbergen kann, die von ihm ausgeht? Wer sieht schließlich nicht seine Vergeblichkeit?«[16] Von nun an gilt es, die religiöse Information der Demokratie sicherzustellen: »Nach dem Ende der Ideologien, die die Politik mit einer totalitären Weltanschauung verbanden – deren wichtigste der Marxismus war – entsteht heute kein geringeres Risiko: das Risiko einer Allianz von Demokratie und ethischem Relativismus, die dem bürgerlichen Zusammenleben alle sicheren moralischen Bezugspunkte entzieht und sie, noch radikaler, der Annahme der Wahrheit beraubt ... Eine Demokratie ohne Werte verwandelt sich leicht in offenen oder versteckten Totalitarismus, wie die Geschichte zeigt,« erklärt der Papst in *Veritatis Splendor* (101). Wir konnten bereits darstellen, daß eine solche Erklärung von tiefem Unverständnis für das eigentliche Wesen der Demokratie zeugt.[17] Wenn der Papst von Demokratie spricht, verbindet er sie stets mit den Werten, aus denen sie herkomme. In seiner Vorstellung sind die Werte eine Wegmarke. In Wirklichkeit besteht die Kraft der Demokratie darin – und hierin liegt ihre eigentliche Verbindung mit den Werten – daß sie sich nicht darum kümmert, Werte zu setzen oder zu behaupten, von ihnen herzukommen. Sie setzt nur deshalb keine Werte, weil sie sich eben entschieden in einem Bereich außerhalb von Werten definiert. Sie behauptet nicht, zwischen Gut und Böse zu vermitteln, sondern bemüht sich, für den Raum dieser Vermittlung einen Rahmen zu schaffen und die Regeln für dessen Verwaltung festzulegen.

Gerade die Weigerung der Demokratie, als Schiedsrichterin der Wahrheit zu wirken, macht ihre Legitimität aus. Der Versuch, das bürgerliche Gesetz dem Moralgesetz zu unterwerfen, stellt diese Legitimität in Frage. Sie soll durch eine andere, jene des christlichen Staates, ersetzt werden, in dem die Kirche notwendig, als Garantin der Übereinstimmung der staatlichen Handlungen mit der Wahrheit, den höchsten Rang einnähme. Es ist bezeichnend, daß in Polen, dem Heimatland des Papstes, die Wähler diesen Anspruch sanktioniert haben.

1 Diese Problematik wurde erstmals vorgestellt in »Religieux et pluralisme dans l'Europe du Centre-Est après l'effondrement du communisme«, einem Beitrag zum Kolloquium im Europarat in Straßburg. In: Jean-Pierre Bastian/Jean-François Collange (Hg.), *L'Europe à la recherche de son âme*, Genf: Labor et Fides 1999. Ich verwende hier Elemente dieses Beitrags.

2 Zu dieser Problematik siehe mein Buch *Politique et religion – La grande mutation*, Paris: Albin Michel 1994.

3 Wir nehmen hier Elemente wieder auf, die bereits in »Religion et politique à l'Est« erstmals entwickelt wurden (in: *Cahiers Français* 273, La Documentation Française, Okt. – Dez. 1995, S. 40-45).

4 Übrigens verneinten im Januar 1990 im Rahmen einer durch das Institut CSA koordinierten Studie von Median in Ungarn, Demoskop in Polen sowie dem Institut für die Erforschung der Öffentlichen Meinung in der UdSSR 90% der Ungarn, 91% der Polen und 89% der Sowjetbürger die Frage: »Haben Sie in Ihrem Land persönlich unter Schikanen wegen Ihres religiösen Glaubens gelitten?«

5 Dies traf für die katholische Kirche in Polen, katholische und protestantische Kirche in der Tschechoslowakei sowie die ostdeutschen evangelischen Kirchen zu, nicht aber für die ungarischen katholischen und protestantischen Kirchen sowie allgemein für alle orthodoxen Kirchen. Vgl. mein Buch *La société retrouvée – Politique et religion dans l'Europe soviétisée*, Paris: Fayard 1988.

6 Ebd. Die gestellte Frage lautete: »Dienen die Aktivitäten der römisch-katholischen Kirche der Gesellschaft, und stimmen sie mit deren Interessen überein?«

7 Zur Analyse des Begriffes »Übergang« mit dem Schluß, daß dieser unzutreffend ist, vgl. meinen Artikel »De la nature de la transition«, in: *Cahiers internationaux de sociologie*, Bd. XCVI, Paris 1994, S. 213-223.

8 Umfrage der CSA, op. cit.

9 Umfrage des OBOP.

10 Man kann in diesem Zusammenhang anmerken – auch wenn der Sinn des Ereignisses damit nicht erschöpfend betrachtet wird – daß im April 1990 eine halbe Million Menschen dem Besuch des Papstes beiwohnte, während bei seinem Besuch im Mai 1995 nur noch 50 000 Menschen den Pontifex Maximus sehen wollten.

11 Beiträge beim *Confrontations*-Kolloquium in Paris, Januar 1992.

12 Henri Tinq, »L'Allemagne sans Dieu«, in: *Le Monde*, 1. März 1995. Es ist bekannt, daß sich die Kirchenaustritte seit 1989 vervielfacht haben. Für die Evangelische Kirche in Deutschland beläuft sich deren Anzahl auf ca. 150 000 im Jahre 1989, 1992: 361 000, 1994: 350 000; für die Katholische Kirche 192 766 im Jahre 1992, 1993: 153 753 und 1994 ca. 200 000.

13 Vgl. *Politique et religion*, op. cit.

14 Es ist ein Problem, daß es keine Untersuchungen zur Orthodoxie im allgemeinen und zur russischen Orthodoxie im besonderen unter soziologischem oder politisch-soziologischem Gesichtspunkt gibt.

15 Srdjan Vrcan, »La guerra nell'ex-Jugoslavia: il coinvolgimento delle religioni«, in: *Mare di guerra, mare di religioni – Il caso mediterraneo.* Luciano Martini (Hg.), Forum per i problemi della pace e della guerra, ECP 1994, S. 172.

16 *Entrez dans l'Espérance*, Paris: Plon-Mame 1994, S. 205. Bekanntlich hat der Papst seit 1990 die Zahl seiner Reisen in den ehemaligen Ostblock vervielfacht (Tschechoslowakei, später Tschechische Republik und Slowakei; Polen; Litauen; Ungarn; schließlich auch Albanien ... oder Bosnien).

17 Vgl. meinen Artikel »Le dernier pape – réflexions sur l'usage du politique sous le pontificat de Jean-Paul II«, in: René Luneau/Patrick Michel (Hg.), *Tous les chemins ne mènent plus à Rome*, Paris: Albin Michel 1995, S. 390-415.

Faruk Sen

Das Modell des Laizismus in der Türkei

Der Laizismus, die Trennung von Staat und Religion, bildet einen zentralen Eckpfeiler des kemalistischen Modernisierungskonzeptes. Die modernistischen Kader, die unter Führung von Mustafa Kemal, später Atatürk, nach dem erfolgreichen Unabhängigkeitskrieg in den Jahren zwischen 1919 und 1992 die politische Macht übernahmen, begannen unmittelbar nach Gründung der Republik 1923 mit zahlreichen Reformen, die in diese Richtung gingen.

Die Ursprünge und ersten Ansätze des Laizismus reichen in die Reformperiode des Osmanischen Reiches zurück. Bereits in der Mitte des 19. Jahrhunderts wurden in der Tanzimat-Periode Reformen im rechtlichen Bereich eingeleitet, die als erste Schritte einer Säkularisierung des Rechtssystems einzuschätzen sind. So wurden in dieser Periode beispielsweise ein Strafrecht, ein Handelsrecht und ein Zivilgesetzbuch verabschiedet.

Das türkische Modell des Laizismus wurde bereits in den ersten Jahren nach der Gründung der Republik 1923 durch verschiedene Reformen eingeleitet. Während in der Zeit des Unabhängigkeitskrieges 1919-1922 die modernistischen Kader um Mustafa Kemal die politischen Zielsetzungen in diesem Bereich bewußt unausgesprochen ließen, um die Bevölkerung unter dem Banner der »Einheit der Muslime« für das Ziel der Unabhängigkeit des Landes mobilisieren zu können, wurden gleich nach der Republikgründung die ersten Schritte in dieser Richtung unternommen und konsequent ausgeweitet. Einen ersten Schritt bildete die Abschaffung des Kalifats im Jahr 1924. Damit sagte sich die junge Republik von dem Amt los, das die geistige Führung der islamischen Welt bedeutete. Ein weiterer zentraler Bereich laizistischer Reformen war die islamische Rechtsprechung. Institutionell wurde sie getragen durch Gerichtshöfe, deren rechtliche Grundlage die Scharia (*türk. seriat*) bildete. Auch sie wurden bereits 1924 aufgelöst. Das islamische Recht wurde durch das Zivilgesetzbuch ersetzt, das 1926 eingeführt wurde und sich am schweizerischen Vorbild orientierte. Ein weiterer Bereich der Säkularisierung war die Erziehung. Religiöse Schulen und Hochschulen (Medresen) wurden geschlossen. Durch das Gesetz über die »Vereinheitlichung der Erziehung« (*tevhid-i tedrisat*) wurde das Bildungswesen reorganisiert und vereinheitlicht. Die gesellschaftliche Stellung des Islam sollte durch das Verbot religiöser Orden und Konvente gebrochen werden, deren Güter wurden konfisziert und dem »Direktorium für Stiftungen« unterstellt.

Das diesbezügliche Gesetz, das auch die Schließung der Gräber von als heilig betrachteten Personen umfaßte, wurde 1925 verabschiedet. Die Reformen beschränkten sich nicht auf die Trennung von Staat und Religion, sondern sollten auch die islamisch geprägte Kultur durch die europäische ersetzen. Der Bruch mit der islamischen Kultur sollte durch verschiedene Schritte herbeigeführt werden. Hierzu gehört das Verbot islamischer Kopfbedeckungen (Fes und Schleier) und die Verabschiedung eines »Hut-Gesetzes«, das den europäischen Hut im öffentlichen Leben vorschrieb. Weitere Änderungen waren die Einführung des europäischen Kalenders und der europäischen Wochentage, die den im Islam bedeutenden Freitag in einen normalen Werktag umwandelte, sowie die Einführung europäischer Maßeinheiten. Ein weiterer Schritt, der den Bruch mit dem islamischen Erbe und den Anschluß an die »zeitgenössische Zivilisation« ermöglichen sollte, war die Schriftreform, die 1928 das arabische Alphabet durch das lateinische verbindlich ersetzte.[1] 1928 wurde durch eine entsprechende Änderung der Islam als Staatsreligion aus der Verfassung gestrichen.

Das Laizismus-Konzept von Mustafa Kemal Atatürk beschränkte sich nicht auf die Trennung von Staat und Religion, sondern unterstellte die Religion staatlicher Kontrolle. Den institutionellen Rahmen bildete das »Amt für Religiöse Angelegenheiten«, das bereits 1924 eingeführt und direkt dem Ministerpräsidenten unterstellt und mit einem Staatsekretär besetzt wurde. Daneben wurde das »Generaldirektorium für Stiftungen« eingerichtet, dem die Aufgabe der Verwaltung der konfiszierten Stiftungsgüter übertragen wurde.[2] In den dreißiger Jahren wurden im Rahmen der staatlichen Steuerung der Religionspolitik Reformversuche unternommen, die die Ausgestaltung des Islam betrafen. Eine Modernisierung bzw. »Nationalisierung« der Religion sollte 1928 durch die Abschaffung des Gebetsrufs (E*zzan*) in arabischer Sprache und seine obligatorische Ersetzung in türkischer Sprache mit der Begründung vollzogen werden, daß die Türken der arabischen Sprache nicht mächtig seien.

Das kemalistische Konzept des Laizismus, wie es in den zwanziger und dreißiger Jahren in nur sieben Jahren eingeführt und umgesetzt wurde, erfolgte unter den politischen Rahmenbedingungen der Einparteienherrschaft, die Alternativen und Opposition gegen diese Politik nicht zuließ. So kam es in den zwanziger und dreißiger Jahren zu Reaktionen und Unruhen gegen die offizielle Politik. Eine erste Gegenreaktion gegen die Aufhebung des Kalifats war der berühmte Aufstand des Scheich Said in Ostanatolien, der im Februar 1925 gewaltsam niedergeschlagen wurde. Dieser Aufstand sowie die Opposition im Parlament gegen die Reformschritte führten dazu, daß ein gesondertes Gesetz (*Takrir-i Sükun*) erlassen wurde, auf dessen Grundlage Sondergerichte errichtet wurden, die die Aufständischen aburteilten und die politische Opposition ausschalteten.

Das »Amt für Religiöse Angelegenheiten« (*Diyanet Isleri Baskanligi*) ist durch entsprechende Gesetze als Teil des staatlichen Verwaltungsapparates definiert. In der Praxis hat das Amt für religiöse Angelegenheiten die Aufgabe, die 65.000 Moscheen in der Türkei unter staatlicher Kontrolle zu verwalten. Der Staatssekretär ernennt für 80 Unterbezirke je einen »Müftü« (*Mufti*), der dem Vorsitzenden des Amtes unterstellt ist und die religiösen Belange auf der Provinzebene betreut. Zu den Aufgaben der Muftis gehören die Verwaltung der religiösen Einrichtungen in den Provinzen und die Kontrolle der Predigten der Vorbeter (*Imame*) und Prediger (*Hatips*) auf ihre Übereinstimmung mit den Prinzipien des Säkularismus.[3] Eine weitere Aufgabe des Amtes ist auch die Organisierung der jährlichen Pilgerfahrten nach Mekka.

Die religiöse Erziehung der Kinder und Jugendlichen erfolgt in verschiedenen Rahmen. Ein Religionsunterricht wird an staatlichen Regelschulen, in denen man nach elf Jahren das Abitur machen kann, in den Klassen 6 bis 8 im Rahmen des Faches »Religion und Ethik« (*din ve ahlak*) angeboten. Über diesen schulischen Unterricht hinaus besteht die Möglichkeit, in einem Koran-Kurs das Lesen des Koran und die Ausführung der rituellen Gebete zu erlernen.

Im Laufe der Zeit ist festzustellen, daß die Reformen des Laizismus oder das sog. Laizistische Prinzip nach der Zulassung des Mehrparteiensystems in der Türkei in gewisser Weise gelitten haben. So wurden verschiedene Reformen und Gesetze der Gründungszeit rückgängig gemacht. Ab 1946 wurde unter starkem öffentlichen Druck der Gebetsruf wieder in arabischer Sprache zugelassen, und es wurden Vorbeter- und Predigerschulen – wenn auch unter staatlicher Kontrolle – zugelassen, in denen das Abitur gemacht werden konnte. Seit 1974 können in den Sommermonaten Korankurse unter staatlicher Kontrolle eingerichtet werden. Offiziellen Angaben zufolge bestehen landesweit derzeit 5011 Korankurse (Stand 1995), die dem Amt für religiöse Angelegenheiten angegliedert sind. Diese wurden, offiziellen Angaben zufolge, im Jahr 1995 von insgesamt 181.561 Schülern besucht.[4]

Die Ausbildung des Personals zum Vorbeter (*imam*) und Prediger (*hatip*) erfolgt an den theologischen Fakultäten der Universitäten. Einen weiterer Bereich schulischer religiöser Ausbildung bilden die sogenannten Imam-Hatip Schulen.

Eine weitere Funktion des Amtes für religiöse Angelegenheiten richtet sich auf die türkischen Hochschulen. Es gibt in der Türkei zur Zeit 61 Hochschulen, 17 Hochschulen haben islamisch-theologische Fakultäten.

Will man den Laizismus in der Türkei aus seiner Geschichte heraus analysieren, so stellt man fest, daß man in der Türkei seit der Gründung des Staates 1923 bis 1945 ohne Zugeständnisse unter sehr starker Kontrolle laizistische Prinzipien durchgesetzt hat. Nach dieser Aufbauphase erleben wir ab 1945 bis 1996 eine Phase der Auseinandersetzung mit dem Laizismus, d.h., daß sich danach auch institutionell eine konservative Richtung etablieren konnte. Diese Entwicklung fand mit der Wahl einer islamisch-fundamentalistischen Partei bei den Wahlen am 8. Juli 1990, die den Laizismus regelrecht abschaffen wollte, einen vorläufigen Höhepunkt. Um den Laizismus aber tatsächlich abschaffen zu können, bedarf es nach der türkischen Verfassung einer Zwei-Drittel-Mehrheit.

In die Diskussion über Laizismus und laizistische Prinzipien hat sich in neuerer Zeit eine liberale Bewegung zu Wort gemeldet. Hier geht man davon aus, daß Demokratie und staatlich kontrollierter Laizismus nicht miteinander vereinbar sind, und man tendiert dazu, das deutsche Modell auf türkische Verhältnisse übertragen zu wollen.

In der gesamten Fragestellung muß außerdem berücksichtigt werden, daß 20-30% der Muslime in der Türkei zur alevitischen Glaubensrichtung gehören, die eine ganz andere Islaminterpretation postulieren und dem Amt für religiöse Angelegenheiten den Versuch der »Sunnitisierung«, also einer staatlicher verordneten Glaubensausrichtung nach der islamischen Mehrheit, vorwerfen.

So fordern einige Kreise eine dahingehende Reform des Amtes. Neben Repräsentanten der sunnitischen Glaubensrichtung sollen entsprechend des prozentualen Anteils in der Bevölkerung auch alevitische Theologen in das Amt mitaufgenommen werden, in dem die Konfessionsgruppen einen autonomen Status erlangen sollen.[5] Einen Hintergrund dieser Forderung bildet der Umstand, daß im staatlichen Religionsunterricht die alevitische Glaubenslehre nicht berücksichtigt wird. Andere Gruppierungen, so auch die »Partei des Demokratischen Friedens« (*Demokratik Baris Hareketi)*, die 1996 gegründet wurde, stellten gar die programmatische Forderung, das Amt für Religiöse Angelegenheiten dürfe keine staatliche Institution sein. Dieser Programmpunkt veranlaßte die Staatsanwaltschaft, ein Verfahren zur Schließung der Partei einzuleiten.[6] In Opposition stehen hierzu die islamischen Fundamentalisten, die eine Trennung von Religion und Staat grundsätzlich in Frage stellen.

Es gibt auf der Welt derzeit 54 islamisch geprägte Staaten mit 1,5 Milliarden Muslimen. Bei näherer und differenzierterer Betrachtung sind das 54 verschiedene Interpretationen des Islam. Der iranische hat mit dem türkischen Islam wenig zu tun, der tunesische ist mit dem indonesischen kaum vergleichbar.

Innerhalb der Europäischen Union mit ihren 370 Millionen Einwohnern leben zur Zeit elf Millionen Muslime als Einwanderer. Schon beim Vergleich der muslimischen Minderheiten in Frankreich und Deutschland wird klar, daß die Voraussetzungen jeweils ganz andere sind. Während in Frankreich die muslimische Minderheit von Menschen mit französischer Nationalität und Herkunft aus den Maghrebstaaten dominiert wird, ist der Islam in Deutschland vor allem türkisch geprägt. Zur Zeit leben 2,7 Millionen Muslime in Deutschland, nur 220.000 haben die deutsche Staatsangehörigkeit. Von den 2,7 Millionen Muslimen gelten nach dem Bundesverfassungsschutz lediglich 26.000 als Anhänger islamisch-fundamentalistischer Richtungen. Die überwiegende Mehrheit der Türken sind Vertreter eines kulturellen, nicht eines politischen Islam und sehen sich als Verfechter laizistischer Prinzipien.

Die Türkei ist der einzige verfassungsmäßig laizistische Staat islamischer Kultur. Die Diskussion, ob das Laizismusprinzip eine Zukunft hat, ob es weiterentwickelt und gefestigt werden kann, geht von den Türken aus, sowohl in der Türkei als auch in Deutschland.

1 Vgl. Zentrum für Türkeistudien (Hg.): *Türkei-Sozialkunde. Wirtschaft, Beruf, Bildung, Religion, Familie, Erziehung,* 2. Auflage, Opladen 1994, S. 120.

2 Vgl. B. Toprak, *Die Institutionalisierung des Laizismus in der türkischen Republik,* in: J. Blaschke/M. van Bruinessen (Hg.), *Islam und Politik in der Türkei,* Berlin 1989, S. 98.

3 Ebd., S. 101.

4 Vgl. hierzu die Nachricht *Kuran kurslari kiz ögrenci doldu* in der Milliyet vom 11.2.1997.

5 Diese Forderung wird von dem Vorsitzenden der *Cem*-Stiftung, Prof. Izzettin Dogan, gestellt. Im Amt für Religiöse Angelegenheiten müssen seiner Auffassung nach die verschiedenen Konfessionsgruppen repräsentiert sein und autonom über die Belange, die die eigene Gruppe betreffen, Entscheidungen treffen dürfen. Vgl. Izzetin Dogan, »*Dinsizlerin Alevilikle alakasi yoktur*«, Interview in: Aksiyon Nr. 119, 15.-21.3.1997, S. 18-19.

6 Vgl. die Nachricht *Baris Partisi kuruldu,* in: Sabah, 11.12.1996. Ein weiterer Grund, die Partei schließen zu wollen, wird der konfessionelle Aspekt der Partei sein.

Literatur

Mert, Nuray: *Laiklik Tartismasina Kavramsal Bir Bakis. Cumhuriyet Kurulurken Laik Düsünce,* Istanbul 1994.

Sencer, Muzaffer: *Din ve Toplum,* in: Cumhuriyet Dönemi Türkiye Ansiklopedisi Bd. 2, Istanbul 1983, S. 560-569.

Tanör, Bülent: *Kurulus Üzerine 10 Konferans (Türkiye: 1020 Sonralari),* Istanbul 1996.

Tanör, Bülent: *»MGK anayasadan çikmali«,* Interview in: Milliyet, 30.12.1996, S. 16.

Tarhanli Istar B.: *Müslüman Toplum, »laik« Devlet. Türkiye'de Diyanet Isleri Baskanligi,* Istanbul 1993.

Toprak, Binnaz: *Die Institutionalisierung des Laizismus in der türkischen Republik,* in: Jochen Blaschke, Jochen/Martin van Bruinessen (Hg.), *Islam und Politik in der Türkei,* Berlin 1989, S. 95-107.

Toprak, Binnaz: *Islam and Political Development in Turkey,* Leiden 1981.

Tunçay, Mete: *Der Laizismus in der Türkischen Republik,* in: Blaschke/ Bruinessen, *Islam und Politik in der Türkei,* S. 53-93.

Tunçay, Mete: *Laiklik,* in: Cumhuriyet Dönemi Türkiye Ansiklopedisi Bd. 2 u. 3, Istanbul 1983.

Wedel, Heidi: *Der türkische Weg zwischen Laizismus und Islam. Zur Entwicklung des Laizismusverstänisses in der türkischen Republik,* Opladen 1991.

Zentrum für Türkeistudien (Hg.): *Türkei-Sozialkunde. Wirtschaft, Beruf, Bildung, Religion, Familie, Erziehung,* 2. Auflage, Opladen 1994.

Dritte Diskussionsrunde

Alexandre Escudier: Meine erste Anmerkung betrifft den Kommunismus, die zweite Condorcet. Angesichts der gegenwärtigen Veränderungen ist das Modell, das Patrick Michel vorschlägt, außerordentlich anregend. In Deutschland kommt es mir z.B. so vor, als sei nach dem Fall der Berliner Mauer mit der Gauck-Behörde und natürlich auf der Grundlage der Spuren des kommunistischen Regimes ein geradezu unvermeidliches Denken in Verdächtigungen entstanden. Auf Grund der internationalen Verästelungen des Kommunismus beschränkt sich dieses Phänomen nicht auf die ehemaligen Volksdemokratien. In Frankreich und anderswo werden nach dem Zusammenbruch des kommunistischen Machtblocks eine ganze Reihe von persönlichen Identitäten in Frage gestellt, die sich im Kielwasser des Widerstandes gegen den Nationalsozialismus, manchmal auch unter dem Banner des Antifaschismus herausgebildet hatten. Die Öffnung der sowjetischen Archive ermöglicht eine Neubewertung von Biographien. Menschen von großer moralischer Vorbildwirkung wird ihre historische Aura mit dem Vorwurf streitig gemacht, sie seien Agenten Moskaus im Ausland gewesen, ohne daß sie selbst ihre Doppelidentität je öffentlich eingestanden hätten.

Denken wir an Thierry Woltons Anschuldigungen gegen Jean Moulin (*Le Grand Recrutement*, Paris 1993); denken wir an den regelrechten Angriff auf Jack London, den Karel Bartosek mit Hilfe der Archive unternimmt (*Les aveux des archives, Prague-Paris-Prague 1948-1969*, Paris 1996); denken wir schließlich an all die Versuche zur Historisierung der früher unsichtbaren internationalen kommunistischen Netzwerke, die von nah oder fern wenn nicht die politischen Systeme, so doch einige Parteien des Westens unterwanderten. Das Buch von Stéphane Courtois und Annie Kriegel über den gänzlich unbekannten Eugen Fried (*Le grand secret du PCF*, Paris 1997), der die Französische Kommunistische Partei aus dem Hintergrund leitete, während der Handlungsspielraum der französischen Kommunisten gegenüber Moskau allgemein für viel größer gehalten wurde, ist in dieser Hinsicht sehr erhellend. Persönlichkeiten wie Jean Moulin oder Jack London, die jeder für einen Bereich – der eine für die Résistance, der andere für die Wahrnehmung des Kommunismus als Totalitarismus (vgl. den Film *L'aveu*) – zu Identifikationsfiguren mindestens einer Generation wurden, werden heute in Frage gestellt. Sie verunsichern dann alle, die im Gegensatz zu spezialisierten Wissenschaftlern nicht in der Lage sind, die Schlüssigkeit solcher Neubewertungen in den Archiven zu überprüfen.

Man könnte zahlreiche Beispiele für solche Verschiebungen von Identitäten infolge der Öffnung von Archiven des Kommunismus nennen. Wesentlich ist, das Ausmaß der leider unvermeidlichen Ambivalenz dieses Problems zu ermessen. Heute wird ein Teil des Eisbergs von Lügen wiederentdeckt, den der Kommunismus im Interesse seiner eigenen Funktionsfähigkeit sorgfältig verborgen hatte. Die Gefahr für Historiker oder Enthüllungsjournalisten (wie Thierry Wolton) besteht darin, vorbehaltlos einem Archivpositivismus zu frönen und nicht zu erkennen, daß manche scheinbar belastenden Dokumente, die sie heute entdecken, in Wirklichkeit Fälschungen oder erzwungene, verlogene Selbstkritiken sind. Wir haben die große Vernebelung der Bilder durch den Kommunismus noch nicht auflösen können, und schließlich ist es doch das vorrangige Ziel der Geschichtswissenschaft, zu dem Punkt zu gelangen, an dem man falsche von echten Bildern der Vergangenheit unterscheiden kann. Die gegenwärtigen Skandale und Identitätsverschiebungen sind untrennbar mit dieser Übergangsphase verbunden. Unerfreulicherweise werden die noch lebenden Akteure von gestern nun durch diese Bewegung der Neubewertung von Verdienst und Schande in die Enge getrieben und sehen sich gezwungen, Selbstkritik und Rechtfertigungen für ihre damaligen Handlungen vorzubringen; man denke hier an die Anschuldigungen Gérard Chauvys gegen Lucie und Raymond Aubrac und den darauf folgenden Prozeß (vgl. Chauvy, *L'affaire Aubrac*, Paris 1997).

Darüber hinaus ist eine bedauerliche Neigung zur Dämonisierung der Utopie zu beobachten, als ob das Versagen der kommunistischen Utopie, so qualvoll es verlaufen sein mag, alle Kritik an der gegenwärtigen Ordnung von vornherein disqualifizierte. Die äußerst tendenziöse Seite der Angelegenheit besteht darin, mit der Verteufelung bestimmter »Utopien« des 20. Jahrhunderts zur Verteufelung der Kritikfähigkeit des Verstandes überhaupt zu neigen – als ob der Verstand und seine angeblich verrückte Logik die menschlichen Katastrophen bestimmter Utopien oder vielmehr manche Verbrechen im Namen der Utopie verursacht habe. Man denke an die mehr als bedauerliche Instrumentalisierung Solschenizyns durch Philippe de Villiers in Puy du Fou, als es um die Erinnerung an die Bürgerkriege in der Vendée ging: Hier wurde, wie man sich vorstellen kann, eine direkte Verbindung zwischen den Verbrechen der Französischen Revolution und denen der Oktoberrevolution hergestellt.

Ich komme nun zu Condorcet, dessen Werk in Deutschland anscheinend wenig bekannt ist. Im Herzen seiner Doktrin steht m.E. die Aussage, daß die Republik nicht genug tut, wenn sie sich auf die Verkündung von Rechten beschränkt. Sie muß daher ein institutionelles Regelwerk schaffen, durch das jedes der verkündeten Rechte auch angewandt wird.

Das ist der Kernpunkt, und hier erscheinen *parallel mit und untrennbar von* den Institutionen, die den politischen Korpus bestimmen, die Gewaltenteilung usw. sowie hinsichtlich der Bildung von Staatsbürgern auch die Frage des öffentlichen Bildungswesens. Das heißt, daß es keine lebendige Demokratie geben kann, solange das öffentliche Bildungswesen nicht dazu beiträgt, autonome Subjekte zu erschaffen.

Indem die Schule als Maschine zur Produktion autonomer Bürger gedacht wird, die zur Wahrnehmung ihrer Rechte fähig sind, ist sie vor allem ein Ort der Wissensvermittlung. Sie vermittelt, was eine Gesellschaft auf dem Gebiet des Wissens als vermittelnswert definiert. Dabei hat das Elementarwissen, durch das sich der einzelne aus seiner Abhängigkeit von Dritten frei macht (Lesen, Schreiben, Rechnen) absoluten Vorrang. Wenn man von dieser Voraussetzung ausgeht, kann das Problem des schulischen Unterrichts von Sachverhalten mit religiösem Bezug im Sinne Condorcets natürlich nur im Rahmen einer Reflexion über die Definition von Wissen gelöst werden. Stellen Religion und religiöse Werte (vermittelnswertes) Wissen dar, und wenn das der Fall ist: Wer soll es lehren, und wie sollen diese Lehrer ihrerseits ausgebildet werden? Man kann sich darauf einigen, daß religionsgeschichtlicher Unterricht (Doktrin, Bildhauerkunst, Ikonographie usw.) zum Wissen gehört, indem er jeden in die Lage versetzt, das historische und kulturelle Erbe, das uns umgibt, *lesen zu können*, auch *wenn es für uns nicht mehr unmittelbar zu entziffern* ist auf Grund der breiten Säkularisierungsbewegungen in den modernen Gesellschaften. Ein solcher Unterricht – in dem folglich von Katechese gar keine Rede wäre – würde nur eine von verschiedenen möglichen Erweiterungen der vorrangingen Grundfertigkeit Lesen darstellen.

Es geht jedoch um mehr. Reicht es aus, Wissen mit dem Ziel zu vermitteln, daß jedes autonome Subjekt zur freien Wahl legitimer Werte befähigt wird, oder gibt es in der laizistischen Konzeption Condorcets einen Wertemangel? Es versteht sich natürlich von selbst, daß eine bestimmte Vorstellung von Ethik in Condorcets Denken über die Wissensvermittlung enthalten ist. Da die Einrichtung des öffentlichen Bildungswesens jedem das Erreichen größtmöglicher Leistungen, d.h. die maximale Entwicklung seiner Fähigkeiten garantiert, rechnet Condorcet implizit mit dem mechanischen Effekt der Unterdrückung von Ressentiments in jedem Subjekt, sobald es in seinem Inneren die Gewißheit erlangt hat, zu einer vollen Entfaltung seiner Möglichkeiten gelangt zu sein. Dies ist nicht weniger als die Moral im Sinne von Descartes.

Marianne Birthler: In Ostdeutschland entsteht heute in der Gesellschaft die antikirchliche Stimmung, die sich die SED immer vergeblich gewünscht hat. Das hängt aufs engste damit zusammen, daß klerikale

Haltungen der Kirche immer auch klerikale Haltungen außerhalb der Kirche, nämlich in der gesamten Gesellschaft begünstigen. Wenn die Kirche den Menschen zur DDR-Zeit auch fremd war, wurde sie doch als auf der eigenen Seite stehend empfunden. Heute ist das anders. In dem Moment, als im Osten Deutschlands klerikale Elemente wieder verstärkt sichtbar wurden – nicht nur durch den Einfluß westdeutscher Kirchenvertreter, sondern auch durch ostdeutsche Kirchenleute, die diese klerikalen Elemente wieder aufgriffen – machte sich im Osten eine vulgäre Antikirchlichkeit wieder verstärkt bemerkbar. Diese Haltung erweist sich als sehr problematisch, wenn es darum geht, der Kirche innerhalb dieses Transformationsprozesses eine Rolle zuzuweisen. In der heutigen Gesellschaft wird die Kirche nicht mehr als auf der eigenen Seite stehend empfunden. Vielmehr wird sie auf eine Ebene mit dem feindlichen Staat gestellt, so daß sich die Gesellschaft sowohl mit der Kirche als auch dem Staat konfrontiert sieht.

Paul Valadier: Patrick Michels Analyse der Konsequenzen aus dem Zusammenbruch des Kommunismus kommt zu dem Schluß, daß eine Entzauberung des utopischen Fundaments der Politik eingetreten sei. Sollte man nicht besser sagen, daß heute eine allgemeine Kritik der Ideologien und nicht so sehr eine Kritik der Politik vorgenommen wird? Es versteht sich, daß ich mit Ideologien hier die globalen Gedankenmodelle wie den Marxismus-Leninismus meine, insofern er den Schlüssel zum Sinn der Geschichte und den Schlüssel zur Gesellschaft gefunden zu haben glaubte. Könnte man nicht auch behaupten, daß der Zusammenbruch der Ideologien den Utopien eher Tür und Tor öffnet, als sie ihnen endgültig zu verschließen? Der Begriff der Utopie bleibt hier noch recht unklar: Es kann sich sowohl um verrückte Utopien handeln, wie sie etwa von Sekten verbreitet werden, als auch um Utopien, die in ganz anderen Worten und mit ganz anderen Zielen von den Religionen formuliert werden. Ich glaube, daß dieser Diagnose in jedem Fall der Vorzug gegenüber jener von Patrick Michel zu geben ist. Seine Analysen zur Entzauberung der Welt haben nach meinem Geschmack den großen Nachteil, daß sie uns zu verstehen geben, wir stünden am Ende eines allgemeinen Prozesses – wir werden sozusagen hilflos auf dem Boden des Abgrunds zurückgelassen. Ich dagegen glaube, daß diese Analysen ihre eigene Entzauberung herbeiführen werden, und ich bin überzeugt, daß die menschlichen Gesellschaften immer wieder die Kraft finden, vielfältige Sinnquellen zu entdecken. Sprechen wir daher lieber vom Ende einer allumfassenden Ideologie als vom Ende der Utopie, denn sonst verlieren wir uns in Fragen des Utilitarismus, der Organisation, Verwaltung usw.

Meine zweite Anmerkung betrifft Condorcet. Charles Coutel hat die Modernität Condorcetschen Denkens stark hervorgehoben, vor allem in seinen Gedanken über die Schule, während es m.E. in einer rationalistischen Ideologie wurzelt, über deren Zugehörigkeit zu einer vergangenen Zeit wir uns heute einig sein sollten. Trotz aller im übrigen unzweifelhaften Verdienste Condorcets hat sein Gedankengerüst der gegenwärtigen Krise des Fortschrittsbegriffes nicht widerstanden. Ein solcher Rationalismus stirbt heute an einer zu beschränkten Konzeption des Verstandes; er ist für uns durch die mechanische Gleichung völlig unzureichend geworden, die er zwischen Wissensvermittlung – d.h. der gesamten Einrichtung des öffentlichen Bildungswesens – einerseits und der Befreiung des Menschen sowie seiner anschließenden Moralisierung andererseits aufstellt. Diese naive Gleichung erinnert mich an einen Satz von Victor Hugo, den ich einmal auf einer Gefängnismauer in Saint-Etienne gelesen habe: »Mit jeder Schule, die man öffnet, schließt man ein Gefängnis.«

Abgesehen davon scheint mir die zu einfache Unterscheidung zwischen »Unterricht« und »Erziehung« völlig unhaltbar. Denn schließlich ist der Verstand doch eine *Einheit.* Wenn der Unterstufenlehrer einem Kind z.B. beibringt, wie man multipliziert, arbeitet er zweifellos auf der Ebene des Verständnisses, aber er vermittelt ihm Regeln, eine ganze Methode; er lehrt es vor allem, keine voreiligen Schlüsse zu ziehen. In diesem Augenblick kann er ihm ohne weiteres begreiflich machen, daß dieselbe Disziplin und Vorsicht, die zur Lösung der einfachsten Aufgabe nötig sind, von genauso großer Bedeutung für sein Verhalten gegenüber seinen Schulkameraden sind: Denn es gibt einen Respekt vor ihrem Wesen und ihrem Denken, einen Respekt vor den Regeln des Streits usw., die mit Unterricht und Erziehung übereinstimmen – daher meine Überzeugung und mein Widerspruch gegen Charles Coutel, daß der Unterricht teilweise und notwendig auch Erziehung ist.

Schließlich meine dritte und letzte Bemerkung an Jean Boussinesq. Man behauptet seit langem, daß wir bezüglich der Werte auf eine Katastrophe zusteuern und daß es nötig sei, daß die Schule sich mit bürgerlicher Moral und den Religionen auseinandersetze. Trotz all dieser Desiderata ist offensichtlich, daß die Diskussion auf Grund einer ganzen Reihe von Hindernissen nicht vorankommt. Deshalb frage ich mich, ob eine der Ursachen dieser Unbeweglichkeit nicht in der zu verengten Definition von Religion zu suchen ist, die Jean Boussinesq mit seiner Erwähnung einer gewissen »religiösen Dimension der Kultur« verwendet hat. Das ist eine recht zweideutige Definition, die übrigens lediglich den Standpunkt der katholischen Traditionalisten mimetisch widerspiegelt, nach deren Behauptung die Kultur nur eine Dimension der Religion ist. Ich plädiere meinerseits für eine viel weniger verstümmelnde Definition von Religion, die sicherlich nicht auf eben diese kulturelle Dimension reduziert werden kann. Wenn man sich auf diese weitergefaßte Definition einigen könnte, müßte anschließend geklärt werden, woher die erwähnten Hemmnisse im Bereich der Werte im französischen Schulsystem kommen.

Charles Coutel: In Deutschland ist Condorcet als revolutionärer Philosoph und auch als Mathematiker bekannt (vgl. sein mathematisches Lehrbuch: *Moyens d'apprendre à compter sûrement et avec facilité* von 1799[1]). Wenn er den Kindern das Zählen beibringt, geht er von vornherein erzieherisch vor. Ich bin absolut gegen eine intellektualisierende Annäherung an »den Unterricht«, die zufällig genau denen am besten paßt, die auf den Zug der »Erziehung« nur aufspringen wollen, um daraus eine Art Sprungbrett des Spiritualismus zu machen. Diese scheinbar sibyllinische Debatte um die Terminologie (»Unterricht« vs. »Erziehung«) führt zur Wahrnehmung deutlicher Meinungsverschiedenheiten über die Werte, vor denen man nicht die Augen verschließen sollte.

Es gibt in Condorcets Theorie vom Staatsbürger etwas Unausgesprochenes, nicht Gedachtes. Er hat Montesquieu nicht gründlich gelesen und die Frage der Liebe zu den Gesetzen vergessen. Es gibt aber jenseits der einfachen Kenntnis der Gesetze keine lebensfähige Republik ohne die Liebe zu den Gesetzen, d.h. ohne einen Lernprozeß über die Staatsbürgerschaft und die Menschenrechte. Und genau da liegt der Schwachpunkt in Frankreich. Durch die Einflußmöglichkeiten der Ministerialbürokratie und die Fixierung der Parteien auf Wahlerfolge, aber auch durch den Druck verschiedener sozialer Gruppen (Eltern der Schüler usw.) kommt es zu einer dauerhaften Blockierung des kritischen und rationalen (nicht rationalistischen) Fundaments der Staatsbürgerschaftsdidaktik. Alain hat es in einem wunderbaren Text von 1949 so formuliert: Niemand scheint zu wollen, daß das Volk unterrichtet werde. In einem Bericht über die Verfassung von Februar 1792 sah jedoch schon Condorcet vor, einen institutionellen Mechanismus zur progressiven Revision und Korrektur der Gesetze einzurichten, der sich die vorher erworbene Bildung der Bürger zunutze machen sollte: Denn die Vorstellung, man könne die Gesetze rational überprüfen, setzt natürlich langfristigen Unterricht der Wählerschaft und der Gemeinschaft der Staatsbürger voraus. Im Mittelpunkt der Diskussion stehen die optimalen Bedingungen für die Ausübung der Staatsbürgerschaft. In diesem Punkt sind die Dauerhaftigkeit der Demokratie, die tatsächliche Ausübung der Rechte und die Institution der Schule untrennbar miteinander verbunden.

Was die Frage nach einer möglichen Ethik in der Nachfolge Condorcets angeht, so ist eigenständiges, d.h. autonomes Denken sicherlich nicht mit Denken ohne Austausch mit anderen gleichzusetzen. Der Unterricht ist natürlich der Ort gemeinsamer intellektueller Bezugspunkte, die wohl in der Gruppe vermittelt werden, deren Gebrauch aber individuell bleibt. Auch wenn die vermittelten Elemente identisch sind, entspricht ihre Kombination immer einzelnen Subjekten, die sich als Subjekte eben mittels dieser Kombination konstituieren. Am Ende des Unterrichtsprozesses ist das Subjekt (d.h. der Schüler) verändert worden und nimmt gegenüber seinem ursprünglichen Glaubenshorizont (Familie, Kirche usw.) eine andere Haltung ein. Da sich die republikanische Schule auf dem nichtdogmatischen Terrain der Vermittlung von Inhalten und Denkprozessen bewegt, bleibt sie in dieser Hinsicht sehr flexibel und hütet sich davor, Kindern den Glauben zu verbieten, weil sie etwa aus einem nichtgläubigen Milieu stammen.

Bei der Betrachtung der Utopie schließlich muß man sich auf Condorcets Kritik an Thomas Moore stützen. Vor allem sollte man einmal über Moores Utopier nachdenken, die auf die seltsame Idee kamen, als Inkas verkleidete Römer zu spielen. Die Inkas aber verkörpern die beiden Fälle kultureller Zweitrangigkeit: Das heißt, sie sind gleichzeitig am weitesten entfernt und am ältesten, so daß jeder sich selbst im Lichte der Gegenwart kritisch betrachten kann. Dies ist ein fruchtbares Motiv, das man bei Montesquieu und vielen anderen Philosophen wiederfindet. Von diesem Blickwinkel aus betrachtet, wäre das Ende der Utopien, das in allen Tonlagen verkündet wird, meines Erachtens nicht weniger als das Ende Europas.

Jean Boussinesq: Im Gespräch über die staatliche Schule darf man, wie ich glaube, keine unzulässige Verbindung zwischen dem Problem der Moral und dem der religiösen Dimension der Kulturen herstellen. Zunächst gibt es ein kulturelles Problem, ein kulturelles Defizit, das an die Wurzeln des ganzen kulturellen, philosophischen, literarischen, künstlerischen Erbes usw. in unseren Gesellschaften rührt. Auf diesem Gebiet ist die offenbare Furchtsamkeit des staatlichen Schulsystems auf einen bedauernswerten Mangel an politischem Willen zurückzuführen. Und dies kommt meines Erachtens daher, daß Diskussion über Laizismus immer gleich bedeutet, eine politische Debatte über die Beziehungen zu beginnen, die die Behörden und der Staat zu den Religionen oder anderen ideologischen Gruppen zu unterhalten haben. Darin aber liegt ein Problem der Definition des Staates und der Beziehungen, die er mit der zivilen Gesellschaft und den Repräsentationswelten unterhält, die von ihr bewegt werden. In erster Linie ist das eine Frage der politischen Theorie, die sich in der Praxis wie alles andere an der Alltagspolitik messen lassen muß.

Ganz unabhängig von all dem gibt es zweitens ein sehr großes moralisches Problem, das die Gesamtheit unserer Gesellschaften berührt. Dies reicht von der Staatsbürgerkunde in der Schule bis zur Korruption in allen Bereichen des politischen und wirtschaftlichen Lebens. Ob sie nun Mythos oder Realität war – die republikanische Moral Jules Ferrys versteht sich jedenfalls nicht mehr von selbst. Man würde von der Schule im übrigen zuviel verlangen, sollte sie auch noch diese Art Schwierigkeiten überwinden. Das schwerwiegende Moraldefizit, das heute bei den Eliten festzustellen ist, kann nur durch einen besonders kraftvollen politischen Willen abgebaut werden. Das heißt ja nicht, daß man die moralische Bildung der Eliten nicht auch wieder von den Grundlagen an beginnen sollte, indem man die Jugendlichen nämlich auf allen Ebenen der schulischen Erziehung an Reflexion in Kategorien der Moral gewöhnt. Das Gegenteil ist der Fall. Aus Erfahrung kann ich nur vor der Illusion warnen, daß die Abhaltung mehr oder weniger wissenschaftlicher Kolloquien über den Laizismus uns einer Lösung der politischen und praktischen Probleme, die aus dem Laizismus entstehen, näherbringt.

Patrick Michel: Der Antiklerikalismus, der in der ehemaligen DDR nach 1989 beobachtet worden ist, scheint mir durchaus mit der Situation in Polen vergleichbar. Dort ist sogar behauptet worden, daß auf den roten Totalitarismus der schwarze gefolgt sei. Seit dem Fall der Berliner Mauer ist der institutionelle Einfluß der Kirche gewachsen. Ihre Präsenz in den Medien und ihre politische Sichtbarkeit sind viel stärker als vorher; dies führt zu lebhaften Reaktionen der Ablehnung. In diesem Zusammenhang gilt es zu beachten, daß das Goldene Zeitalter der Kirche in Polen paradoxerweise in der kommunistischen Ära vor 1989 erreicht wurde. Auch wenn keiner der Bischöfe dies offiziell anzuerkennen bereit ist, räumen sie es doch alle im privaten Gespräch ein. Ihr sozialer und damit institutioneller Einfluß, ihre absolut zentrale Stellung im soziokulturellen, also auch gesellschaftspolitischen Bereich Polens, waren vor dem Fall des Eisernen Vorhangs weitaus besser gesichert. Im Grunde kann die gesamte Geschichte der kirchlichen Institution in Polen als Versuch interpretiert werden, den gesellschaftlichen Einflußverlust auszugleichen, dem sich die Kirche seit 1989 in der Folge ihres Wachstums an institutioneller Macht gegenübersieht. Der Versuch, eine ehemals zentrale Stellung für immer fortzuschreiben, ist von den Wählern jedoch schon zweimal, bei den Wahlen zum Sejm im Herbst 1993 sowie bei den Präsidentschaftswahlen im Herbst 1995, sanktioniert worden. Diese Tatsache relativiert zugegebenermaßen die traditionelle Herangehensweise aus institutioneller Sicht.

Was die Frage der Utopien nach dem Sturz des Kommunismus betrifft, kann man nur in einem ganz präzisen Sinne von Disqualifikation der Utopien sprechen, so wie ich es tue: Utopien sind von nun an auf Dauer disqualifiziert als zentraler Kern, der für den Versuch politischer Legitimation instrumentalisiert wird. Die Beziehung zwischen den Utopien und der Politik müssen heute unter dem Gesichtspunkt der politischen Legitimation analysiert werden. Das immer wieder bemühte Ende der Ideologien spiegelt nichts anderes als eben diese Wirklichkeit wider. Die Welt, in der wir leben, scheint mir grundlegend von Relativierung, Bewegung und Wechsel geprägt, sie scheint im Fluß begriffen zu sein. In solch einer Welt behalten die Utopien einen nicht unwichtigen Platz. Dieser Platz bezeichnet aber einfach keinen zentralen Bezugspunkt mehr. Die Utopien der Zukunft werden keinen zentralen Platz mehr einnehmen, und sie werden auch ganz sicher nicht mehr zum Zentrum gemacht werden können: Als zentrale Utopien werden sie nicht mehr glaubwürdig sein. Auch wenn manche Akteure noch versuchen, utopischen Vorhaben in der Politik einen zentralen Platz einzuräumen, haben der Sturz des Kommunismus und seine Unterlegenheit auf Dauer die Glaubhaftigkeit von Versuchen zerstört, die auf die Instrumentalisierung der Utopien zielen.

Marianne Birthler: Dadurch, daß die Kirche in Ostdeutschland wieder institutionelle Macht erlangt hat, verlor sie in der Gesellschaft an Autorität. Angesichts dieser Verlustsituation baute sie dann ihre Machtposition weiter aus, was eine äußerst unglückliche Entwicklung war. Meiner Meinung nach wird das Thema »Bildung« heute viel zu verzweifelt behandelt. Sowohl die Lernmethoden als auch ihre Resultate sind für die Bildung relevant. Es muß akzeptiert werden, daß das Verfahren des Lernens ebenso wichtig ist wie die Inhalte. Sich organisieren lernen und die Voraussetzungen schaffen, sich bestimmte Inhalte anzueignen, sind wichtige Elemente des sozialen Lernens. Über die Methoden des Lernens scheinen in Frankreich und Deutschland noch sehr unterschiedliche Auffassungen zu herrschen.

Detlef Pollack: Wenn sich die Kirche darum bemüht, eine besonders starke institutionelle und rechtliche Stellung in der Gesellschaft zu beziehen, kann das sehr wohl auch konterkarierende, nicht intendierte Effekte haben. Das Interessante ist, daß gerade die De-Etablierung der Kirche eine Bedingung für die religiöse Vitalität darstellt. Dieses ist z.B. in den USA zu beobachten oder auch in der Türkei, wo in dem Augenblick, in dem ein Laizismus durchgesetzt wird, sich aus der Gesellschaft selbst heraus religiöse Bewegungen bilden, und es auf einmal notwendig wird, wieder Koran-Kurse zuzulassen. Damit ergibt sich die Frage, inwieweit es für die Kirche überhaupt ratsam ist, die institutionelle Stütze des Staates zu suchen, oder ob es nicht im Sinne der Vitalität von Religion und Kirche besser wäre, wenn die Kirche versuchen würde, stärker auf die Differenz zum Staat zu setzen.

1 Hg. Charles Coutel/Nicole Picard/Gerd Schubring, Paris: éd. Art, Culture, Lecture 1988.

II.

ETHIK- UND RELIGIONSUNTERRICHT IN MULTIKULTURELLEN DEMOKRATIEN

A. DEUTSCHE VARIANTEN

Richard Schröder

Anfragen an das LER-Modell

Meine These lautet: Das neue Brandenburger Unterrichtsfach Lebensgestaltung-Ethik-Religionskunde (LER) wäre die richtige Antwort auf ein lösungsbedürftiges Problem gewesen, wenn nicht das ursprüngliche Modell (LER 1) zugunsten eines einheitlichen Pflichtfachs (LER 2) aufgegeben worden wäre. Ehe ich dies erläutere, gebe ich eine Erinnerung an die Verhältnisse in der DDR und die Entstehung der LER-Konzeption.

Für (ehemals) Großberlin und die DDR-Verfassung von 1949 war unter dem Einfluß der sowjetischen Besatzungsmacht folgende Regelung getroffen worden. Die Religions- und Weltanschauungsgemeinschaften können Unterricht in den Räumen der Schule abhalten, aber außerhalb des Stundenplans. Die Lehrer gehören nicht dem Lehrerkollegium an, Religion ist kein Schulfach. Diese Version hat sich in Berlin bis heute erhalten, aber nicht bewährt, denn ein Schulfach, das kein richtiges Schulfach ist und gegen Freizeit getauscht werden kann, wird von den Schülern nicht sehr ernst genommen. Und das war ja wohl auch im Sinne der Erfinder.

In der DDR dagegen wurde in den fünfziger Jahren unter Verfassungsbruch der Religionsunterricht in den Räumen der Schule verboten. Zur kommunistischen Erziehung gehörte fortan die Erziehung zum Atheismus. Darüber ließ die SED mit sich bis zuletzt nicht verhandeln. Atheistisch und religionskritisch war auch die Lehrerbildung (und die Studienzulassung!) orientiert, obwohl es auch immer Ausnahmen gab. Aber der Anteil der Christen unter den Brandenburger Lehrern liegt bis heute weit unter dem 30%-Anteil der Christen an der Bevölkerung. Die Folgen sind gewaltige Bildungsdefizite bei Eltern, Lehrern und Schülern in Sachen Religion, die auch den Zugang zu weiten Teilen unserer Geschichte und Kultur verstellen.

Die Ereignisse des Herbstes 1989 haben vielen Lehrern in der DDR diese Defizite bewußt gemacht. Massenhaft wurden Pfarrer in die Schule gebeten, um dort einmal etwas über diese heimische *terra incognita* »Kirche« und »Religion« zu erzählen. Denn es war eine echte Überraschung vieler SED-Genossen, daß die totgesagte Kirche beim Zusammenbruch der DDR plötzlich eine so wichtige Rolle spielen konnte. In Kirchen fanden die Fürbittgottesdienste für Inhaftierte statt, dann die ersten freien Einwohnerversammlungen. Pfarrer haben zumeist die Runden Tische moderiert, und zwar nicht schlecht. Nach und nach aber haben viele – auch unter den Lehrern – wieder ihren Frieden mit ihren antireligiösen und antikirchlichen Vorurteilen geschlossen. Die Lehrerschaft ist das stabilste DDR-Milieu. Eine Durchmischung, wie bei den Richtern etwa, hat nicht stattgefunden. Ausnahmen übersehe ich nicht. Es gibt die aufrichtig Fragenden unter den Lehrern auch unter den PDS-Abgeordneten des Landtags. Aber vierzig Jahre alternativlose atheistische Erziehung legt sich so schnell nicht ab.

Als seinerzeit in der DDR unter Protest der Kirche das Schulfach »Wehrerziehung« eingeführt wurde, hat die Evangelische Kirche Überlegungen darüber angestellt, wie ein Schulfach »Friedenserziehung« aussehen könnte. An diese Überlegungen hat Marianne Birthler, die erste Bildungsministerin im Lande Brandenburg, angeknüpft, als sie das Fach »LER« vorschlug. Ihre Zielvorstellung war ein Schulfach, in dem das freie Gespräch über den Sinn des Lebens Platz hat, in dem sich unterschiedliche Auffassungen begegnen und der Respekt vor dem Andersdenkenden eingeübt wird. Alle Schüler – nicht nur die Teilnehmer an der kirchlichen »Christenlehre« – sollten dabei auch etwas vom christlichen Glauben kennenlernen können. Sie lud die Kirchen zur Mitarbeit an diesem Modellversuch ein. Inzwischen aber hat LER Freunde gefunden, die Marianne Birthlers Intentionen keineswegs vollständig teilen. Aus Westberlin kamen nach dem Ende des rot-grünen Senats Bildungspolitiker der Alternativen Liste nach Brandenburg, die LER zu einem einheitlichen multikulturellen Schulfach mit sehr viel Selbsterfahrung und Selbstfindung machen möchten. Sie haben also anderes im Auge als die Situation nach vierzig Jahren SED-Diktatur. Dazu kommen (westliche) Religionswissenschaftler, die behaupten, nicht die engagierte, sondern die bloß betrachtende Perspektive sei der rechte Zugang zur Religion. Sie möchten die Theologie aus der Lehrerbildung ausbooten. Und dann gibt es noch die Freidenker, die die Chance sehen, daß am Ende ihr antikirchlicher und antireligiöser Standpunkt wie von selbst an den Brandenburger Schulen dominiert und nicht bloß neben anderen steht.

Einwände gegen das derzeitige LER-Modell

1. Es gibt *verfassungsrechtliche Einwände* gegen dieses Fach. Sie sind für die politische Praxis, nicht jedoch für eine Grundsatzdiskussion erheblich, weil man Verfassungen ja auch ändern kann, wenn sich die allgemeine Überzeugung bildet, daß bestimmte Regelungen nicht mehr den geänderten Verhältnissen entsprechen.

Das Grundgesetz sieht vor, daß der Religionsunterricht in öffentlichen Schulen ordentliches Lehrfach ist (Art. 7 Abs. 3), zu dem aber weder Lehrer noch Schüler gezwungen werden dürfen, also Pflicht der Schule zum

Angebot und freie Wahl der Eltern bzw. Jugendlichen zur Teilnahme, das Fach also als *Wahlpflichtfach* besteht. Der Religionsunterricht steht unter der Aufsicht des Staates, was die Ausbildungsqualität der Lehrkräfte u. ä. betrifft, wird aber »in Übereinstimmung mit den Grundsätzen der Religionsgemeinschaften« erteilt. Von dieser Regelung sieht das Grundgesetz eine Ausnahme in Art. 141 vor. Die sogenannte *Bremer Klausel* besagt, daß Art. 7 Abs. 3 Satz 1 keine Anwendung findet »in einem Lande, in dem am 1.1.1949 eine andere landesrechtliche Regelung bestand.« Darauf beruft sich nun das Land Brandenburg. In Bremen gab es damals einen überkonfessionellen christlichen Bibelunterricht. Art. 141 besagt, daß Bremen diesen Brauch auch nach Beitritt zur Bundesrepublik beibehalten darf. Das Land Brandenburg dagegen ist erst nach Beitritt der DDR zum Grundgesetz gebildet worden und hat also gar keine besonderen Regelungen in dieser Frage in die Bundesrepublik eingebracht. Aber darüber wird ja das Bundesverfassungsgericht zu befinden haben.

Brandenburg wäre nach meiner Auffassung klüger beraten gewesen, wenn es ein neues Modell entworfen hätte, das sich nicht auf die Bremer Klausel berufen muß, um verfassungskonform zu sein.

Der Bedarf für ein neues Modell ergibt sich daraus, daß die Regelungen des Grundgesetzes voraussetzen, daß über 90% der Einwohner einer der großen christlichen Kirchen angehören. Heute sind im Westen dagegen ca. 80%, im Osten ca. 30% der Einwohner Kirchenmitglieder. Deshalb ist nach und nach in den westlichen Bundesländern ein Ersatzfach eingerichtet worden für diejenigen, die sich vom Religionsunterricht abmelden, das meistens Ethik heißt. Es gibt aber bisher weder einen Studiengang für diese Ethiklehrer noch gibt es eine Praxis der Kooperation der parallelen Fächer. Brandenburg hätte sich Verdienste erworben, wenn es in einem neuen Modell diese beiden Aufgaben gelöst hätte. Das Brandenburger LER-Modell hatte dies in einer ersten Version auch vorgesehen.

Das Brandenburger Kabinett beschloß am 2. Juni 1992: »Der Unterricht in dem Lernbereich ›Lebensgestaltung-Ethik-Religion‹ wird in eine Integrationsphase und eine Differenzierungsphase gegliedert. Die Integrationsphase umfaßt bekenntnisfreien Unterricht in Lebensgestaltung, Ethik, Religionskunde/Religionswisenschaft. In der Differenzierungsphase werden als ordentliche Lehrfächer Religion sowie Lebensgestaltung/Ethik angeboten«, also eine Wahlmöglichkeit. Wir können diese Version als Lernbereich Ethik-Religion mit Wahlpflichtphasen bezeichnen. Dies wäre ein Kooperationsmodell von Christen und Nichtchristen sowohl auf Seiten der Schüler wie auf Seiten der Lehrer gewesen. Das Lehrfach Religion hätte in der Differenzierungsphase in der inhaltlichen Verantwortung der Kirchen gelegen und damit den Bestimmungen des

Art. 7 Grundgesetz entsprechen können. Die Evangelische Kirche war bereit, an einem solchen Modell mitzuwirken, die katholische Kirche hat abgelehnt. Sie hat allerdings in Brandenburg so wenig Mitglieder, daß sie ohnehin keinen eigenen Religionsunterricht an öffentlichen Schulen aufbauen könnte.

Diese Konzeption, nennen wir sie LER 1, ist aber abgebrochen worden. Die Projektgruppe des Ministeriums hat erklärt, die Differenzierungsphase sei gescheitert. Noch ehe die Gutachten zum Versuch ausgewertet waren und ohne sich um deren Bedenken und Empfehlungen zu scheren, haben sich Ministerium und Fraktion auf ein einheitliches Pflichtfach LER geeinigt. Sie können Religionsunterricht nur noch in den Räumen der Schule, nicht aber als Schulfach anbieten. Diese Brechstangenmethode hat dem Ansehen des Modellversuchs schwer geschadet. Die Evangelische Kirche ist daraufhin aus dem Modellversuch ausgeschieden.

2. Durch LER 2 wird die *Trennung von Staat und Kirche,* wie sie das Grundgesetz voraussetzt, zugunsten einer radikalen Trennung verlassen. Diese droht aber immer, die weltanschauliche Neutralität des Staates zu verletzen. Trennung von Staat und Kirche ist eine zweideutige Formel. In der DDR war diese Formel eine Kampfesformel, um den gesellschaftlichen Einfluß der Kirche zurückzudrängen. Staat und Kirche erschienen dabei als konkurrierende Mächte mit entgegengesetzten Totalitätsansprüchen. Der Staat wollte gar nicht weltanschaulich neutral sein, sondern eine bestimmte Weltanschauung, die sozialistische, befördern. Trennung von Staat und Kirche hieß in dieser Version: Verdrängung der Kirche aus der Gesellschaft.

Im Sinne des Grundgesetzes dagegen heißt Trennung von Staat und Kirche: es gibt keine Staatskirche. Das heißt aber nicht, daß der Staat die Religionen und Weltanschauungen rundweg ignoriert. Denn der Staat hat die Gesellschaft weder zu erschaffen noch zu erziehen, sondern bloß die rechtlichen Regelungen vorzugeben und ihre Einhaltung zu überwachen. Wo Menschen besonders intensiv unter staatlichem Reglement stehen, nämlich in »Anstalten« wie Schulen, Militär, Krankenhaus oder Gefängnis, kommt es nach diesem Modell zu Kooperationsvereinbarungen zwischen Staat und Kirchen. Es entstehen die sogenannten *res mixtae*, zu denen übrigens noch die theologischen Fakultäten an den Universitäten gehören.

LER 2 setzt entweder voraus, daß der Staat in Gestalt der Schulbehörde in der Lage und berechtigt sei, aus eigener Machtvollkomenheit und ohne Mitwirkung der Religions- und Weltanschauungsgemeinschaften eine Staatsbürgermoral zu konzipieren, die allen Bürgern beigebracht wird. Oder LER 2 wird verstanden als eine Art Kaufhaus für Normen und Werte: wir bieten euch alles an, sucht euch das Passende heraus. Auch dies ist aber eine *bestimmte* weltanschauliche Position, die dadurch staatlich protegiert würde, die patchwork-Identität.

3. LER befindet sich derzeit in der Erprobungsphase und ist, wie zu lesen ist, bei den Schülern sehr beliebt. Das hängt aber offenbar damit zusammen, daß derzeit »L«, also *Lebensgestaltung*, dominiert. Es ist ganz gut, wenn es in der Schule Gelegenheiten gibt, über Themen wie Partnerschaft und Liebe, Sex ohne Angst, Stars und Idole zu sprechen. Aber darin steckt auch eine Gefahr, weil die von jedem Unterricht geforderte Distanz vor der Privatsphäre der Schüler und Elternhäuser sehr leicht überschritten wird, wenn das Fach Lebensgestaltung in Richtung auf »Selbsterfahrungsgruppe« stilisiert wird. Hier besteht die Gefahr, daß sich Lehrer als Psychologen betätigen, ohne die entsprechende psychologische Ausbildung zu haben. »Leben lernen« kann nicht Aufgabe der Schule sein. Das würde ihr einen Totalitätsanspruch zuschreiben, der ihr nicht zusteht. Hier droht massiv diejenige Gefahr, die viele zu Unrecht dem Religionsunterricht unterstellen: Seelenmassage, Einforderung von Bekenntnissen, Eindringen in den Intimbereich der Person. »Wir über uns«, das ist kein sinnvolles Lernziel. Das wissenschaftliche Begleitgutachten von Achim Leschinsky zum LER-Modellversuch hat übrigens kritisch angemerkt, daß bisher bei LER das E und R und im besonderen die Wissensvermittlung in diesen Bereichen nicht hinreichend berücksichtigt sind.

4. Das LER 2-Konzept unterstellt, daß die *Religionswissenschaft ein angemessenes Verständnis von Religion vermitteln könnte*, nämlich als Religionskunde. Dem liegt m.E. ein grundsätzliches Mißverständnis über die Leistungskraft der Religionswissenschaften und ein Mißverständnis über die Eigentümlichkeit von Werterziehung vor. Womöglich wirkt der Zauber der »wissenschaftlichen« Weltanschauung des Marxismus-Leninismus nach.

Man kann Werterziehung ganz gut mit dem Spracherwerb vergleichen. Jeder Mensch muß zuerst eine Muttersprache lernen, danach erst kann er Fremdsprachen lernen. Selten nur haben Menschen zwei Muttersprachen, selten wechseln sie sie. Absurd wäre das Verfahren, Kindern alle Sprachen vorzuführen, damit sie sich eine Muttersprache aussuchen. Ebenso müssen Kinder zunächst in einen weltanschaulich-kulturellen Zusammenhang hineinwachsen, erst danach können sie diesen auch kritisch beurteilen und andere weltanschaulich-kulturelle Zusammenhänge kennenlernen. Nur wer eine Überzeugung hat, kann andere tolerieren und nur wer eine Überzeugung hat, kann sie auch ändern.

Unsere europäische Kultur hat zwei Wurzeln, die jüdisch-christliche und die griechisch-römische. Und sie hat drittens die Säkularisation hervorgebracht, aus der verschiedene Formen eines atheistischen Humanismus hervorgegangen sind. Dazu kommen die Religionen und Kulturen

Zugewanderter. In relevanter Anzahl sind das in Deutschland, nicht aber in Brandenburg, nur Muslime. Dies sind in unserer Gesellschaft die weltanschaulichen Muttersprachen. Wir haben es also in unserer Kultur *mit einem begrenzten, nicht mit einem unbegrenztem Pluralismus* zu tun. Dieser Situation entspricht am besten eine Fächerkombination mit Wahlpflichtphasen. In der Wahlpflichtphase müssen selbstverständlich alle anerkannten Religions- und Weltanschauungsgemeinschaften rechtlich gleich behandelt werden. Es geht aber nicht an, daß der Humanistische Verband sich selbst zum Interessenvertreter der 80% Konfessionslosen erklärt. Der christliche Religionsunterricht ist sozusagen Muttersprachenunterricht in der christlichen Tradition, wie sie die anerkannten Kirchen repräsentieren, denn weder der Staat noch die Schule dürfen definieren, was christlich oder islamisch ist. Er soll eine intensive und kritische Begegnung mit dieser Tradition vermitteln, zugleich die Dimension von Religion eröffnen und so auch das Verstehen und Tolerieren anderer Religionen sowie den Dialog ermöglichen und befördern. Die zugehörige Wissenschaft heißt Theologie und nicht Religionswissenschaft. Theologie und Religionswissenschaft verhalten sich zu einander wie engagierte und distanzierte Thematisierung von Religion. Beides ist berechtigt und sinnvoll. Die Religionswissenschaft thematisiert alles, was an religiösen Phänomenen in der Menschenwelt vorkommt, Satanskulte und Jugendsekten eingeschlossen, alles wertneutral. Darin darf ihr LER nicht folgen. Zu einem Wertunterrricht gehört, zumal in den ersten Schuljahren, in denen das kritische Vermögen der Schüler noch begrenzt ist, daß bestimmte Dinge *nicht* vorkommen. Es gibt nämlich nicht nur nette Religionen.

In den Diskussionen um LER ist behauptet worden, das religiöse Engagement würde den interreligiösen Dialog nur behindern, der religionswissenschaftliche Standpunkt dagegen ihn befördern. Dies gleicht der Behauptung, nicht Fußballspieler, sondern bloß Zuschauer hätten die wahre Fußballkompetenz. Allerdings streiten sich Fußballspieler um den Ball, wie die Religionen und Weltanschauungen um die Wahrheit, aber nach Regeln, sonst gibt's die rote Karte. Religion kennenlernen durch Religionswissenschaft gleicht dem Versuch, laufen zu lernen durch Studium der Anantomie oder sprechen zu lernen durch Studium der Linguistik.

Die Idee, den Kindern ein breites Menü verschiedener Religionen anzubieten, damit sie wählen können – soll das heißen: Muslime, Buddhisten oder Christen werden können? Oder soll sich jeder seine eigene Religion basteln? – Das ist die Idee einer *weltanschaulichen Konsumentenerziehung, nicht aber Werteerziehung*. Sie führt zur Beliebigkeit und Wertlosigkeit, Weltanschauung als Modeartikel. Das gibt es längst, wie die Esoterikläden beweisen. Es ist aber nicht wünschenswert.

Wenn also in der Schule überhaupt ein Zugang zu Religion vermittelt werden soll, der über das hinausgeht, was im Geschichtsunterricht ohnehin vermittelt wird, sollten die Lehrkräfte auch selbst überzeugt sein von dem, was sie bekanntmachen, d.h. Religion sollte in der Schule zwar bekenntnisfrei hinsichtlich der Schüler aber nicht bekenntnisfrei der Lehrer vorgestellt werden. Um hier Authentizität zu erlangen, genügt es auch nicht, daß die LER-Lehrer nach eigenem Befinden authentische Zeugen einladen. Das kann oft gut gehen, aber ebenso gut daneben. Die LER-Lehrer können nicht das Recht bekommen, auf diese Weise zu definieren, wer typischer evangelischer Christ ist. Damit würde das Recht der Religionsgemeinschaften, sich selbst zu definieren, aufgehoben.

Ich erhebe also hier genauer zwei Vorwürfe: a) LER 2 tilgt die authentische Selbstdarstellung von Religion in der Schule und b) LER 2 bedeutet die Verbannung der Theologie aus der Lehrerbildung. Besonders verwunderlich erscheint mir, daß eine Konzeption, welche Toleranz im Klassenzimmer auf ihre Fahnen geschrieben hat, die Toleranz bzw. die Konfrontation im Lehrerzimmer vermeidet. In Brandenburg wird es keine Lehrer geben, die, und sei es im Nebenfach, Theologie studiert haben. Und das jedenfalls erscheint dann doch als Fortsetzung der DDR mit anderen Mitteln.

Ich möchte auch hier das Gutachten von Achim Leschinsky zitieren. Er urteilt, »daß die Bekenntnisneutralität von LER- möglicherweise aus der Tradition der sozialistischen Religionskritik ... – dem Phänomen Religion ... einen unzureichenden Platz einräumt.« Deshalb müsse »die Konzeption von LER ... darauf befragt werden, ob sie nicht bewußt oder unbewußt die Vorstellung nährt, das Problem der Religion – langfristig zumindest – erledigen zu können.«

Es genügt nicht, daß LER gut gemeint ist, man muß darauf sehen, was daraus werden wird. So wie es jetzt konzipiert ist, wird die Position »Ethik ohne Religion« an den Brandenburger Schulen dominieren und die andere Position »Ethik aus Religion« multikulturell vorgeführt werden wie exotische Tiere im Zoo. Echte Toleranz wird aber nicht durch einen »Standpunkt über den Standpunkten« erworben, der immer eine Anmaßung ist. Darauf hat das Gutachten der Jüdischen Gemeinde Brandenburg pointiert hingewiesen: »Es gibt eine Kritik am LER-Konzept, die darauf hinweist, daß es eine multikulturelle interkonfessionelle Persönlichkeit gar nicht gebe; – wir befürchten Schlimmeres: die besagte Persönlichkeit gibt es durchaus, sie zeichnet sich aus durch ein überhebliches Selbstbewußtsein«, weil sie dem, was sie versteht, und dem, was sie toleriert, »in keiner Weise verpflichtet ist.«

Marianne Birthler

Antwort auf die Anfragen von Richard Schröder. Die Frage des Werteunterrichts im Rahmen der heutigen multikulturellen Demokratien

Mein Thema lautet: »Antwort auf die Anfragen von Richard Schröder«, und dies gebietet Improvisation. Dennoch möchte ich zunächst ein paar zusammenhängende Gedanken äußern und erst dann ausführlich auf die Äußerungen von Richard Schröder eingehen.

Ich bin sehr verlockt, einige grundsätzliche Bemerkungen zum Verhältnis zwischen Staat und Kirche bzw. Gesellschaft und Kirche in der Bundesrepublik zu machen, denn ich unterstelle, daß die Franzosen damit nicht so vertraut sind. Ich war es bis vor sieben Jahren auch nicht, und es würde mehr Raum brauchen, wenn ich von meinen Begegnungen mit der westdeutschen Gesellschaft im allgemeinen und mit der westdeutschen Kirche im besonderen berichte. Vielleicht nur eine Erfahrung: Ich selber habe bis 1990 in der DDR als Katechetin und Jugendreferentin in der evangelischen Kirche gearbeitet. Es hat mich verblüfft, als ich nach 1990 Kolleginnen und Kollegen aus dem Westteil des Landes getroffen habe, die gar keine Gemeindemitglieder waren. Ihr Job war eben – unabhängig von der eigenen Überzeugung – Religionsunterricht in der Schule, und das widersprach so ganz meinem Verständnis von christlicher Unterweisung.

Aus meiner DDR-Erfahrung stammte die Überzeugung, daß es gut ist, wenn christliche Unterweisung von Kindern, also Glauben-Lernen und In-der-Gemeinde-leben-lernen in der Gemeinde stattfindet. Die christliche Gemeinde (und nicht die Schule) als Ort christlicher Sozialisation – für uns aus der DDR war das eine Selbstverständlichkeit und eine wichtige Aufgabe für die Kirchengemeinden. Zwar habe ich im Westen Kirchengemeinden kennengelernt, in denen es auch Angebote für Kinder gab. Die selbstverständliche Verpflichtung und Aufgabe der Gemeinden jedoch, dafür zu sorgen, daß die Kinder in die Gemeinde hineinwachsen, gehört dort nicht zu den zentralen Aufgaben der Gemeinden, sondern scheint mir an die Schule delegiert worden zu sein.

Mein Unbehagen an der Debatte zum Religionsunterricht hat mit dem Eindruck zu tun, daß sie von höchst unterschiedlichen Interessen geleitet wird, wobei institutionelle, finanzielle oder juristische Argumente und Interessen die religiösen, spirituellen oder gar pädagogischen Gesichtspunkte überlagern.

Weshalb ich mich sehr gern und auch, nachdem ich nicht mehr unmittelbar in der Bildungspolitik arbeite, immer noch für dieses Thema interessiere, ist eine für mich zentrale Frage: Was brauchen Kinder und Jugendliche? Und damit meine ich jetzt nicht nur die 10% – mehr sind es im Osten nicht –, die potentielle Kunden des konfessionellen Religionsunterrichts wären, sondern vor allen Dingen auch jene, die niemals Religionsunterricht besuchen würden. Zwar gibt es regionale Unterschiede, aber es sind in jedem Fall weit mehr als zwei Drittel der Schülerschaft, die durch konfessionelle Angebote nicht erreicht werden.

Die Debatte um den Religionsunterricht in Brandenburg kreist vor allem um seinen Status als freiwilliges Angebot bzw. als staatliches Pflichtfach und berührt damit die Interessen einer Minderheit von Schülern und ihren Eltern, nämlich derer, die sich für konfessionellen Religionsunterricht interessieren. Diese Diskussion ist zwar legitim, aus bildungspolitischer Sicht aber nicht ausreichend, denn es geht darum, die Gesamtheit der Schülerinnen und Schüler in die Überlegungen einzubeziehen. Diese Perspektive wünsche ich mir auch für die Kirche, die nach meiner Überzeugung auch Verantwortung gegenüber allen Kindern und Jugendlichen hat. Auch kirchliche Argumente und Konzepte müssen diesem Anspruch standhalten und dürfen sich nicht nur auf eine Minderheit von Kindern konzentrieren.

Freilich geht es bei dieser Debatte um viele Themen: das Verhältnis von Staat und Kirche, Finanzierungsfragen, Einflußsphären und vieles andere. Damit besteht die Gefahr, daß die Frage, was gut für die Kinder ist, für sachfremde Zwecke instrumentalisiert wird.

Die in diesem Zusammenhang häufig strapazierten Begriffe Werteerziehung und Orientierung bedürfen ebenfalls der Klärung. Gegen den Ruf: »Kinder brauchen Werte, Kinder brauchen Orientierung!« wäre wenig zu sagen, wenn nicht der dumme Verdacht bestünde, daß es in Wahrheit um das Problem der ganzen Gesellschaft geht. Es läßt sich nur leichter über den Werteverlust bei Kindern reden, als über den ihrer Eltern. Kinder und Jugendliche sind so etwas wie das Schaufenster einer Gesellschaft und sehr schnell werden Probleme dorthin projiziert, wo den Erwachsenen Fragen an sich selber erspart bleiben.

Und was ist mit der Orientierung gemeint, die Kinder und Jugendliche so dringend brauchen? Bedeutet »Orientierung«, eindeutige Verhaltensregeln zu geben oder nicht vielmehr das Kennenlernen verschiedener Handlungsoptionen, die Fähigkeit, Chancen und Risiken abzuschätzen und sich zu entscheiden?

Als meine Kinder damit anfingen, sich in der Stadt zu orientieren und sich allein auf den Weg zu machen, hätte ich ihnen einen Zettel in die

Hand geben können, auf dem draufsteht: 200 m geradeaus, dann links, dann rechts um die Ecke, dann noch eine große Kurve und dann das dritte Haus. Ich fand es besser, sie mit dem Stadtplan vertraut zu machen, damit sie lernen, welche Straßen und Verkehrsverbindungen es gibt und wieviel Wege und Möglichkeiten, an ein Ziel zu gelangen.

Die Fähigkeit, in Kenntnis von Alternativen auszuwählen, Entscheidungen zu treffen, den eigenen Standort beschreiben zu können und Entscheidungen anderer zu respektieren: das meine ich, wenn ich von der Orientierung spreche, die Jugendliche brauchen, und nicht eine Art von »Gebrauchsanweisung« für das Leben.

Dies steht keineswegs im Widerspruch zu der Einsicht, daß die Entwicklung einer religiösen oder weltanschaulichen Identität von Kindern und Jugendlichen für die Sozialisation sehr wichtig ist. Die Vorstellung von einem »multikulturellen, weltanschaulich neutralen Menschen« ist allerdings absurd und hat nichts mit den Konzepten von LER oder konfessionellem Religionsunterricht oder einem irgendwie gearteten Ersatzfach zu tun.

Aber wo wird religiöse Identität ausgebildet? Wie bereits eingangs erwähnt stehen für mich hier Kirchengemeinde (bzw. die jeweilige Religionsgemeinschaft) und selbstverständlich das Elternhaus an erster Stelle. Schule dagegen ist nicht der Ort religiöser Identitätsbildung, sondern auch in weltanschaulicher oder religiöser Hinsicht Ort der Begegnung. Für diese – gestaltete – Begegnung ethnisch, kulturell oder religiös verschiedener Menschen bietet Schule eine einmalige Gelegenheit. Wo sonst in unserer Gesellschaft gibt es Gruppen, die zugleich so stabil und heterogen sind wie Schulklassen? Wo sonst besteht die Chance zum Verstehenlernen und dazu, Differenzen und verschiedene Lebensdeutungsmuster nicht als etwas Bedrohliches, sondern als etwas Bereicherndes zu erfahren?

Hier liegt der Punkt, an dem ich das herkömmliche Modell des konfessionellen Religionsunterrichts der Bundesrepublik mitsamt den inzwischen entstandenen Ersatzfächern kritisch anfrage: Ausgerechnet in der Schule, wo die seltene Chance besteht, daß Kinder mit unterschiedlichen Traditionen, die verschiedenen Religionen angehören oder auch nur verschiedenen Konfessionen zusammenkommen, wo sie anfangen könnten, einander mitzuteilen und zu erfahren, warum z.B. die einen diese Feiertage haben, die anderen jene: ausgerechnet dort werden sie in kleine Grüppchen geteilt, ein katholisches, ein evangelisches, ein islamisches vielleicht und ein Ethik-Grüppchen, und jeder macht seins.

Integration – das gemeinsame Lernen in diesem Lernbereich – war deshalb einer der wichtigsten Leitgedanken für LER. Was Richard Schröder als LER I beschrieben hat, war schon das Ergebnis von monatelangen zähen Verhandlungen mit den Kirchen. Die ursprüngliche Idee von LER enthielt eben keine Aufteilung in »kirchliche« und »nichtkirchliche« Phasen. Von den Details der mühsamen Verhandlungen zwischen der Brandenburger Landesregierung und den Kirchen möchte ich hier nicht reden, wichtig ist aber festzuhalten: Kernpunkt von LER war von Beginn an der gemeinsame Unterricht für alle Kinder, an dessen Konzeption und Gestaltung allerdings die Kirchen und andere Weltanschauungsgemeinschaften beteiligt sind.

Im Bemühen darum, daß die Kirchen an diesem Unterrichtsprojekt beteiligt bleiben, sind Kompromisse ausgehandelt worden, die teilweise problematisch waren.

Trotz dieser Kompromisse haben sich die Kirchen zurückgezogen, die katholische Kirche sehr schnell, später auch die evangelische. Warum dies so war, wird heute freilich unterschiedlich interpretiert. Meiner Ansicht nach war der Grund für diesen Rückzug, daß die Kirchen nicht den von ihnen reklamierten »eigenen« Sektor innerhalb von LER bekommen haben, was praktisch bedeutet hätte, einen Wahlpflichtbereich einzuführen. Auf die gemeinsame Verantwortung für ein gemeinsames Unterrichtsfach wollten sich die Kirchen zu keinem Zeitpunkt einlassen.

In den vergangenen Jahren war ich häufig mit Religionspädagogen aus westdeutschen Bundesländern im Gespräch. Nach einigen Erläuterungen zum Fach LER bekam ich fast regelmäßig als Reaktion zu hören: »Aber Frau Birthler, das machen wir doch im Religionsunterricht.«

In der Tat: Guter Religionsunterricht, guter Ethikunterricht und LER sind sich ähnlich, was nicht verwunderlich ist, denn was den Unterricht wertvoll macht, sind Lebensnähe und Lebendigkeit sowie die Einbeziehung der Erfahrungswelt der Schülerinnen und Schüler.

Auch konfessioneller Religionsunterricht in der Bundesrepublik hat mittlerweile fast überall diese Offenheit und nimmt auf die religiöse Heterogenität innerhalb von Schulklassen Rücksicht. So wünschenswert dies im Interesse der Kinder ist, muß doch die Frage erlaubt sein, ob ein solcher Religionsunterricht noch verfassungsgemäß in dem Sinne ist, daß er der Vermittlung von Glaubensgrundsätzen dient.

Was das Recht der evangelischen und katholischen Kirche ist, muß selbstverständlich auch allen anderen Religionsgemeinschaften zugestanden werden. Im konkreten Fall der Schule in einer Großstadt mit multikultureller Einwohnerschaft könnte dies bedeuten, daß es parallel evangelischen sowie katholischen Unterricht gibt, dazu jüdischen, islamischen und buddhistischen, und selbstverständlich einen Unterricht für die Kinder der Eltern, die gegen religiöse Bildung sind und einen für die, die es neutral haben wollen. Wer ja sagt zum Wahlpflichtbereich und zum konfessionellen Religionsunterricht, muß in der Konsequenz auch dieses Nebeneinander akzeptieren.

Einige weitere Anmerkungen zu den Äußerungen von Richard Schröder erscheinen mir notwendig:

Den Wahlpflichtunterricht, den die Kirchen favorisieren, gibt es in den westlichen Bundesländern überhaupt noch nicht. Vielmehr existiert ein in mehrfacher Hinsicht benachteiligtes Fach Ethik ohne wissenschaftliche Ausbildung von Lehrkräften, das eigentlich ein bildungspolitischer Skandal ist.

Der zweite Einwand von Richard Schröder lautet sinngemäß: »Der Staat sollte nicht in die Lage versetzt werden, eine Art Staatsethik zu vermitteln.« Ich gebe dazu zweierlei zu bedenken: Erstens ist es ein Phantom zu meinen, es gäbe einen Block von Staat und Parteien, der, ähnlich wie in der DDR, eine bestimmte Ideologie vertritt, die den Kindern zu vermitteln wäre. Zweitens ignoriert dieses Argument, daß natürlich alle staatlichen Lehrer, einschließlich der Verwaltungen, an das Grundgesetz, den Wertekonsens der Gesellschaft und zusätzlich an die Bildungs- und Erziehungsziele, die es in jedem Land, in jedem Bildungsgesetz gibt, gebunden sind. Aber noch interessanter ist für mich in diesem Zusammenhang eine weitere Frage:

Wenn wir ein so großes Problem mit einem staatlichen wertevermittelndem Unterricht haben und dieses Fach deswegen ablehnen – warum wollen wir es dann ca. 90% der Kinder zumuten, die diesen Unterricht alternativ zum konfessionellen Angebot besuchen würden?

Ferner: Richard Schröder hat etwas abwertend gesagt, das Fach LER komme gut an, weil das »L« dort dominiert. Das heißt aber doch nichts anderes, als daß der lebenskundliche Aspekt die Kinder interessiert. Ist das vielleicht verdächtig? Daß ein Unterricht die Lebenswirklichkeiten von Kindern einbezieht und mit zu vermittelnden Inhalten verknüpft, ist nicht nur legitim, sondern wünschenswert. Und ich finde die Meinung, daß Schulen nicht dazu da sind, Leben zu lernen, eher problematisch.

Es ist hier leider nicht der Ort, auf den Vorwurf einzugehen, daß in LER die Intimsphäre von Schülerinnen und Schülern verletzt werden könnte. Natürlich besteht diese Gefahr, aber sie besteht in jedem Unterrichtsfach. Wenn ein Unterricht lebensnah ist und die Fragen und Probleme der Schülerinnen und Schüler einbezieht, beispielsweise in Biologie, wird immer Balance gehalten werden müssen zwischen Problemorientierung und dem nötigen Respekt vor der Integrität und Privatsphäre der Schülerinnen und Schüler. Dies ist eine Daueraufgabe für Pädagogen, und zwar in allen Unterrichtsfächern.

Und viertens: LER unterstellt, so Richard Schröder, daß Religionswissenschaft ein angemessenes Verhältnis zur Religion ermöglicht. Das tut LER nicht. Selbstverständlich sieht LER auch die Begegnung mit sogenannten authentischen Vertretern von Religionsgemeinschaften vor, dafür gibt es unterschiedliche Modelle. Denkbar ist ein Gleichgewicht zwischen weltanschaulich unabhängiger Vermittlung und authentischer Begegnung. Wenn aber Zurückhaltung bei der Vermittlung christlicher Inhalte durch Lehrkräfte geboten ist, die selber keine Christen sind – und ich halte diese Zurückhaltung für sinnvoll – dann stellt sich natürlich eine andere Frage: Ist es in Ordnung, daß viele evangelische oder katholische Religionslehrer ganz unbefangen den Islam oder die jüdische Religion zum Inhalt ihres Unterrichts machen?

Und jetzt noch zu einem letzten Einwand, den ich nicht zum ersten Mal von Richard Schröder gehört habe und der durch Wiederholung nicht richtiger wird: Es trifft nicht zu, daß LER dem Einfluß Westberliner AL-Vertreter zu verdanken wäre. Vielmehr gab es Unterstützung von Bildungsfachleuten und Religionspädagogen aus verschiedenen Bundesländern. Die Wurzeln für LER finden sich jedoch in den kirchlichen und oppositionellen Gruppen der DDR; der Leiter des Modellversuchs war Christian Lange vom Pädagogischen Landesinstitut, auch kein AL'er, soviel ich weiß, sondern seinerzeit Dozent für Altes Testament im Burckhardt-Haus und mein Lehrer.

Der Unterton »Fremdbestimmung« ist hier fehl am Platz. Mit Fremdbestimmung im Bildungswesen hatten wir es auf vielerlei andere Weise zu tun, beispielsweise bei dem Versuch, das im Westen gewachsene Modell des konfessionellen Religionsunterrichts übernehmen zu sollen. LER ist nicht, wie ich es von Leuten gehört habe, die es besser wissen, die Fortsetzung der DDR mit anderen Mitteln, sondern das Gegenteil: nämlich die Reaktion auf die Defizite, die in der DDR entstanden sind. Und insofern finde ich, daß dieses noch entwicklungsbedürftige Kind aus dem Osten alle Unterstützung derer verdient, die es mit Kindern und Jugendlichen ernst meinen.

Vierte Diskussionsrunde

Richard Schröder: Bei dem vierten Punkt ging es um die Lehrerbildung. Das Problem war, ob für Lehrer, die ihren Schülern einen Zugang zu Religion vermitteln sollen, die Religionswissenschaft die passendste Bezugswissenschaft ist.

Marianne Birthler: Es gibt zwei sehr unterschiedliche Arten von Zugängen. Auch jemand, der kein evangelischer Christ ist, kann einiges dazu beitragen, daß Kinder offen für die evangelische Religion werden. Dazu gibt es praktische Erfahrungen. Ich kenne beispielsweise einen Pfarrer aus Potsdam, der mit zwei verschiedenen Schulen in Kontakt stand. In der einen gab es LER, in der anderen nicht. Seine Erfahrung war, daß die Kinder aus der »LER-Schule«, obwohl sie dort keinen Religionsunterricht hatten, für religiöse Fragen aufgeschlossener waren als die Schüler der anderen Schule. LER ist sozusagen ein indirekter Beitrag dazu, auf Kirche neugierig zu machen. Unersetzlich für die religiöse Sozialisation ist natürlich auch die Begegnung mit Christen. Diese ist nicht zu ersetzen, auch nicht durch Religionswissenschaften. Sie kann nur authentisch vermittelt werden, vorwiegend in Gemeinde und Familie, gelegentlich auch in der Schule. Diese Frage nach der authentischen Vermittlung stellt sich allerdings auch bei den evangelischen und katholischen Religionslehrern. Wenn der evangelische und der katholische Religionsunterricht so gründlich evaluiert würden wie LER, erlebte man sicherlich einige Überraschungen.

Wolfgang Huber: Zur Einordnung dieses Vorgangs in einen größeren Zusammenhang sollen vier kleine Bemerkungen hinzugefügt werden. Die erste Bemerkung betrifft Marianne Birthlers Klage, daß es im Westen Deutschlands keine Christenlehre gibt. Dies ist nicht verwunderlich. In der DDR ist die Christenlehre als eine besondere Form gemeindlicher Aktivität entstanden, als der Religionsunterricht aus der Schule vertrieben wurde. Insofern hat sich etwas Vergleichbares wie die Christenlehre in Westdeutschland nicht bilden können. Die Vermutung, daß es deswegen in Westdeutschland keine gemeindliche Arbeit mit Kindern und Jugendlichen gibt, ist falsch. Die Formen sind andere, aber nur weil es die Christenlehre aus dem Osten Deutschlands im Westen nicht gibt, sollte man nicht behaupten, daß in den westdeutschen Gemeinden nichts geschieht, um Kindern zu helfen, Glauben zu lernen.

Die zweite, genauso generelle Bemerkung bezieht sich darauf, daß man meinen könnte, LER wäre in den neuen Bundesländern die einzige Antwort auf das Problem eines angemessenen Religionsunterrichts. Das ist nicht der Fall. Vier von fünf Bundesländern haben das Problem anders gelöst. Sie haben sowohl Ethik als auch Religion mit dem Status von ordentlichen Schulfächern ausgestattet. Auch damit sind nicht alle Probleme aus der Welt geschaffen, aber man hat keine Probleme mit der Verfassung. Insofern bleibt die Frage, warum man sich in Brandenburg dieses zusätzliche Problem aufgehalst hat, unbeantwortet.

Drittens ist es eine böse Unterstellung zu behaupten, es gäbe nur 10% potentielle Kunden für den Religionsunterricht. Nachdem festgehalten wurde, daß mehr als 50% der Teilnehmer am Religionsunterricht in Brandenburg wie auch in Sachsen nicht getauft sind, sondern unabhängig davon und freiwillig am Religionsunterricht teilnehmen, ist es nicht fair, weiterhin den Religionsunterricht gegen das Selbstverständnis von evangelischem Religionsunterricht auf die getauften Kinder zu beschränken.

Und viertens wurde noch einmal daran erinnert, daß im April 1990 in diesem Bereich drei Modelle ins Spiel gebracht worden sind: das staatliche Pflichtfach in diesem Bereich, ein Wahlpflichtbereich und der ökumenische Religionsunterricht. Nach wie vor verstehe ich nicht, warum es im Land Brandenburg nicht gelungen ist, eine freiheitsfreundliche Lösung des Problems durchzusetzen, nämlich die Möglichkeit, zwischen unterschiedlichen Angeboten zu wählen. Ihr Schreckgespenst mit den sieben Gruppen zielt an der Realität vorbei. Auch in Mathematik oder Deutsch bestehen in der Sekundarstufe I parallele Gruppen innerhalb einer Altersstufe. Die Vorstellung, daß das Fach Lebensgestaltung mit der Bildung von kleinen Gruppen verbunden ist und nicht mit dem Klassenverband als solchem sollte deshalb nicht beängstigen. Es ist demnach eine offene Frage, warum bestimmte, freiheitsfreundliche, Lösungen, die keineswegs kirchendominiert oder mit kirchlichen Machtansprüchen verbunden und durchaus grundgesetzkonform sind, einfach aus der Diskussion ausgeschlossen werden.

ETIENNE FRANÇOIS: Als ein Franzose, der schon lange Zeit in Deutschland lebt, verbinde und vergleiche ich die Beobachtungen und Erfahrungen aus beiden Ländern. Es ist vor allem auf die großen innerdeutschen Unterschiede aufmerksam gemacht worden. Man sollte aber dabei nicht vergessen, daß es auch in Frankreich gewaltige Unterschiede gibt. Unsere Diskussion sollte deshalb nicht nur ein Vergleich des sog. deutschen Modells und des sog. französischen Modells sein, sondern auch ein Vergleich der unterschiedlichen Erfahrungen in den beiden Ländern. Auch in Frankreich gibt es mindestens drei unterschiedliche Formen des »Religionsunterrichts«. Zunächst einmal existiert in der Mehrheit der Schulen, in den konfessionslosen, laizistischen Schulen natürlich kein formeller Religionsunterricht. Aber 20% der Schüler aus der Mittelstufe besuchen katholische Schulen, in denen Religion ein Pflichtfach ist, und schließlich gibt es in Elsaß-Lothringen den normalen Religionsunterricht fast nach dem deutschen Modell als Mischung aus dem Konkordat und dem deutschen Erbe. Die Vielfalt der Modelle in Frankreich und Deutschland bieten sich geradezu zum Vergleich an. Eine solche vergleichende Analyse würde dazu beitragen, die Gegensätze zu entschärfen und mehr Spielraum für das Nachdenken über neue Formen schaffen.

Meine zweite Bemerkung betrifft das Resultat des Religionsunterrichts sowohl in Frankreich als auch in Deutschland. Am Ende ihrer Schulzeit verfügen die Schüler – unabhängig davon, ob sie eine kirchliche oder nicht-kirchliche Schule besucht haben – in beiden Ländern meistens nur über geringe Religionskenntnisse. Das zeigt, daß die Debatten über die beste Form des Religionsunterrichts nur einen relativen Wert haben. Es kommt in diesem Bereich mehr auf etwas anderes als die Schule an. Damit will ich nicht sagen, daß unser Beruf keinen Sinn hätte, aber er hat nur einen relativen Wert.

Dritte Bemerkung: Wenn etwas von einer Generation zur nächsten vermittelt wird, geschieht dies vor allem über die Familie, die Kirche oder die Pfarrei. Entscheidend sollte sein, daß wir über die beiden Herausforderungen, die trotz aller Unterschiede bezüglich der Institutionen, der Geschichte und der Traditionen in beiden Ländern fast identisch sind, nachdenken. Diese beiden Herausforderungen ergänzen sich, obwohl sie gegensätzlich sind. Die eine Erfahrung ist die gewaltige Zunahme an Kindern, die nicht kirchlich gebunden sind, was nicht bedeutet, daß sie nicht religiös sind. Für diese Kinder, die in beiden Ländern heute die Mehrheit bilden, ist die konfessionell gebundene Form des Religionsunterrichts nicht mehr angemessen. Demnach muß eine andere Form des Religionsunterrichts gefunden werden.

Die zweite Herausforderung hängt mit der Anwesenheit der Muslime zusammen. De facto gibt es in der Bundesrepublik zwei Millionen, in Frankreich ungefähr vier Millionen Muslime. Sie sind mehr als eine Minderheit und kommen mit anderen Bedürfnissen, Erwartungen und Verhaltensweisen in die Schule. Oft tritt z.B. in den Vororten von Paris der Fall ein, daß Geschichts- oder Literaturlehrer beim Thema Fasten bei den »Franzosen« auf Unkenntnis stoßen, dagegen Schüler muslimischer Herkunft über den Ramadan zu berichten wissen. Auf diesem Umweg kommt man dann auf das Thema Fasten zurück. Darüber hinaus ist bei den Muslimen die gemeinschaftliche Haltung gegenüber dem Glauben sehr stark ausgeprägt und erinnert uns säkularisierte Christen daran, daß die Frage des Glaubens und der Religion nicht nur eine private oder individuelle, sondern auch eine eminent soziale Angelegenheit ist. Diese Frage der sozialen Anwesenheit der Transzendenz in unseren säkularisierten Gesellschaften sollte man nicht ausklammern, auch wenn man das gern würde.

Ernst Gottfried Mahrenholz: Zwischendurch habe ich gedacht, daß wir uns in *querelles allemandes* verstrickt haben, und die Franzosen nicht genau wissen, warum wir uns über solche Sachen so ereifern. Ihr Beitrag hat mich insoweit beruhigt, als deutlich wurde, daß sie sehr wohl die Problematik dieses Themas verstanden haben. Es ist wichtig festzuhalten, daß beide, Marianne Birthler und Richard Schröder, noch vor 1989 in der evangelischen Kirche tätig waren. Das Problem besteht also nicht in dem Konflikt, daß die LER-Vertreter versuchen, Religion in einem laizistischen Sinne abzuhandeln und die LER-Gegner als gute evangelische Christen die Sache aufrechterhalten wollen. Stattdessen hat Marianne Birthler betont, daß beide in der Praxis diese evangelische Seite während der DDR-Zeit zu vertreten versucht haben. Unabhängig vom Resultat respektiere ich beide. Zu der Entscheidungsfindung bleiben noch zwei Fragen zu stellen. Mehr als die verfassungsrechtliche Frage interessiert mich folgendes: Was passiert vom 1. bis zum 6. Schuljahr, wenn LER erst in dem 7. Schuljahr gestartet werden soll? Wäre es nicht wenigstens möglich, die Kinder dieser Altersstufe in biblische Geschichte und Bibelkunde einzuführen?

Die zweite Frage bezieht sich auf die prinzipielle Wahlmöglichkeit zwischen LER, evangelischem und katholischem Unterricht. Es muß darüber nachgedacht werden, inwieweit man akzeptieren möchte, daß der evangelische und der katholische Religionsunterricht eine Alternative zum LER-Unterricht darstellen. Dies scheint mir die kardinale Frage zu sein, und darauf sollte der brandenburgische Staat eine genauere Antwort geben.

Jean Baubérot: Die Debatte über LER ruft mir französische Erfahrungen in Erinnerung. Als die Laizisierung der Schule in Frankreich begann, gab es wegen der radikalen Abschaffung des öffentlichen Religionsunterrichts ganz ähnliche Debatten. Abgesehen vom heftigen Widerstand der katholischen Kirche um 1882/83 bleibt die Tatsache sehr interessant, daß viele Katholiken sich damals gefragt haben, ob der schulische Religionsunterricht die Eltern nicht in gefährlichem Maße von ihrer Verantwortung für die Vermittlung der Religion entbunden habe. Nur ein Beispiel: In Jules Ferrys Archiv befindet sich ein Flugblatt des katholischen Komitees des Departements Orne. Das Komitee drückt darin sein Bedauern aus, daß sich die Eltern auf die Schule verlassen hätten, um den Glauben an die Kinder weiterzugeben. Die Verfasser befürworten einen radikalen Neubeginn und rufen ihre Glaubensgenossen auf, durch ihr Verhalten und ihre Rede die Vermittlung des katholischen Glaubens an die nächsten Generationen wieder selbst in die Hand zu nehmen. Durch die laizistische Reform werden die Gläubigen daran erinnert, daß die Vermittlung des Glaubens vor allem in den Familien, unter der Verantwortung der Eltern, erfolgt. Es erstaunt nicht, daß Jules Ferry »Bravo!« an den Rand dieses Flugblattes des katholischen Komitees Orne geschrieben hat.

Manche behaupten, daß es auch in Religionsdingen zunächst darauf ankomme, laufen zu lernen, bevor man die Anatomie studieren könne. Nach meiner innersten Überzeugung lernt man das Laufen in der Familie, während das Schulsystem für das Anatomiestudium zuständig ist. Um die Metapher zu verlassen: Aufgabe der Schule ist die Behandlung dessen, was allen Kindern einer Klasse gemein ist; das ist in den anderen Unterrichtsfächern nicht anders. Die Geschichte der Laizisierung der französischen Schule ab 1882 ist in dieser Hinsicht ebenso aufschlußreich wie die Einführung eines weltlichen Moralunterrichts, der den Dialog mit den Religionen aufrechterhielt. Die zentrale Frage, die die laizistischen Reformer stellten, betraf den universalen Kern der unterschiedlichen bestehenden Überzeugungen, den man legitimerweise in der Schule vermitteln sollte.

Was das gegenwärtige französische Schulsystem betrifft, muß man die Koexistenz dreier deutlich verschiedener Modelle beachten. Es gibt zunächst ein Mehrheitssystem, nämlich das der laizistischen Schule. Dann gibt es das System der Privatschulen, der sog. Freien Schulen. In Elsaß-Lothringen gibt es schließlich eine besondere Lage. Die vertraglich an den Staat gebundenen Privatschulen, in der großen Mehrheit katholisch, erhalten staatliche Gelder. Sie müssen die Gewissensfreiheit achten. Das impliziert laut Gesetz, daß kein obligatorischer Religionsunterricht erteilt werden darf. Mangels einer allgemeinen Vergleichsstudie möchte ich die Ergebnisse einer neuen Studie über die Entwicklung eines katholischen Collège im Großraum Paris erwähnen. Dieses Collège hatte zunächst drei Optionen eingeführt: Die Option »Katechese« für Schüler, die sich auf die erste Kommunion vorbereiten wollten, die Option »Bibelwissen«, die innerhalb der Religionen, die sich auf die Bibel berufen, schon konfessionsübergreifender war, und schließlich die Option »Religiöses Wissen« im Respekt vor der Gewissensfreiheit der Schüler, deren Eltern weder ihre Teilnahme an der ersten noch an der zweiten Option wünschten. Dieses Collège hat nun aber sein ursprüngliches Modell geändert. Jetzt gibt es einen obligatorischen Kurs »Religiöses Wissen« für alle Schüler sowie die Optionen »Katechese« und »Bibelwissen« für alle, die diesen Unterricht besuchen möchten. Das zeigt, in welch hohem Maße hier von dem Prinzip ausgegangen wurde, daß religiöses Wissen nicht denen vorbehalten werden kann, die keine religiöse Verpflichtung haben, da das religiöse Wissen (Judaismus, Christentum, Islam, Buddhismus usw.) in den Bereich der allgemeinen Schulbildung fällt. Eine solche Entwicklung scheint mir sehr interessant. In Elsaß-Lothringen schließlich sind eher pragmatische Lösungen gefunden worden, da es abgesehen vom klassischen Geschichtsunterricht keine Vermittlung religiösen Wissens im staatlichen Schulsystem gibt: Abgesehen von der strikten Katechese findet Religionsunterricht in dem Augenblick statt, da die Lehrer (für Philosophie, Geschichte usw.) darauf achten, daß ethische oder religiöse Probleme im Zusammenhang mit den unterschiedlichen Lebensentwürfen und spezifischen Standpunkten der einzelnen Religionen gesehen werden. Ein solcher Unterricht wird im wesentlichen Reflexionscharakter haben und dem Meinungsaustausch dienen.

Angesichts all dessen scheint mir, daß die Vorschläge zur LER in Brandenburg die Diskussion im übrigen Deutschland voranbringen können. Ich möchte lediglich mein Bedauern darüber äußern, daß in all diesen Diskussionen sehr viel weniger theologische Überlegungen als unterschiedliche Positionen in der Kirchenpolitik zum Tragen kommen.

Marianne Birthler: Zum Stichwort Christenlehre muß gesagt werden, daß sie in der DDR der Not gehorchend eingerichtet und zuerst auch als Notlösung betrachtet worden ist. Zunehmend ist sie dann aber als ein eigenständiger und sehr chancenreicher Arbeitszweig der Kirche wahrgenommen worden; nicht mehr als Ersatz für schulischen Religionsunterricht, sondern als ein eigener Wert. Brandenburg ist in der Tat das einzige ostdeutsche Bundesland, in dem bezüglich des Religionsunterrichts ein alternativer Weg zum westlichen Modell eingeschlagen wurde. In Brandenburg waren Parlament und Regierung zu einem solchen Modell geneigt. Es war die Kirche, die sich gegen dieses Konzept ausgesprochen hat. In anderen Ländern war es umgekehrt. In Mecklenburg-Vorpommern z.B. war es der Wille der Kirche, ein solches integriertes Modell anzubieten, weil sie nicht mit der Westkirche vereinigt werden wollte. In diesem Fall hat die CDU-Regierung den Vorschlag abgelehnt. Wenn behauptet wird, daß nicht mehr als 10% der Kinder und Jugendlichen potentiell für den Religionsunterricht in Frage kommen, gibt es natürlich nach oben und unten Abweichungen. Dies steht nicht im Widerspruch dazu, daß die Hälfte der Kinder, die den Religionsunterricht besuchen, ungetauft sind. Auch an der Christenlehre nahmen mehr ungetaufte als getaufte Kinder teil, und das ist gut so.

In Brandenburg möchte man den Dialog zwischen unterschiedlichen Weltanschauungen und Lebenshaltungen organisieren. Aus diesem Grund propagiert man ein integriertes Unterrichtsmodell. Absicht ist dabei nicht, alle Kinder in ein einheitliches Fach zu zwängen. Es wurde darauf hingewiesen, bezüglich der Erwartungen an einen wertorientierten

Unterricht bescheiden zu sein. Das, was Kinder neben der Schule erleben, prägt sie viel stärker als ein Unterrichtsfach. Wenn Religionsunterricht hinsichtlich der Wertebildung wirklich so relevant wäre, müßte man zwischen Bayern, wo es vierzig Jahre flächendeckenden katholischen Religionsunterricht gab, und Brandenburg wo es nie Religionsunterricht gegeben hat signifikante Unterschiede in der Kriminalitätsstatistik feststellen. Dies ist nicht der Fall. Damit ist solch ein Unterricht nicht wertlos, aber diese Beobachtung lehrt Bescheidenheit im Blick auf all die Bemühungen. Eine Ausweitung des LER-Unterrichts auf die 5. und 6. Klasse ist vorgesehen. In den ersten vier Schuljahren sind die Inhalte von LER durch fachübergreifenden Unterricht gesichert.

RICHARD SCHRÖDER: In Gesamtdeutschland, d.h. auch in den alten Bundesländern, gibt es auf dem Feld des Religionsunterrichts einen Reformbedarf. Es ist bedauerlich, daß sich die beiden großen Kirchen angesichts dieser Umstände nicht auf einen ökumenischen Religionsunterricht verständigen können. Dazu bedürfte es keiner Verfassungsänderung, sondern lediglich des Willens der beiden großen Konfessionen. Es kann für diese Auseinandersetzung keine zentraldeutsche Regelung geben, denn die Bundesländer haben in diesem Bereich je für sich die Kompetenz in den Grenzen der Verfassung. In den Ländern, in denen Ethik und Religion nebeneinander gelehrt werden, bleibt das Problem, wie beide Fächer miteinander verzahnt werden können, offen. Es wäre keine gute Lösung, einen extra Studiengang für Ethiklehrer einzurichten – in zwei Bundesländern gibt es dazu schon Ansätze. Die Konfrontationen und Meinungsunterschiede, die sich aus den beiden Fächern ergeben, müssen schon während der Ausbildung thematisiert werden. Wenn man sich über einen ökumenischen Religionsunterricht und eine gemeinsame Ausbildung für Ethik- und Religionslehrer einigen würde, könnten unverzüglich Reformen in Angriff genommen werden, ohne daß eine Verfassungsänderung nötig wäre.

MARIANNE BIRTHLER: Der LER-Unterricht ist nicht nur in Brandenburg, sondern auch allgemein unter Christen sehr umstritten. Die Idee dieses integrierten Unterrichts ist innerhalb der evangelischen Kirche entstanden, und in der Mehrheit waren es Christen, die die Konzeption für LER vorbereitet und in die Praxis umgesetzt haben. Vor dem Hintergrund der DDR-Vergangenheit mußte ein Konzept für die 80-90% nicht-christlichen Kindern entwickelt werden. Dabei konnte es nicht die Aufgabe der Schule sein, als Negativseite zum Religionsunterricht ein Extra-Angebot für Nicht-Christen zu organisieren. Denn Unterricht lebt immer auch vom Gespräch der Schülerinnen und Schüler untereinander. Die Erfahrungen, die sich die Schülerinnen und Schüler gegenseitig mitteilen, sind wichtig, und ein Unterricht zu diesen Themen, bei dem die Christen ausgeschlossen sind, weil sie parallel einen konfessionellen Religionsunterricht besuchen, wäre ein verarmter Unterricht.

Rudolf von Thadden: Die Frage nach der Theologie ist noch nicht ausreichend erörtert worden, und es wurde noch nicht deutlich geklärt, was einen Christen im Vergleich zu einem Nicht-Christen auszeichnet. Über diese Größen wird sehr statistisch geredet, und es wäre gut, sich bei der Frage des Unterrichts auch an religiös elementar interessierte, aber nicht notwendigerweise christlich registrierte junge Menschen zu wenden. Auch das gehört zum Inhalt von Werte- und Religionsunterricht.

Christoph Hartmann

Die Stellung des Ethik- und Religionsunterrichts in Sachsen-Anhalt aus kirchlicher Sicht

Die Anfänge nach der Wende

Es war eine eindrückliche Erfahrung, als im Herbst 1989 die runden Tische für Bildung zusammengerufen und über die Zukunft des Schulwesens diskutiert wurde. Da saßen Lehrer, Pfarrer, Politiker, Eltern und Schüler zusammen und machten erste Erfahrungen mit einem Dialog, den es so vorher nicht gegeben hatte.

Der zwangsweise durch den Staat verordnete weltanschauliche Orientierungsrahmen der DDR – Zeit war in sich zusammengefallen. Vielen wurde bewußt, welches Defizit an Kenntnissen über die religiösen und geistigen Traditionen unserer Kultur die ideologisch verengte Bildungspolitik zurückgelassen hatte. So entstand ein zeitweise kaum zu stillendes Informationsbedürfnis über Religionen und nichtreligiöse und nichtmarxistische Weltanschauungen. Und es begann ein Dialog darüber, welches die Grundlagen einer zukünftigen allgemeinen Bildung sein müssen. Allen war deutlich, daß die Verständigung über Sinnfragen, über grundlegende Werte der Lebensorientierung nur in einem breiten gesellschaftlichen Dialog geschehen kann. Als Voraussetzung für einen solchen Dialog wurden Kenntnisse über die Traditionen des Christentums als einer Wurzel der europäischen Kultur und die Auseinandersetzung mit heutigen Formen religiösen Lebens gefordert.

Es bestand von Anfang an Einigkeit über zwei Grundsätze, die bei der Ausgestaltung des Schulwesens in Sachsen-Anhalt zu berücksichtigen sind:

1. Die Bildung in religiösen und ethischen Fragen gehört zum Grundauftrag der öffentlichen Schulen.
2. Bei der Form, in der diese Bildung angeboten wird, muß auf die Tatsache Rücksicht genommen werden, daß ein großer Teil der Bevölkerung nicht religiös gebunden ist.

Im Gebiet der Evangelischen Kirche der Kirchenprovinz Sachsen ist ein radikaler Traditionsabbruch bezüglich der Zugehörigkeit zu einer der Konfessionen zu verzeichnen. Anfang der fünfziger Jahre gab es gut drei Millionen Gemeindeglieder. Jetzt sind es noch ca. 650.000. Durchschnittlich gehören ca. 20% der Bevölkerung der Evangelischen Kirche an.

Grundsatzentscheidungen in Landesverfassung und Schulgesetz von Sachsen-Anhalt

Die Zeit der runden Tische war sehr bald vorbei. Die Debatte verlagerte sich auf andere Ebenen. Die schnelle politische Vereinigung Deutschlands erforderte rasches Handeln. Es war der neu gewählte Landtag, der die notwendigen Entscheidungen fällen mußte.

In Auseinandersetzung mit dem Grundgesetz der BRD und angesichts der eben geschilderten Situation wurde nach intensiver Konsultation auch mit den Kirchen durch entsprechende Regelungen in der neuen Landesverfassung und im Schulgesetz folgendermaßen entschieden:

Es wird ein Wahlpflichtbereich gebildet. Der Evangelische Religionsunterricht, der Katholische Religionsunterricht und der Ethikunterricht sind gleichwertig nebeneinanderstehende Unterrichtsangebote. Die Schülerinnen und Schüler bzw. deren Eltern wählen, welches Unterrichtsangebot wahrgenommen wird. Dabei spielt es keine Rolle, welcher Religion, christlichen Konfession oder Weltanschauung ein Schüler bzw. dessen Eltern sich zugehörig fühlen.

Das Land Sachsen-Anhalt stellt also neben den im Grundgesetz festgeschriebenen Religionsunterricht einen Ethikunterricht. Beide werden ausdrücklich als ordentliche Lehrfächer bezeichnet. Über Aufgaben und Ziele des Ethikunterrichts wird festgelegt: »Im Fach Ethik werden den Schülern das Verständnis für ethische Werte und Normen sowie der Zugang zu philosophischen und religiösen Fragen vermittelt.«[1]

Kirchliche Positionen zur religiösen und ethischen Bildung an öffentlichen Schulen

Nach der Wende sahen sich die Kirchen vor eine bis dahin ungewohnte Herausforderung gestellt. Sie sollten aktiv die religiöse Bildung in öffentlichen Schulen mitverantworten und vor allem die Mitverantwortung für den Religionsunterricht übernehmen. Meine Heimatkirche ist zunächst zögernd an diese Aufgabe herangegangen. In einem längeren innerkirchlichen Diskussionsprozeß haben sich dann folgende Überzeugungen herausgebildet:[2]

1. Es entspricht der Tradition unserer Kirche, Mitverantwortung für die Bildung in Familie, Kommune, Schule und Gesellschaft wahrzunehmen. Auch in einer sich pluralistisch verstehenden Gesellschaft ist die Kirche ein unverzichtbarer Faktor im gesamtgesellschaftlichen Diskurs über Fragen der Sinnorientierung und der Wertevermittlung.

2. Die spezielle Mitverantwortung für den Evangelischen Religionsunterricht ist zu verstehen als eine Form des Dienstes der evangelischen Kirche in der Gesellschaft. Dabei will der Religionsunterricht nicht zu einer bestimmten Glaubensüberzeugung führen. Er ist nicht kirchlicher Unterricht in der Schule.
3. Pädagogisch wird festgehalten, daß sich der Evangelische Religionsunterricht am allgemeinen Erziehungs- und Bildungsauftrag der Schule zu orientieren hat. Er hat auf seine Weise einen Beitrag zu leisten zur Herausbildung individueller und sozialer Bildungsziele.[3]
4. Inhaltlich geht es um die Grundaussagen biblisch-christlicher Tradition, um die Frage nach Gott, um die christliche Perspektive bei der Behandlung ethischer Fragen. Natürlich geht es auch um andere Weltreligionen und Weltanschauungen.
5. Religionsunterricht soll in ökumenischer Offenheit und in enger Kooperation mit dem Ethikunterricht stattfinden. Er versteht sich als Element in einem Prozeß der weiteren Entwicklung und Veränderung des Schulwesens insgesamt. Deswegen gehören Elemente fächerübergreifenden Lernens und enge Kooperation, vor allem mit dem Ethikunterricht, dazu.
6. Religionsunterricht kann und will fehlendes religiöses Leben in der Familie und der Gemeinde nicht ersetzen. Er kann nur anstoßen, helfen Fragen zu stellen, Kenntnisse vermitteln und zu kritischer Auseinandersetzung anleiten. Deswegen widmet sich unsere Kirche mit gleicher Aufmerksamkeit auch der innerkirchlichen Bildungsarbeit.
7. Der Ethikunterricht wird als ein wichtiges alternatives Angebot angesehen, mit dem weitgehende Kooperation angestrebt werden soll. Dabei wird die Zusammenfassung der beiden Religionsunterrichte mit dem Ethikunterricht in einer eigenständigen Fächergruppe als beste Lösung angesehen.

Zur gegenwärtigen Situation

An eine flächendeckende Versorgung mit Religions- und Ethikunterricht ist auf absehbare Zeit nicht zu denken. Dies ist schon an der zur Verfügung stehenden Zahl der Lehrkräfte zu ersehen. Im Schuljahr 1995/96 waren an Lehrkräften im Einsatz:

Ethikunterricht: 408

Ev. Religionsunterricht: 360, davon 160 kirchliche Mitarbeiterinnen und Mitarbeiter

Kath. Religionsunterricht: 34

Man geht gemessen an der Gesamtschülerzahl davon aus, daß ca.3% am Ev. RU und ca. 10% am Ethikunterricht teilnehmen.

Die Lehrkräfte werden durch Weiterbildungslehrgänge auf ihre Tätigkeit vorbereitet. Für die Religionslehrer ist das Pädagogisch-Theologische Institut der Kirchenprovinz Sachsen als kirchliche Einrichtung vom Kultusministerium mit der Durchführung der Kurse beauftragt.

Gemäß der Stundentafel sollen beide Fächer in allen Jahrgangsstufen zweistündig angeboten werden. Der Unterricht kann da beginnen, wo eine geeignete Lehrkraft vorhanden ist. Dabei ist zu berücksichtigen, daß sich die beiden Kirchen bis jetzt nicht auf eine Anerkennung des Religionsunterrichts der jeweils anderen Konfession einigen konnten. Das bedeutet in der Praxis, daß streng genommen die Wahlpflicht erst dann greift, wenn die Schülerinnen und Schüler zwischen drei Angeboten wählen können: Evangelischer Religionsunterricht, Katholischer Religionsunterricht und Ethikunterricht. (Mancher pfiffige Schüler hat plötzlich ein ausgesprochen katholisches Interesse entwickelt, wohl wissend, daß es dieses Unterrichtsangebot nicht geben wird und er frei hat.)

Zur Akzeptanz des Religions- und Ethikunterrichts bei Schülern und Eltern

Auf Grund der bereits beschriebenen gesellschaftlichen Situation wird selbstverständlich der Ethikunterricht von einem größeren Teil der Schülerinnen und Schüler gewählt. Beim Religionsunterricht sind die Erfahrungen sehr unterschiedlich. Es gibt Schulen, in denen der Religionsunterricht bereits einen festen Platz hat und als selbstverständlich dazugehörig angesehen wird. Es begegnen aber immer wieder auch aggressive Ablehnung und Gleichgültigkeit, durch die ein Unterrichtsangebot im Religionsunterricht nicht angenommen wird. Erstaunlich hoch ist in den bestehenden Lerngruppen der Anteil von Schülern aus nichtreligiösgebundenen Familien, die den Religionsunterricht wählen. In der Regel sind in den gegenwärtig bestehenden Lerngruppen des Religionsunterrichts weit über 50% der Schülerinnen und Schüler nicht getauft und stammen nicht aus einer kirchlich gebundenen Familie.

Zur Stellung des Religionsunterrichts im Fächerkanon

Es bewährt sich, daß Religionsunterricht als ordentliches Lehrfach in den Kanon der anderen Fächer eingeordnet ist. Dort, wo er stattfindet, ist er für die Lehrerkollegien ein Anlaß, vorurteilsfreier und offener mit religiösen Fragestellungen umzugehen. Dies kann auch durch den Ethikunterricht angeregt werden, wenn die Lehrkraft sich besonders um die Auseinandersetzung mit religiösen Fragestellungen bemüht. Es ist allerdings auch immer wieder zu beobachten, daß durch den Ethikunterricht den Schülern alte, zum Teil aus der DDR-Zeit stammende Vorurteile gegen Religion und Kirche weitervermittelt werden.

Gute Erfahrungen werden gemacht, wenn es zu einer Kooperation zwischen den Lehrkräften des Ethik- und Religionsunterrichts kommt. Angeregt durch gemeinsam besuchte Fortbildungen oder durch regionale Arbeitskreise mit Religions- und Ethiklehrern werden abgestimmte Planungen vereinbart und vor allem bei Projekten gemeinsam geplant und gearbeitet. Hier bieten sich Dialogebenen, die für alle einen Gewinn bringen.

Offene Probleme und Perspektiven – Kooperation in einer Fächergruppe

Folgende Probleme sind zu benennen:

1. Es gibt für beide Fächer bei weitem nicht genug Lehrkräfte, um den Bedarf zu decken. Für den Religionsunterricht ist die Zahl der kirchlich gebundenen Lehrkräfte sehr gering. Für den Ethikunterricht fehlt bis jetzt ein grundständiges Lehramtsstudium.
2. Schulorganisatorisch bereitet die Wahlpflichtregelung eine ganze Reihe von Problemen, da die Unterrichtsgruppen je nach Wahlverhalten der Schülerinnen und Schüler unterschiedlich groß sind. Allerdings zeigt die Praxis, daß bei gutem Willen einer Schulleitung erstaunlich viel Variationsmöglichkeiten vorhanden sind.
3. Dringend geklärt werden muß die Frage der wissenschaftlichen Verankerung des Ethikunterrichts. Ethiklehrerinnen und Ethiklehrer berichten immer wieder von der Unsicherheit, die mit den bisher wissenschaftlich nicht geklärten Grundlagen des Faches zusammenhängen.
4. Der gegenwärtige Zwang zum Sparen, sowohl im Land als auch bei den Kirchen, droht zu einer Stagnation beim Engagement für die weitere Entwicklung der Unterrichtsangebote zu führen.
5. Beide großen Kirchen haben noch keine Verständigung über weiterführende Konzepte ökumenischer Zusammenarbeit im Religionsunterricht finden können.

Perspektiven

Die weitere Ausgestaltung des Religions- und Ethikunterrichts ist in einem engen Zusammenhang mit der allgemeinen weiteren Schulentwicklung zu sehen. Stichworte wie fächerübergreifendes, handlungsorientiertes und projektbezogenes Lernen kennzeichnen Akzente, die das bisherige Lehren und Lernen an unseren Schulen notwendigerweise verändern werden. Dabei wird es sehr darauf ankommen, daß Ethikunterricht und Religionsunterricht als eine Fächergruppe mit eigenem Gewicht in diese Veränderung einbezogen werden. Die Auseinandersetzung mit der Sinnfrage, mit Religionen, mit Weltanschauung und mit Wertorientierung in systematisch geordneter Form bleibt eine Aufgabe für die Schule. Innerhalb der dafür zuständigen Fächergruppe sollen die Ebenen der Kooperation ausgebaut werden. Bei der gegenwärtig anstehenden Überarbeitung der Rahmenrichtlinien gibt es bereits eine Zusammenarbeit zwischen der Rahmenrichtlinienkommission für Evangelischen Religionsunterricht, Katholischen Religionsunterricht und Ethikunterricht. Sehr viele Themenfelder sind ähnlich. Darum sollen Gemeinsamkeiten und Unterschiede deutlicher als bisher markiert und die Grundlage für die Kooperationsmöglichkeiten eröffnet werden. So soll den Schülerinnen und Schülern sowohl ein deutlich unterscheidbarer Zugang zur Bearbeitung der Frage nach dem Sinn und zu den Werten angeboten werden als auch Dialogmöglichkeiten eröffnet werden. Wenn es gut geht, dann gelingt an den Schulen, was der Gesellschaft insgesamt noch besser gelingen muß.

1 Schulgesetz des Landes Sachsen-Anhalt vom 30. Juni 1993 § 19 (4)

2 Vgl. »Die kirchliche Verantwortung für das Bildungsgeschehen in Gemeinde, Schule und Gesellschaft im Bereich der Kirchenprovinz Sachsen«, in: Roland Degen/Götz Doyé (Hg.), Bildungsverantwortung der Evangelischen Kirchen in Ostdeutschland. Grundsatztexte-Entwicklungen-Kommentare, Münster 1995, S.41-68.

3 Schulgesetz des Landes Sachsen-Anhalt vom 30. Juni 1993, §1.

Udo Winkler

Die Stellung des Ethik- und Religionsunterrichts in Sachsen heute

Verfassungsmäßige Grundlagen

Schülerinnen und Schüler erleben und erfahren heute in ihrer Umwelt und in den Medien eine Vielfalt von Meinungen, Eindrücken und Vorstellungen, die oft sehr widersprüchlich sind. Sie brauchen, um im Leben richtig entscheiden zu können, Maßstäbe und Orientierungen für ihr Handeln. In Artikel 101 der Verfassung des Freistaates Sachsen sind die Ziele klar aufgezeigt: »Die Jugend ist zur Ehrfurcht vor allem Lebendigen, zur Nächstenliebe, zum Frieden und zur Erhaltung der Umwelt, zur Heimatliebe, zu sittlichem und politischem Verantwortungsbewußtsein, zur Gerechtigkeit und zur Achtung vor der Überzeugung des anderen, zu beruflichem Können, zu sozialem Handeln und zu freiheitlicher demokratischer Haltung zu erziehen.«

Einen wesentlichen Beitrag zur Erreichung dieser Ziele können die Fächer Ethik und Religion leisten. Sie sind an den Schulen gemäß Artikel 7 Grundgesetz und Artikel 105 der Verfassung des Freistaates Sachsen mit Ausnahme der bekenntnisgebundenen und bekenntnisfreien Schulen ordentliche Lehrfächer. Bis zum Eintritt der Religionsmündigkeit entscheiden die Erziehungsberechtigten, in welchem dieser Fächer ihr Kind unterrichtet wird.

Grundlage für den Unterricht in Ethik und Religion

Das Schulgesetz für den Freistaat Sachsen schreibt fest, daß der Religionsunterricht an öffentlichen Schulen ordentliches Lehrfach ist und daß Schüler, die nicht am Religionsunterricht teilnehmen, den Unterricht im Fach Ethik besuchen. Auch für Unterricht und Erziehung in Ethik und Religion bilden die Lehrpläne und die Stundentafeln eine wichtige Grundlage, in denen Inhalt, Art und Umfang des Unterrichtsangebotes festgelegt werden.

Die Lehrpläne im Fach Religion unterscheiden sich nach den Bekenntnissen in evangelischer bzw. katholischer Religion. Sie sind für die einzelnen Schularten Grundschule, Mittelschule, Gymnasium und Förderschule ebenso in Kraft getreten wie für das Fach Ethik. Es bedurfte großer Anstrengung, um für die neueingeführten Fächer Lehrkräfte auszubilden. So erfolgte in der grundständigen Lehrerausbildung an den Universitäten die Einrichtung entsprechender Studiengänge auch für Fach Ethik. Auch die Lehrerweiterbildung reagierte auf die neuen Anforderungen, und viele Lehrkräfte erwarben in den neueingeführten Fächern die Lehrererlaubnis. Hilfen für Lehrerbildung, wissenschaftliches Studium und II. Phase aus alten Bundesländern. In den Fächern Ethik und Religion besteht jedoch weiterhin ein Bedarf an Lehrkräften.

Zu Inhalten der Lehrpläne

Ethik- und Religionsunterricht tragen zur Sozialisation der Kinder und Jugendlichen bei. Sie fördern soziales Lernen und ermutigen zu sozialem Engagement. Bei der Werteerziehung im Fach Ethik stehen bereits von der Grundschule an die Achtung vor dem Leben in seiner Vielfalt, vor den Leistungen der Mitmenschen, vor ethischen Verhaltensweisen, Toleranz gegenüber anderen Wertauffassungen und Weltanschauungen und Verantwortung für die eigene Person, für den Nächsten und Fernsten, für Natur und Umwelt im Vordergrund. Dabei sollen kindgerecht Erlebnis-, Entscheidungs- und Handlungsfähigkeit entwickelt werden. Lernbereiche im Fach Ethik in der Grundschule sind »Ich im wir«, »MIT-einander«, »Von den anderen«, »Dasein für andere«, sie setzen sich z.B. in der Mittelschule fort mit »Der Mensch und seine Verantwortung für den Mitmenschen«, »Sinndeutung des Lebens«, »Freundschaft, Liebe, Partnerschaft«, »Mensch, Natur Technik«.

Der Religionsunterricht in Sachsen wird in Übereinstimmung mit den Grundsätzen der Kirchen erteilt. Er ist zwar konfessionell geprägt, unterscheidet sich in seiner Zielsetzung und Gestaltung von der kirchlichen Glaubenseinführung in den Gemeinden wie Christenlehre, Konfirmandenunterricht oder der Vorbereitung auf die Sakramente der Erstkommunion oder der Firmung. Deshalb können auch Schüler, die keiner Kirche angehören, im Religionsunterricht Informationen über abendländisch-christliche Traditionen und Werteorientierungen sowie über die Weltreligionen erhalten und sich damit auseinandersetzen.

Inhaltliche Schwerpunkte des Faches Evangelische Religion an Grundschulen sind »Miteinander leben«, »Das Geheimnis entdecken«, »Mit der Gemeinde feiern«, »Menschen erfahren Gott« und »Jesus kennenlernen«.

Fundamentale Lernbereiche in der Mittelschule im Fach Katholische Religion reichen u. a. von »Das eigene Leben«, »Botschaft der Bibel«, »Schöpfung – Welt und Gesellschaft« bis zu »Kirche und Sakramente«.

Im Fach Evangelische Religion in der Mittelschule stehen u. a. folgende Schwerpunkte im Mittelpunkt:
Der Zusammenhang von Glaube und Leben

– bei der Suche nach Identität und bei der Gestaltung der eigenen Lebensgeschichte und des Miteinanders in Gruppen und in der Gesellschaft,
– beim Verstehen der Geschichte und Kultur der Völker und besonders des eigenen Volkes,
– beim Verstehen und Gestalten der Welt, in der wir leben.

Wie wird der Religionsunterricht von den Schülern aufgenommen?

Im Schuljahr 1996/97 lernen 230.604 sächsische Schüler im Ethikunterricht, 64.011 in Religion. Das ist eine Zunahme in Ethik von rund 16.100 und in Religion von ca. 4.600 Schülern im Vergleich zum Vorjahr. Erhielten bisher nur die Schüler ab der Klasse 5 Unterricht in diesen Fächern, so wird im kommenden Schuljahr Ethik und Religion auch in der Grundschule, beginnend mit Klasse 1 (jährlich aufsteigend bis zur Durchgängigkeit im Schuljahr 2001/02) eingeführt.

Evangelisch und katholisch getaufte Schüler sind grundsätzlich zum Religionsunterricht angemeldet. Ansonsten ist der Religionsunterricht für konfessionslose Kinder offen.

Die über 40 Jahre andauernde atheistischer Propaganda, die sich nahtlos an die Jahre am Dritten Reich anschloß, hatte eine starke Entfremdung großer Teile der Bevölkerung von Kirche und religiösen Inhalten zur Folge. Aus den Lehrplänen der Schule in der ehemaligen DDR wurden mit sehr geringer Ausnahme alle Inhalte entfernt, die sich mit dem Christentum oder der christlichen Tradition befaßten.

So fehlen Informationen über das Christentum, die oft grundlegender Art sind. Deshalb gilt es, im Religionsunterricht didaktische Konzepte zu finden, die die starke Heterogenität der Lernvoraussetzungen der Schüler beachtet. Denn deren Spannbreite reicht von kirchlich gebundenen und religiös interessierten Schülern über solche, die der Kirche fernstehen, aber religiös interessiert sind, bis zu Schülern, die weder kirchlich gebunden noch religiös interessiert sind.

Eine Befragung von knapp 1.500 Schülern von Mittelschulen und Gymnasien in Sachsen, in der das Fach Evangelische Religion mit Schulnoten zu bewerten war, ergab folgende Verteilung:[1]
– Sehr gut und gut wurde der Unterricht von 50% eingeschätzt.
– Befriedigend und ausreichend 39%,
– mangelhaft und ungenügend 11%.

Der Durchschnitt lag bei dieser Befragung bei der Note 2,6.

Bei der Nennung der Gründe für die Wahl des Faches ergaben sich folgende Häufigkeiten (Mehrfachnennungen möglich):

– weil ich neugierig auf das Fach war: 55%
– weil ich an Gott glaube: 47%
– weil ich den Ethikunterricht ablehne: 41%
– weil meine Freunde den Religionsunterricht besuchen: 25%
– meine Eltern wollen, daß ich den Religionsunterricht besuche: 25%

Zusammenfassend kann man sagen, daß der Religionsunterricht auch viele Schülerinnen und Schüler erreicht, die keine kirchliche Bindung aufweisen. Das Fach besitzt bei den Schülerinnen und Schülern eine hohe Akzeptanz. Gründe für die Wahl des Faches sind in erster Linie die Neugier auf den Religionsunterricht als neues Schulfach, der Glaube an Gott und die Ablehnung des Ethikunterrichts.

In der o. g. Untersuchung antworteten auf die Frage »Wirst du im nächsten Jahr wieder am Religionsunterricht teilnehmen?« 80% der Befragten mit »ja«. Als Hauptgrund für die Ablehnung des Faches wurde genannt »Weil ich nicht gern auswendig lerne.«

Ausblick

Mit dem zuletzt erwähnten Untersuchungsergebnis wird gleichzeitig ein Problem deutlich, das auf die unbedingt notwendige Fortbildung hinweist. Die Fächer Ethik und Religion werden nur an den Schulen erteilt, wo der jeweilige Unterricht von entsprechend ausgebildeten Lehrkräften erteilt werden kann. Befinden sich Lehrkräfte in einer entsprechenden berufsbegleitenden Weiterbildung, dann können sie ebenfalls Unterricht in diesen Fächern erteilen. Kirchliche Lehrkräfte sind den staatlichen Lehrkräften gleichgestellt und erhalten einen Unterrichtsauftrag vom zuständigen Oberschulamt. Damit die Fächer an möglichst vielen Schulen unterrichtet werden können, ist ein schulenübergreifender Einsatz der Ethik- und Religionslehrer vorgesehen.

Die Fächer Ethik und Religion haben alle Chancen, die mit dem Neuaufbau verbunden sind: »unverbrauchte« neugierige Lehrkräfte und Schüler, kollegialer Erfahrungsaustausch auch mit den Lehrern anderer Fächer, neue Lehrpläne und die Erprobung neuer didaktisch methodischer Zugänge. Werteerziehung stellt den Menschen in den Mittelpunkt – dies beleuchtet die Aufgabe, die vor Schülern wie auch Lehrern steht. Dabei bedarf es der Phantasie, Sensibilität und Ausdauer aller Beteiligten beim Erschließen der philosophisch-ethischen und der weltanschaulich-religiösen Dimensionen unseres Lebens.

1 Helmut Hanisch / Detlef Pollack, Religion – ein neues Schulfach, Stuttgart 1997.

Fünfte Diskussionsrunde

Jean-Paul Martin: Um den Vergleich auf breiterer Grundlage ziehen zu können und über die Modelle Brandenburgs, Sachsens und Sachsen-Anhalts hinauszugehen, werde ich kurz auf das Beispiel Belgiens eingehen. Dort gibt es seit langer Zeit ein Philosophiekurs genanntes Unterrichtsangebot, das vor allem Unterricht über die Religionen einschließt. Die Kurspalette hat sich im Laufe der Zeit vergrößert, so daß sie heute den Islam im gleichen Rang wie die vier anderen Optionen behandelt. Es sind dies der Unterricht in sog. nichtkonfessioneller Moral (weltliche Moral), außerdem protestantischer, katholischer und jüdischer Religionsunterricht. Während der gesamten Dauer ihrer Schulpflicht (von der Grundschule bis zum 18. Lebensjahr) müssen die Schüler obligatorisch zwischen diesen fünf Optionen wählen. Sie können natürlich wechseln, und auch wenn bis zur Volljährigkeit der Schüler die Wahl von ihren Eltern getroffen wird, verhandeln die Schüler auch mit ihnen darüber. In Belgien ist dieses System von Dauer, und es funktioniert dort, obwohl es in einem Klima des Kampfes um die Schulen eingeführt wurde, das dem in Frankreich durchaus vergleichbar war. Im 19. Jahrhundert wurden in Belgien vielleicht sogar noch härtere Auseinandersetzungen zwischen Katholiken und Antiklerikalen ausgetragen.

Marianne Birthler: In Brandenburg gibt es für alle Schüler der Sekundarstufe I auch das Fach Politische Bildung. In diesem Unterrichtsfach ist der staatsbürgerkundliche Aspekt gut aufgehoben. LER und politische Bildung sind demnach zwei unterschiedliche Fächer, bei denen es sicherlich auch eine gewisse Überschneidung gibt. Da die binnenkirchliche Diskussion über das Thema LER in Brandenburg sehr den Debatten von 1990 in Sachsen-Anhalt und in Sachsen ähnelt, wäre an dieser Stelle zu untersuchen, ob die Initiative für den konfessionellen Religionsunterricht damals in Sachsen-Anhalt und Sachsen mehr von den Kirchen oder mehr vom Staat ausging. Man sollte sich ebenfalls vor Augen führen, in welcher Form die innerkirchliche Debatte damals in diesen Bundesländern geführt worden ist.

Christoph Hartmann: Der Anstoß kam zunächst aus der CDU-Fraktion. Der erste Entwurf des Schulgesetzes von Sachsen-Anhalt beinhaltete dieselbe Regelung wie in Niedersachsen. Es war ein Zusammenschluß von Kirchen und Gewerkschaften, der dann darauf aufmerksam gemacht hat, daß ein ordentliches Lehrfach, das nur für knapp 20% der Schüler eingerichtet wird und die anderen Schüler automatisch zum Abmelden zwingt, ein Problem darstellen würde. Deswegen ist in Gesprächen zwischen Gewerkschaften, Kirchen und Parteien dann diese

Wahlpflichtregelung entstanden. Sie wurde als ein tragfähiger Kompromiß empfunden. Denn die Beteiligung der Kirche an einem ordentlichen Lehrfach blieb bestehen. Gleichzeitig bot diese Regelung für alle, die sich nicht für einen konfessionellen Religionsunterricht entscheiden konnten, eine gleichwertige und gleich gültige Alternative im Sinne eines ordentlichen Lehrfaches. Das ist auch der Unterschied zu der Regelung in den alten Bundesländern, in denen das Alternativfach Ethik oder Werte und Normen eher aus Verlegenheit entstanden ist, damit die abgemeldeten Kinder nicht zur Eisdiele oder ins Café laufen. Eine echte Wahlmöglichkeit sollte gewährleistet werden. Deswegen hat die Kirche in Sachsen-Anhalt – im Unterschied zu Sachsen – betont, daß auch die Taufe keinen Schüler von vornherein in einen bestimmten Unterricht zwingen soll. Diese Entscheidung hängt mit einer ausführlichen innerkirchlichen Diskussion über die Fortentwicklung der Christenlehre in Sachsen-Anhalt zusammen. Nachdem diese Fächer eingerichtet worden waren, begann in einer nächsten Phase der Versuch, beide Fächer weitgehend zu verzahnen, um sie nicht wie zwei Blöcke nebeneinander stehen zu lassen. Das ist natürlich ein Prozeß, der sehr schwierig ist, weil uns als Kirche momentan die Partner fehlen, mit denen wir das Ganze entwickeln können. Es ist eine Schwäche, daß es in Sachsen-Anhalt in diesem Berich keine konkrete Person gibt, die für das Projekt verantwortlich ist. Die Zuständigkeit verteilt sich über verschiedene Ressorts im Kultusministerium und im Landesinstitut. Das macht die Sache sehr unübersichtlich. Auf der Seite der Vertreter des Ethikunterrichts gibt es Interessenten, die den Religionsunterricht sehr stark als kirchlichen Unterricht verstehen, und die sich mit Kirchenvertretern nicht unterhalten möchten. Die Entwicklung des Projekts ist also weiterhin sehr offen.

Christian Connan: Wenn man die Frage des schulischen Religionsunterrichts im Vergleich von Frankreich und Deutschland erörtert, müssen die Franzosen aufpassen, nicht in einer optischen Täuschung befangen zu bleiben. Die Debatten um LER sind zwar sehr heftig, aber sie bleiben auf Brandenburg beschränkt. Diese Tatsache hat sicherlich mit dem Verschwinden des kommunistischen Regimes der DDR zu tun. In Brandenburg ist die sozialdemokratische Parlamentsmehrheit mit stark grüner Komponente aus den Reihen der Dissidenten hervorgegangen. Sie hat daher im Sinne einer tiefgreifenden Erneuerung gearbeitet, die sowohl mit den Praktiken der DDR wie auch mit bestimmten westdeutschen Positionen bricht. Die Diskussion über LER bzw. über den Laizismus wird also nicht in ganz Deutschland geführt. In ihrer Intensität ist sie keineswegs mit den französischen Polemiken um das islamische Kopftuch vergleichbar. Es ist jedoch nicht auszuschließen, daß das vom Bundesverfassungsgericht in Karlsruhe zu fällende Urteil zu einer Ausweitung der Debatte führt.

ROSEN LE GOFF: Bei der Betrachtung des Modells für Religions- und Ethikunterricht, das Udo Winkler für Sachsen vorgestellt hat, kann man sich des Eindrucks nicht erwehren, daß sich der Ethikunterricht in einer eher schlechten Lage befindet. Als ob auf der einen Seite Kurse mit starker konfessioneller Komponente stünden, die auf die Ausbildung einer starken religiösen Identität zielten, und auf der anderen Seite der Ethikkurs für all jene Schüler, die ein zu stark katecheseähnliches Lehrangebot ausgeschlagen haben. In diesem Fall scheint mir z.B. eine hinduistische Minderheit dazu verdammt, passiv und womöglich ohne großen Nutzen am Ethikunterricht teilzunehmen. In unseren multikulturellen Gesellschaften halte ich ein derartiges Unterrichtsangebot für problematisch und geeignet, integristische Reaktionen bei den vernachlässigten religiösen Identitäten hervorzurufen.

UDO WINKLER: In Sachsen gibt es eine relativ homogene Bevölkerung und kaum ausländische Bevölkerungsteile, so daß solche Fragen eine sehr geringe Rolle spielen. Die Einwanderer, die es in Sachsen gibt, kommen vorwiegend aus dem Gebiet der ehemaligen Sowjetunion und sind zum großen Teil auch kirchlich gebunden. Allerdings gibt es eine starke Gruppe, die nicht kirchlich gebunden ist. Das Zahlenverhältnis verdeutlicht dies: 240.000 Kinder nehmen am Ethikunterricht teil und nur 60.000 Schüler besuchen den konfessionellen Religionsunterricht. Das sind die beiden Pole, zwischen denen die Kinder mit ihren Eltern wählen können. Die genannten Zahlen geben ein relativ gesichertes Bild von der kirchlichen Gebundenheit der Schüler in den neuen Ländern wieder. Die Daten stimmen in dem Bereich in allen 5 neuen Ländern ziemlich überein. Politisch regieren in Sachsen die Christdemokraten mit einer absoluten Mehrheit. Deshalb wurden die Passagen zum Religions- und Ethikunterricht – nur mit einer breiten Zustimmung aus allen Bevölkerungsteilen – auch in die Verfassung hineingenommen.

B. DAS FRANZÖSISCHE MODELL

Jean-Paul Delattre

Das Fach Sozialkunde in den Lehrplänen und ihre Umsetzung in der französischen Grundschule

1. *Die Lehrpläne*

In Frankreich sind die Lehrpläne landesweit einheitlich und obligatorisch, die Lehrkräfte besitzen aber im Hinblick auf ihre pädagogische Umsetzung große Handlungsfreiheit. Aus diesem Grunde soll zunächst der Platz der Sozialkunde in den Lehrplänen der Vor- sowie der Grundschule untersucht und anschließend ihre Umsetzung in der Praxis beurteilt werden.

Das Lehrprogramm der Vorschule

Fast alle Kinder besuchen ab dem 3. Lebensjahr die Vorschule, und die meisten von ihnen haben bis dahin noch keine Erfahrungen mit dem Leben in einer Gemeinschaft gemacht. Auch Kinder, die in der Krippe betreut wurden, haben keine Erfahrung mit großen Gruppen oder aufeinanderfolgenden Beschäftigungen, so wie sie in der Vorschule üblich sind, in der ein Lehrer mit gleichem Status und gleicher Qualifikation wie in der obligatorischen Grundschule vom 6. bis zum 10. Lebensjahr unterrichtet.

Im Programm der Vorschule werden fünf Beschäftigungsbereiche unterschieden. An erster Stelle steht ein Bereich, der mit »Zusammen leben« überschrieben wird, und der eine erste Vorstellung von dem Fach Sozialkunde in der Grundschule vermittelt. Dieses »Zusammen leben« gliedert sich in drei Aspekte:

1. Aspekt: die Betreuung:
Dieser Aspekt, der täglich wiederkehrt und pädagogisch organisiert wird, betrifft die Aufstellung von Regeln, insbesondere im Hinblick auf zeitliche Abläufe, sowie Regeln des Zusammenlebens in der Gemeinschaft. Hierzu gehören auch Situationen, die es dem Kind gestatten, sich als Persönlichkeit zu bestätigen, als jemand, der eine Identität besitzt und in der Lage ist, seinen Vor- und Nachnamen wiederzuerkennen.

2. Aspekt: das Zusammenleben in der Gemeinschaft:
Er umfaßt Aktivitäten, durch die das Kind sich und die anderen besser kennenlernen soll: Spiele, die Aufteilung von Verantwortung oder die Diskussion über soziale Werte betreffende Probleme.

3. Aspekt: die Kommunikation:
Die verbale oder non-verbale Mitteilung in allen Kommunikationssituationen, insbesondere wenn der Erwachsene Anweisungen erteilt, das Üben des individuellen oder gemeinschaftlichen Dialogs über real existierende Probleme, über echte Diskussionsthemen.

Folglich soll in der Vorschule in diesem Teil des Lehrprogramms erreicht werden, daß jedes Kind allmählich eine Welt entdeckt, die nicht nur durch Abhängigkeitsbeziehungen bestimmt wird, sondern durch Regeln des gemeinschaftlichen Zusammenlebens, auf die es sich beziehen kann. Das Kind muß seinen Fähigkeiten entsprechend Verantwortung übernehmen, seine Handlungen erklären, die Meinung der anderen anhören und lernen, über Probleme des alltäglichen Lebens zu diskutieren.

Der Lehrer, der fachübergreifend unterrichtet und mit allen Beschäftigungsbereichen betraut ist, kann einen Stundenplan mit 26 Stunden pro Woche nutzen, um zu jedem Zeitpunkt im schulischen Leben Erziehung zu vermitteln, indem er die verschiedenen Beschäftigungsbereiche nach eigenem Ermessen in ein Gleichgewicht bringt.

Der Lehrplan der Grundschule

In der Grundschule (ab dem 6. Lebensjahr) erscheint die Sozialkunde als solche unter diesem Namen und gehört neben Französisch, Mathematik, Geschichte-Geographie, den Naturwissenschaften, der Kunsterziehung sowie des Fachs Körperkultur und Sport zu den sieben großen Fachgebieten.

Der verfügbare zeitliche Rahmen entspricht dem der Fächer Geschichte-Geographie und der Naturwissenschaften: diese drei Unterrichtsfächer belegen vier der 26 Wochenstunden.

Für die Sechs- bis Siebenjährigen, d.h. bei der Vermittlung der grundlegenden Lehrinhalte, besteht der Lehrplan aus zwei Teilen. Der erste, sehr umfassende Teil befaßt sich mit Themen des Lebens in der Gemeinschaft:
- Regeln der Hygiene und der Sicherheit, Bewußtmachen der Pflicht, seine Mitmenschen zu achten, und des Rechts, selbst mit seiner Identität und Persönlichkeit geachtet zu werden; körperliche Integrität, Eigentum und Recht auf freie Meinungsäußerung eines jeden.

- Regeln des Lebens in der Gemeinschaft, gegenseitige Hilfe und Zusammenarbeit, der Wert eines Versprechens und der Wert gegenseitiger Verpflichtungen.
- Achtung des gemeinschaftlichen Eigentums und der Umwelt.
- Erziehung zu vernünftigem Konsum, zum verantwortungsbewußten Umgang mit der Umwelt.

Der zweite, wesentlich kleinere Teil betrifft das staatsbürgerliche Leben: die Republik und ihre Symbole (die Trikolore, die Marseillaise, der 14. Juli) und den Präsidenten der Republik. Im Rahmen der Vertiefung der Kenntnisse bei den acht- bis zehnjährigen Kindern werden beide Teile in ihrem Umfang angeglichen.

Zuallererst muß sich das Kind der Verantwortung eines jeden in der Gesellschaft bewußt werden. Es beginnt, über die Werte des Einzelnen und über die Normen des gemeinschaftlichen Lebens nachzudenken: Achtung der Gewissensfreiheit und Einhaltung von Regeln der Höflichkeit. Die Pflicht, Verantwortung zu übernehmen, die das Kind an den Begriff der Staatsbürgerschaft heranführt, wird deutlicher.

Die Bedeutung persönlicher und kollektiver Verantwortung im Hinblick auf Probleme in folgenden Bereichen:

- die Menschenrechte und ihre Verletzung (Gewalt, Diskriminierung).
- die Umwelt
- die individuellen, gemeinschaftlichen und sozialen Ressourcen und ihr begrenzter Umfang
- die Gesundheit und die Pflicht, diese zu pflegen

Ein zweiter Bereich betrifft das Leben des Bürgers in der Gesellschaft:

- die Deklaration der Menschen- und Bürgerrechte,
- die Institutionen der Republik (der Präsident, das Parlament, das Gesetz; ein Beispiel für den öffentlichen Dienst)
- das demokratische Leben (der Schutz und die Sicherheit der Bürger: Polizei, Gendarmerie, Feuerwehr;die soziale Sicherheit)

In den Lehrplänen des Fachs Sozialkunde wird des weiteren davon abgeraten, diesen Lehrstoff isoliert zu behandeln. Stattdessen sollten seine Grundprinzipien durch alle schulischen Aktivitäten hindurch spürbar sein und das Anliegen des Fachs durch die anderen Fachgebiete unterstützt werden.

Das betrifft insbesondere die Lehrpläne des Geschichtsunterrichts mit ihren Bezügen zu den kulturellen Quellen unserer Zivilisationen, von denen ich im folgenden nur jene anführe, die mit den Themen dieses Kolloquiums in Verbindung stehen.

So oft wie möglich gehen diese Bezüge auf Persönlichkeiten, auf bedeutende Ereignisse oder auf symbolische Stätten zurück, die für eine nationale Kultur und ein Nationalbewußtsein prägend waren.

- So finden wir von den Anfängen bis zum beginnenden Mittelalter die Christianisierung (und Chlodwig).
- Für das Mittelalter stehen die Schlösser und Kathedralen, Saint-Louis und die heilige Johanna.
- Stellvertretend für die Neuzeit und die Revolution sind die Religionskriege, die Französische Revolution und die Ausrufung der Republik zu nennen.
- Für das 19. Jahrhundert können der Aufbau der Republik und die Schwierigkeiten bei der Durchsetzung der Demokratie angeführt werden, hier stößt man auf den Namen Jules Ferry und auf das Jahr 1882: die laizistische, kostenlose und obligatorische Schule.
- Im 20. Jahrhundert spricht man vom Platz Frankreichs in der Welt, vom Europäischen Haus und vom Fall der Mauer in Berlin.

2. Die Umsetzung der Lehrpläne

Die erfolgreiche Umsetzung der Lehrpläne hängt in großem Maße vom Engagement der Lehrer ab, d.h. davon, inwiefern sie persönlich im Hinblick auf Verständnis und Anwendung der Werte, die sie vermitteln, mit gutem Beispiel vorangehen.

Darüberhinaus ist nicht nur das persönliche Verhalten der Lehrer von Bedeutung. Das gesamte schulische Leben als solches und insbesondere die Regeln, die in diesem Bereich befolgt werden, müssen Erziehung für den Menschen und Bürger sein.

Die Schule muß es dem Kind zur Gewohnheit werden lassen, sich selbst und seine Mitmenschen zu achten, denn ohne diese alltägliche Erfahrung kann keine ausreichende und solide Selbstdisziplin entwickelt werden.

Aber diese Praxis muß durch Berücksichtigung und Vermittlung der Lehrplangrundlagen über die Institutionen und das Leben in der Demokratie ergänzt werden. Dies sollte nicht mit einem Studium des Rechts oder der Soziologie verwechselt werden, das nicht dem Alter von Kindern in der Grundschule entspricht.

Auch die einfachsten Aussagen, die oft Lebensweisheiten beinhalten, können besprochen werden: »Niemand hat das Recht, Selbstjustiz zu verüben.«

»Recht wird von den Richtern gesprochen – gemäß den Gesetzen und nicht nach ihren persönlichen Meinungen.«

Da die Erziehung zum Staatsbürger eine tägliche Aufgabe ist, kann sie behutsam auf das aktuelle Tagesgeschehen eingehen (Wahlen, Gedenken an den 11. November, Unglücksereignisse: Katastrophen, rassistische Verbrechen). Sie kann aber auch von der Unterstützung durch die anderen Fachgebiete profitieren. Hier, in der Grundschule, zeigt sich nochmals der Vorteil des fachübergreifend unterrichtenden Lehrers, der die Möglichkeit hat, während des gesamten Schuljahres auf das, was er lehrt, Bezug zu nehmen und die Querverbindungen zwischen den Fächern, die er selbst bestimmen kann, zu nutzen, ohne die Schüler zu langweilen.

Unter der Bedingung, daß er jederzeit die Führung behält, kann er auch die Mitwirkung Außenstehender und vor allem von Verbänden als ergänzende Aktionen in der staatlichen Schule nutzen, deren Aktivitäten:

– das gemeinschaftliche Leben in der Schule fördern,

– Sammlungen durch den Verkauf von Briefmarken der »Jeunesse en plein air« (»Jugend in der Natur«) unterstützen, um jenen Ferien zu ermöglichen, die sie sich nicht leisten können,

– gemeinsam mit der Stiftung der Krankenhäuser in Frankreich die Sammlung der »Gelben Geldstücke« unterstützen, um Wohnungen zur Unterbringung von Familien in Einrichtungen, in denen kranke Kinder behandelt werden, bereitzustellen.

Seit einigen Jahren gibt es großangelegte Aktionen auf Landesebene, um jenen Lehrern zu helfen, die sich für Projekte größeren Ausmaßes in folgenden Bereichen engagieren wollen:

- Erziehung zu Umweltbewußtsein: »1000 Gefahren für meinen Planeten«,
- Sicherheit im Straßenverkehr,
- Schutz vor Naturkatastrophen,
- Vorbereitung auf den Euro,
- das Funktionieren der Institutionen.

In dieser Hinsicht ist das »Kinderparlament« ein gutes Beispiel. In seinem Rahmen beraten jedes Jahr in der Nationalversammlung die »Junioradbgeordneten«. Im Jahre 1996 konnte das Parlament einer Gesetzesvorlage zur Nicht-Trennung von Geschwistern bei der Unterbringung von Geschwistern in einer Gruppe oder einer Pflegefamilie zustimmen.

Schlußfolgerung

Folgende Schwierigkeiten können entstehen:

Das Unterrichten des Fachs Sozialkunde bereitet keine prinzipiellen Probleme. Einige Lehrer geben jedoch zu bedenken, daß die Vermittlung von Werten mit Blick auf die sozialen Probleme, die in einigen Schichten der Bevölkerung auftreten (Arbeitslosigkeit, Obdachlosigkeit, Ausgrenzung) nur eine Illusion sei.

Problematischer ist die fehlende einheitliche Betrachtungsweise in Bezug auf einige im Lehrplan ausgewiesene Punkte, für die Verhaltensregeln eine Rolle spielen (z.B. im Fall der Höflichkeit). Wie sollen den Schülern Anhaltspunkte vermittelt werden, wenn die Anforderungen von Lehrer zu Lehrer beträchtlich variieren können?

Darüber hinaus kann die Bedeutung der Fachgebiete, die als »grundlegender« eingestuft werden, wie Französisch oder Mathematik, sich nachteilig auf die Sozialkunde auswirken.

Folgende Aspekte geben jedoch Anlaß zur Hoffnung:

Es kann behauptet werden, daß die Meinung der Lehrer immer mehr eine Sozialkunde begünstigt, die der Erziehung des Menschen mehr Gewicht verleiht. In dieser Hinsicht brachte die im Jahre 1994 zu den neuen Lehrplänen durchgeführte Befragung aller Grundschullehrer ein deutliches Ergebnis: keiner von ihnen verlangte eine Entlastung des ersten Teils des Lehrplans (entspricht dem »moralischen« Aspekt der Ausbildung), dagegen gab es zahlreiche Anfragen zur Verringerung der Bedeutung der Ausbildung, die die »Institutionen« betrifft.

Die Gesellschaft (Eltern, Abgeordnete, Medien usw.) rufen die Schule zu jeder Gelegenheit auf, diesem Unterricht wieder mehr Bedeutung beizumessen. Die Gebietskörperschaften, die dem Ministerium untergeordneten Ebenen und die Partner der Schule mobilisieren ihre Kräfte im Hinblick auf diese Frage. Es gibt kein Departement, das nicht schon ein Kolloquium, Schulungstage oder Sonderaktionen zur Bekämpfung von Gewalt, Rassismus oder zum Umweltschutz organisiert hat.

Nach einer Periode der – mehr oder weniger verdeckten – Zurückhaltung haben die Lehrer von der Vorschule bis zum Ende der Gymnasialstufe von nun an den Mut, Erziehung und Lehre enger zu verbinden. Gedrängt durch das Bestehen ernsthafter Probleme mit Gewalt in einigen Einrichtungen, ermuntert durch die Gesellschaft und autorisiert durch klarer formulierte Lehrpläne, sind sie eher bereit, jedem ihrer Schüler neue Fragen zu stellen, ihnen zu helfen, die Folgen ihrer Handlungen abzuschätzen und die Entstehung einer Moral der Verantwortung zu unterstützen.

Jean-Paul Martin

Das französische Modell der Staatsbürgerkunde: Ergebnisse und Perspektiven

Die Staatsbürgerkunde wird in Frankreich häufig als das notwendigste Schulfach angesehen. Von allen Seiten wird es willkommen geheißen, und die wiederkehrenden Versuche einer inhaltlichen Neubestimmung treffen auf erstaunlichen Konsens. Dennoch ist es auch das umstrittenste und vielleicht das »unbestimmteste, undefinierbarste« Fach.[1] Dies liegt zum Teil wohl auch an der unbegrenzten Verwässerung seiner Aufgaben: man braucht die Staatsbürgerkunde, um republikanischen Tugenden in Zeiten ihrer Gefährdung neues Leben einzuhauchen, um die Straßenverkehrsordnung zu vermitteln und schließlich, um der Gewalt an Schulen zu begegnen.

Staatsbürgerkunde und religiöse Bildung

In jüngster Zeit wurde im Zusammenhang mit der Debatte über die Einführung eines staatlichen Religionsunterrichts auch mit staatsbürgerlichen Erfordernissen argumentiert. Nachdem am Anfang die Feststellung mangelnder religiöser Bildung bei den Jugendlichen stand, kam man zu folgender Annahme: Indem man diesbezügliche Bildungslücken schließe, fördere man nicht nur ein besseres Verständnis kultureller Phänomene, sondern auch tolerante Verhaltensweisen. Man betreibe auf diese Weise Prävention vor religiösem »Integrismus«, besonders dort, wo Schüler aus verschiedenen Traditionen (u.a. Christen, Juden, Muslime) zusammenleben.

Ich füge hinzu, daß diese Diskussion über religiöse Bildung meines Erachtens gute Anhaltspunkte zur Lage der Dinge in Frankreich am Anfang der neunziger Jahre gibt. Sie hat gezeigt, daß der Konflikt zwischen den Kirchen und dem laizistischen Lager sich weitgehend beruhigt hat, denn die Vertreter beider Seiten haben entschlossen einen Dialog über diese Frage aufgenommen. Dabei bemühten sie sich, ihre grundsätzlichen Meinungsverschiedenheiten zu entschärfen. Auf katholischer Seite hat man deutlich den Unterschied zwischen Religionsunterricht und Katechese hervorgehoben, so wie die Laizisten den Unterschied zwischen Laizismus und Unkenntnis oder Negation religiöser Sachverhalte betont haben. Das ist ein bemerkenswertes Ergebnis.

Im Augenblick muß man dennoch einräumen, daß die Debatte wenig praktische Folgen gehabt hat. Ganz zu schweigen von der Neukonzipierung eines Schulfaches Religiöse Bildung – diese Perspektive hatte man wegen der bereits übervollen Lehrprogramme gar nicht ernsthaft ins Auge gefaßt – berücksichtigen die neuen Geschichtslehrpläne für Grund- und Oberschule (Collège, Lycée) nur ansatzweise die Empfehlungen eines offiziellen Berichts von 1989. Dieser hatte unter anderem vorgeschlagen, einen großen Komplex »Laizismus und spirituelle Vielfalt« als interdisziplinäres Thema während der Schulzeit in der Oberstufe zu behandeln, daß inhaltlich einen Querschnitt bieten könne.[2]

Darüber hinaus hat die Debatte über den Religionsunterricht eine latente Nachfrage nach Moral in der öffentlichen Meinung erkennen lassen: In einer Umfrage von 1988 glaubten 42% der Erwachsenen, daß einer der wichtigsten Vorteile des Religionsunterrichts die Entwicklung eines »Sinnes für moralische Werte wie Ehrlichkeit und Treue« sei, und ein gleich hoher Anteil nannte den »Geist der Toleranz«.[3] Wie man sieht, sind Forderungen kultureller, staatsbürgerlicher und moralischer Natur eng verknüpft. Wir kehren damit zu den Quellen des französischen Modells der Staatsbürgerkunde zurück.

In der Tradition des französischen Laizismus

Dieses Modell hat seine Wurzeln in einer weit zurückreichenden Geschichte. Seine Herausbildung zu Beginn der Dritten Republik war eine direkte Konsequenz aus der Säkularisierung der staatlichen Schule. Man sprach damals von »Staatsbürgerlicher Unterweisung« (*instruction civique*). Diese fand jedoch in einer stark betonten Moralerziehung ihre unerläßliche und möglicherweise grundlegende Ergänzung. Die Kombination aus Moralerziehung und Staatsbürgerlicher Unterweisung sollte den konfessionellen Religionsunterricht ersetzen, den man gerade aus dem Lehrplan gestrichen hatte. Es ging um den Nachweis, daß man auf die religiöse Grundlage moralischer und republikanischer Bildung der Jugend verzichten konnte, daß die säkulare Schule keine Diebe und Mörder hervorbringen würde. Doch diese »laizistische« Moral war in Wirklichkeit eine »allgemeingültige« Moral, deren Elemente oft aus der christlichen Tradition herrührten, die man vor allem im aufklärerischen Geist des liberalen Protestantismus neu interpretiert hatte. Mit der Zeit hat diese regulierende oder normative Moral ihren allgemeingültigen Charakter verloren, ist verkümmert und schließlich aus dem Unterricht verschwunden. Allein der Begriff »staatsbürgerlich« hat, um den Preis mehrfachen Inhaltswandels, überlebt. Die Ausklammerung der Moral im Unterricht – durch die die Moral letztlich zur Privatsache gemacht wird – lastet noch heute schwer auf dem staatsbürgerkundlichen Unterricht.

Bleiben wir noch einen Augenblick bei der Geschichte. Staatsbürgerliche Unterweisung und Moral betrafen anfänglich nur die Grundschulerziehung (Volksschulen). Bis zum Zweiten Weltkrieg gab es offiziell keinen derartigen Unterricht in der Oberstufe. Dies ist eine französische Besonderheit. Die Laizisierung hat auf Volksschulen und Eliteschulen nicht dieselben Auswirkungen gehabt: In den Lycées konnte die katholische Kirche (wenngleich nicht unumstrittenermaßen) Räume zur geistlichen Unterweisung nutzen. Vor allem hielt man das Erlernen sozialer Normen und elementaren politischen Wissens durch die zukünftige Elite für überflüssig, sei es, weil die Familie in dieser Hinsicht eine tragende Rolle spielen sollte, oder weil man annahm, daß dieses Wissen unmerklich über die Beschäftigung mit dem humanistischen Bildungsgut in die Köpfe dringen könne. Zweifellos konnten Geschichts- und Philosophieunterricht, die in Frankreich einen einzigartigen Rang in der Fächerhierarchie der höheren Bildung einnehmen, in der Tat jeweils einen Teil dieser Ausbildung für sich beanspruchen. Sie haben dies auch oft explizit getan.

Erst 1945, nach der dreifachen Erfahrung von Nazibarbarei, Kollaboration und Résistance, erkannte man die Notwendigkeit, Staatsbürgerkunde als autonomes Fach in Collège und Lycée einzuführen, und zwar mit einer starken antitotalitären Akzentsetzung, d.h. einer Erziehung zur Demokratie, im Sinne der Republik und der Menschenrechte. Vordenker dieses Konzepts waren ein Generalinspektor für das Fach Geschichte (Louis François), der selbst im Widerstand gewesen und von den Nationalsozialisten deportiert worden war, sowie ein hoher Beamter (Gustave Monod). Beide kamen aus der nichtkirchlichen Pfadfinderbewegung und entstammten protestantischen Milieus. Sie versuchten, aus dem neuen Unterrichtsfach ein Beispiel und ein Erprobungsfeld für eine durchgreifende pädagogische Erneuerung der höheren Schulbildung zu machen. Dazu nutzten sie die Forschungsmethoden der Pfadfinderbewegung. Gleichzeitig förderten sie die Eigenverantwortung der Jugendlichen im schulischen Rahmen. In dieser Hinsicht kann man nicht behaupten – um es vorsichtig auszudrücken – daß ihrem Beispiel in nennenswertem Maße gefolgt worden wäre.[4]

Ein undefinierbares Fach? Staatsbürgerkunde und schulische Erfordernisse

In diesem Zusammenhang möchte ich auf den ständigen Anschein der Gefährdung dieses Faches, ja seines immer wiederkehrenden Mißerfolges eingehen. Ist es ein undefinierbares Fach? Wie auch immer man die Ziele der Staatsbürgerkunde benennt – die Vokabeln verändern sich mit ihrem

Kontext – so hatte sie im wesentlichen immer zwei Hauptaufgaben zu erfüllen: Sie soll Wissen vermitteln und Verhalten strukturieren. Wenn sie dazu nicht in der Lage wäre, verfehlte sie die Mission, die ihr die Gesellschaft anvertraut hat, nämlich einen bewußten und verantwortlichen Bürger zu formen (der seinerseits ein permanent konstitutives Element unseres republikanischen Staatsbürgermodells darstellt). Die Staatsbürgerkunde ist sogar das einzige Unterrichtsgebiet, in dem die notwendige Übereinstimmung zwischen einzel- oder pluridisziplinärem Wissen einerseits und sozialem Handeln andererseits zum Tragen kommt. Dabei spielt es keine Rolle, ob das soziale Handeln den schulischen oder den außerschulischen Raum betrifft. Aus diesem Grunde hat man schließlich den Begriff Staatsbürgerkundliche Erziehung (*éducation civique*) demjenigen der bloßen Staatsbürgerkundlichen Unterweisung (*instruction civique*) vorgezogen.

Die französische Schultradition basiert jedoch, besonders in der Oberstufe, eher auf einem Unterweisungs- denn auf einem Erziehungsmodell. Vor einigen Jahren wurde in grobzeichnender Weise sogar versucht, Erziehung und Unterweisung als Gegensatzpaar zu definieren. Diese bezeichnende Diskussion ist heute zumindest teilweise überholt, aber sie hat Spuren hinterlassen. Jeder Lehrer betrachtet sich vor allem als Verwalter eines Fachwissens, das er weiterzugeben hat. Jede andere Erwägung ist dabei zunächst ausgeschlossen. Der Lehrer hat nicht zu erziehen, bzw. beschränkt er seine erzieherische Funktion häufig auf den Fachunterricht. Er sieht sich dabei im Einklang mit den Ideen der Aufklärung, wonach »niemand willentlich böse« ist (ein Mensch, der unterrichtet worden und dessen Verstand ordnungsgemäß geübt worden ist, kann nur das Gute wollen!). Schließlich hat diese unterrichtskonzentrierte Tradition zur Folge, daß das Verhalten der Schüler nicht beachtet wird. Alles, was nicht in Form von vermittelbarem und bewertbarem Wissen verschult werden kann, bleibt außen vor.

Angesichts dieser Gegebenheiten des Schulsystems nimmt die Staatsbürgerkunde stets einen nicht genau bestimmten Platz ein, da sie kein Schulfach wie alle anderen ist.[5] Zweifellos verfügt auch sie über einen kleinen Bereich an Referenzwissen, das traditionell um die Kenntnis der politischen Institutionen und die Funktionsweise des Staates gruppiert wird. Neben diesem harten Kern jedoch, der allen Reformen widersteht, muß die Staatsbürgerkunde eine Reihe sich wandelnder sozialer Anforderungen vermitteln, wie ich sie eingangs erwähnt habe. Aus diesem Grund fehlt ihr eine im Schulsystem vorrangige Eigenschaft: die Stabilität von allen geteilter Kenntnisse, die auf erprobten Arbeitsmethoden und einfach überprüfbarer pädagogischer Praxis beruhen.[6] Staatsbürgerkunde wird im übrigen während der Abschlußexamina nicht einzeln geprüft (obwohl das Fach auf dem Abschlußzeugnis des Collège verzeichnet ist); im derzeitigen Schulsystem trägt dies zur Entwertung des Faches bei. Schließlich sind für dieses Fach nur wenige Unterrichtsstunden vorgesehen, und es gibt keinen ausdrücklich dafür ausgebildeten Lehrerstamm. Der Unterricht kann sowohl von Geschichte- und Erdkundelehrern bzw. von Französischlehrern durchgeführt werden (in der Praxis fast immer von ersteren). Der Geschichtslehrer unterliegt also immer der Versuchung, die Staatsbürgerkundestunde für das Erreichen seines Unterrichtszieles in Geschichte zu nutzen.

Um diesem Risiko entgegenzuwirken, behilft man sich manchmal mit einer pluridisziplinären Argumentation: Staatsbürgerkunde wird als »Angelegenheit aller« definiert. Die Gefahr ist dann groß, daß niemand sie zu seiner Angelegenheit macht oder vielmehr, daß jeder sie vergißt, da schließlich sein spezifischer Beitrag zur Wissensvermittlung notwendig einen staatsbürgerlichen Aspekt hat.[7] Die Staatsbürgerkunde befindet sich so stets auf der Gratwanderung zwischen fachlicher Abschottung, verbunden mit Formalismus, und der Gefahr der Verwässerung. Das Risiko der Marginalisierung des Faches im Schulbetrieb ist daher permanent vorhanden.

Es ist nicht sicher, daß die derzeitige Neukonzipierung des Faches in Frankreich zur Überwindung dieser Widersprüche führt, denn die Vorgehensweise ist gegenwärtig sehr ambivalent.

Einerseits ist seit etwa zwölf Jahren eine offizielle Rehabilitierung der Staatsbürgerkunde zu beobachten, nachdem ihr Status lange ungeklärt gewesen war. Am Beginn dieser Rehabilitierung stand 1985 Bildungsminister Jean-Pierre Chevènement, der mit einer gewissen Feierlichkeit die Wiedereinführung einer Wochenstunde Staatsbürgerkunde in allen Klassen des Collège verkündete. Das Fach rückte damit immerhin wieder ins Bewußtsein (auch der Öffentlichkeit). Die Notwendigkeit, angesichts einer steigenden Tendenz zum Rückzug des Individuums in eine bestimmte Gruppe den Sinn für das Gemeinwohl wiederherzustellen, war eines der Argumente zur Rechtfertigung dieser Neubelebung des Faches. Hinzu kam die Furcht vor einer Bedrohung der französisch-republikanischen Tradition durch das »Recht auf Verschiedenheit« und angelsächsische Vorstellungen von Politik. In Wirklichkeit muß man diese Rehabilitierung im größeren Zusammenhang einer Schulpolitik sehen, die soziale Ungleichgewichte und kulturelle Differenzen überwinden sollte.[8] Kann man aber wirklich ganz auf diese Absicht vertrauen, wenn gleichzeitig utilitaristische Sorgen um die Anpassung der Schule an die Arbeitswelt und extreme Betonung der Wettbewerbsfähigkeit auch im Schulsystem selbst weitverbreitet sind, ja wenn dieses System zu einem großen Apparat sozialer Auslese geworden ist? Ist die integrative Dimension der Staatsbürgerkunde dann nicht nur ein Alibi?

Die aktuellen Lehrpläne

Lehr- und spezifische Stundenpläne für Staatsbürgerkunde gibt es für die Elementarstufe (Ecole élementaire, 6-11 Jahre) sowie die Mittelstufe (Collège, 11-15 Jahre). Hingegen ist zur Zeit kein Unterricht in der Oberstufe (Lycée) vorgesehen. Dies ist völlig widersinnig, denn gerade dann stehen die Schüler unmittelbar vor der Übernahme staatsbürgerlicher Verantwortung. Einige von ihnen (die mindestens 18jährigen) nehmen sie bereits wahr.

Die Lehrpläne sind vor kurzem (Ende 1995) geändert worden und werden nach und nach in die Praxis übernommen. Seit dem Schuljahr 1996/97 sind die Lehrpläne für die Elementarstufe sowie die erste Mittelstufenklasse (6.) in Kraft. Für die nächsthöheren 5. und 4. Klassen wurden die Lehrpläne im Februar 1997 veröffentlicht; sie sind 1998 für die 5. Klassen zur Anwendung gekommen.

Der Geist der neuen Lehrpläne unterscheidet sich deutlich von dem der vorherigen. 1985 wurde Staatsbürgerkunde als »Krönung der Erziehung in einer Republik« definiert. Was die Ziele anbelangt, die weitgehend vom damaligen Verständnis »republikanischer« Orientierung abgeleitet wurden, so konzentrierten sie sich auf den Erwerb von Kenntnissen, vor allem der politischen Institutionen. Das schloß freilich ein ungenauer beschriebenes Erziehungsziel nicht aus, das im schulischen Leben eine Vorbereitung auf das Leben im Staat erkannte. »Die Staatsbürgerkunde ist gleichzeitig Unterricht und Praxis.« (*Instructions sur le collège.*) Die Lerninhalte waren in der Art konzentrischer Kreise angeordnet worden, die von lokalen Institutionen (die Gemeinde in Klasse 6, das Departement in Klasse 5) zu nationalen und internationalen Institutionen führten.

Die nun beschlossenen Lehrpläne setzen mehrere neue Akzente. Im Vorwort zum Lehrplan für das Collège heißt es, daß »die Kenntnis der Institutionen wichtig ist, aber nicht allein die Funktion eines staatsbürgerlichen Lernprogramms erfüllen kann ... Die Schüler sollen sich Wissen, Werte und Grundsätze in persönlicherer Form aneignen, die das progressive Erlernen staatsbürgerlichen Handelns kennzeichnen.« Es geht also im Grunde nicht mehr darum, sich formales Wissen über die Funktionsweise des Gemeinderates oder die Abstimmung eines Gesetzes zwischen den beiden Kammern des Parlaments einzuprägen. Vielmehr sollen während der vier Jahre im Collège Kenntnisse vermittelt werden, die um die Grundbegriffe »Mensch« und »Bürger« kreisen. Diese Begriffe beziehen sich gleichermaßen auf die Erziehung im Geiste der Menschenrechte und einer Staatsbürgerschaft »in der Französischen Republik« wie auch »in Europa und einer komplexen internationalen Gemeinschaft«. Ausdrückliche Ziele sind auch »die Erziehung zur Urteilsfähigkeit, vor allem durch Übung des kritischen Geistes und der Argumentation« sowie »die Erziehung im Sinne individueller und kollektiver Verantwortlichkeit«.

Diese Ziele werden in einer Neuorientierung deutlich, die vornehmlich drei Punkte betrifft:

Der erste Punkt ist scheinbar terminologischer Natur; in Wirklichkeit aber geht er darüber hinaus: Der Begriff »Erziehung zum staatsbürgerlichen Handeln« (*éducation à la citoyenneté*) ersetzt immer häufiger den Begriff »Staatsbürgerkunde« (*éducation civique*). Ohne daß dies ausdrücklich gesagt würde, wird dieser Begriffswechsel als Antwort auf aktuelle soziale und politische Probleme verstanden und zeugt unter anderem von dem Bestreben, sich den aus der Immigration hervorgegangenen Jugendlichen zuzuwenden. Der Begriff »Staatsbürgerschaft« ist weiter gefaßt als »Staatsbürgerrecht«, da letzterer sich häufig mit den aus der Staatsangehörigkeit abgeleiteten Rechten vermischt. Die Staatsbürgerschaft schließt diese Rechte ein, geht aber darüber hinaus, denn es gibt auch eine soziale Staatsbürgerschaft. Dieser neue Begriff ermöglicht die Tragfähigkeit eines Projektes zur Aneignung von Schlüsselbegriffen: Persönlichkeitsrechte und -pflichten in Klasse 6, Gleichheit, Solidarität, Sicherheit in Klasse 5, bürgerliche Freiheiten, Bürgerrechte, Justiz in Klasse 4, Staatsbürgerschaft und Demokratie in Klasse 3.

Die zweite Neuerung betrifft demzufolge das Bemühen, die Schüler zu genauer Begrifflichkeit zu befähigen. Die von Begriffen ausgehende Vorgehensweise wird der traditionellen deskriptiven oder faktischen Herangehensweise gegenübergestellt. Die oben genannten Schlüsselbegriffe werden anhand von Fallstudien erarbeitet (d.h. unter Heranziehung realer oder fiktiver, schulischer oder außerschulischer Situationen), indem die Schüler zur eigenen Äußerung und zur Systematisierung des Erlernten angehalten werden. Die Vertiefung der Begriffe markiert so den Lernfortschritt der Schüler.

Die dritte Neuerung schließlich ist die interdisziplinäre Perspektive der Staatsbürgerkunde. Sie äußert sich zum einen in der ausdrücklichen Wahrnehmung der staatsbürgerlichen Dimension in den Aufgabenheften jedes Faches und zum anderen in der Betrachtung des schulischen Lebens (vor allem durch das Studium der Schulverfassung und ihrer Anwendung). In Klasse 6 ist sogar vorgesehen, unter der Verantwortung des Schulleiters eine Aufteilung des Unterrichts zwischen dem Geschichts- und Erdkundelehrer, dem Klassenlehrer und eventuell anderen Lehrern vorzunehmen. (Dies betrifft vor allem den Lehrer für die Bio- und Geowissenschaften, da die Erziehung zur Achtung der Umwelt zum Kernbereich seines Unterrichts gehört.) Diese neue Verfügung stößt allerdings auf den Widerstand der Geschichtslehrer, die sich enteignet fühlen, und vor allem auf die Schwerfälligkeit der Schulen, die Veränderungen am fachspezifischen Stundenplan nicht gewohnt sind.

Eine Bilanz wäre selbstverständlich verfrüht. Nach den vorliegenden Erkenntnissen zu urteilen, arbeitet eine kleine Minderheit der Lehrer im Sinne des neuen Lehrplans bzw. geht manchmal sogar darüber hinaus. Das andere Extrem bildet eine Gruppe, deren Größe schwer zu schätzen ist. Sie organisiert keinerlei Unterricht oder andere Tätigkeiten im Sinne der neuen Lehrpläne. Zwischen diesen Extremen befinden sich all jene Lehrer, die sich bemühen, das Fach nicht zu vernachlässigen, gleichzeitig aber nicht allzuweit von dem Rahmen abweichen, der durch die früheren Gewohnheiten im schulischen Bereich gesteckt worden ist: Lehre der politischen Institutionen, Organisation der Wahl von Klassenvertretern als Paradigma der Schuldemokratie.

Das eigentliche Problem liegt darin, daß die neue Staatsbürgerkunde, wenn man es wirklich ernst mit ihr meint, den Beharrungstendenzen des Schulsystems und den Gewohnheiten der Lehrer zuwiderläuft. Letztere wissen, von einigen Ausnahmen abgesehen, nicht, wie sie die Schüler anhand von Begriffen arbeiten lassen sollen, und in der Tat sind sie durch nichts in ihrer Ausbildung darauf vorbereitet worden. (Die Einführung einer mündlichen Prüfung für das CAPES in Geschichte ist angekündigt, aber immer noch nicht verwirklicht.) Es ist daher eine große Versuchung, sich weiterhin in bestehende Schemata zu flüchten.

Die Weiterbildungslehrgänge mit Einheiten über »Erziehung zum staatsbürgerlichen Handeln« haben dennoch in diesem Jahr regen Zuspruch in einigen Schulbezirken gefunden. Man kann aus dieser Tatsache aber nur schwierig Aufschluß darüber gewinnen, ob damit eine weitreichende Bewegung verbunden ist. In nicht wenigen Fällen scheint dieser Eifer mit den schwierigen Arbeitsbedingungen von Kollegen in den Vorstädten zusammenzuhängen: die Nachfrage nach Staatsbürgerkunde ist dann eher Nachfrage nach Höflichkeitskunde. Sie wollen erfahren, welche Rezepte gegen ungezogenes Verhalten oder Gewalttaten es gibt, die das Zusammenleben in der Klasse und der Schule stören, und wie man den Schülern Höflichkeit und Lebensart beibringt.

Dies wirft grundsätzliche Fragen auf. Erziehung zur Höflichkeit ist durchaus Teil der Staatsbürgerkunde im weiteren Sinne; es wäre absurd, dies zu leugnen. Sie kann aber nicht darauf beschränkt werden, oder vielmehr hängt alles davon ab, von welchem Blickwinkel aus sie gelehrt wird. Bis zu welchem Grade ist die Forderung nach einem sozialnormkonformen Verhalten der Schüler (wie es z.B. in der Schulverfassung geregelt ist) vereinbar mit dem Bestreben, eine kritische und partizipierende Haltung bei ihnen zu entwickeln? Will man die diesbezüglichen Forderungen der Schüler ernst nehmen, muß man dann nicht viele Aspekte der institutionellen Strukturen und der von Erwachsenen ausgeübten Macht in Frage stellen? Kurz: Ist Staatsbürgerkunde nicht ein potentiell explosives Fach für viele Schulen? Oder muß sie wirkungslos bleiben, weil man sie verharmlost oder sterilisiert?

Perspektiven

Jenseits dieser Feststellungen möchte ich abschließend einige Zukunftsperspektiven skizzieren, die sich auf »vernünftige« Kriterien stützen. Das heißt, daß sie einerseits die institutionellen Gegebenheiten berücksichtigen, die ich genannt habe, andererseits aber auch neue Forderungen, vor allem der Schüler.

Der erste Ansatz, den es zu vertiefen gilt, ist die Weiterentwicklung der Staatsbürgerkunde in der durch die neuen Lehrpläne bereits vorgegebenen Richtung. Eine juristische Einführung wird zentraler Bestandteil der Staatsbürgerkunde. Das Vorhaben, Schülern eine Einführung ins Recht zu erteilen, wird in einem Land wie Frankreich nicht immer verstanden, wo juristische Bildung nicht unbedingt weitverbreitet ist. Es geht natürlich ebensowenig um die Ausbildung künftiger Juristen wie um eine Verklärung des Rechts. Das Ziel besteht eher darin, den Unterricht über die Menschenrechte inhaltlich so anzureichern, daß er über rein moralische Gebote hinausgeht. Die Schüler sollen mit ihren Rechten und Pflichten in unterschiedlichen schulischen und außerschulischen, gegenwärtigen und zukünftigen Situationen konfrontiert werden. Mit anderen Worten sollen sie befähigt werden, sich die Regeln des gemeinschaftlichen Lebens anzueignen und sie zu vertiefen, politische und soziale Regeln ebenso wie die dahinterstehenden Werte. Ziel ist, Verständnis für die Bedeutung dieser Regeln für das Zusammenleben zu erzeugen. Die Schüler sollen sie aktiv anwenden können, um ihre Rechte durchzusetzen und die Reziprozität von Rechten und Pflichten zu verstehen. Das Recht ist ein Mittel der Konfliktbewältigung, das der Selbstjustiz entgegensteht und in seinen Verfahrensweisen die einzelne Persönlichkeit respektiert. Die Rechtspädagogik muß vor allem auf die Entwicklung der Argumentationsfähigkeit der Schüler mit Hilfe von rechtlichen Begriffen und Prinzipien setzen; sie darf die Schüler nicht in formalem Unterricht einengen. In diesem Rahmen kann auch das Thema von Normen- und Wertkonflikten durch die kulturelle Verschiedenheit der Schüler berührt werden, indem man diese Verschiedenheit unter dem Blickwinkel von demokratischen Grundsätzen und Erfordernissen betrachtet.

Die Experimente, die seit einigen Jahren – vor allem in Probeschulen (Collèges) – durchgeführt worden sind, haben folgendes gezeigt: Eine Einführung ins Recht wird dann von den Schülern gut angenommen, wenn sie in der beschriebenen Weise erfolgt (ausgehend von konkreten Fällen, Diskussion usw.). Nach den vorliegenden Untersuchungen[9] interessieren sich die Schüler für das Studium der Gesetze, der Justiz und der Regeln des Zusammenlebens, während sie der Unterricht über politische Institutionen eher abschreckt. In den derartig gestalteten Staatsbürgerkundestunden melden sie sich auch am häufigsten zu Wort. Die allgemeine Durchsetzung dieser Unterrichtspraxis erfordert allerdings zumindest eine ernsthafte Ausbildung der Pädagogen.

Man muß zugleich einräumen, daß die Einführung ins Recht vielleicht nicht allen gegenwärtigen Anforderungen genügt. Sie bezieht sich in der Tat vorrangig auf einen Fragenkomplex des Lebens in der Gemeinschaft, des Zusammenlebens, aber sie läßt andere Sorgen der Jugendlichen außen vor, die mehr den privaten bzw. intimen Bereich betreffen: Probleme des Gefühlslebens und der Sexualität, moralische Wahlmöglichkeiten, die Frage nach dem Sinn des Lebens usw.

Untersuchungen, die schon seit einigen Jahren bei Schülern von Collège und Lycée durchgeführt worden sind, haben gezeigt, daß explizite oder latente Fragen auf diesem Gebiet bestehen, auch wenn sie manchmal ambivalent oder widersprüchlich bleiben. Nach einer Umfrage von 1990/91 wünschten 83% der Schüler im Collège und 66% im Lycée, daß die Schule ihnen mehr über den »Sinn des Lebens« beibringe (während 82% der Schüler im Lycée zuerst »aktuelle Fragen« nannten). Der Begriff »Sinn des Lebens« beziehe sich, wie in den Interviews deutlich wurde, auf folgende Fragestellungen: warum man in der Schule soviel arbeite, wie die berufliche Zukunft aussehe, Liebe und Sexualität, Familie, Drogen, Chancenungleichheit (außerdem Fragen wie: Woher kommen wir? Wohin gehen wir?). Bemerkenswerterweise ist in derselben Umfrage der Wunsch nach Informationen über die verschiedenen Religionen sehr viel schwächer ausgeprägt (45% der Schüler im Collège und 30% im Lycée äußern ihn). Der abnehmende Einfluß der herkömmlichen Religionen, der in allen Umfragen deutlich wird, weist ihnen im übrigen bei der Mehrzahl der

Jugendlichen keine wichtige Rolle mehr für die Herausbildung von Orientierungspunkten zu; sie sind daher als alleinige Antwort auf Fragen nach dem Sinn des Lebens kaum glaubwürdig.[10]

1994 hat eine Reihe von Interviews in Oberstufen verschiedener französischer Regionen bestätigt, daß die Schüler in der Schule sowohl über ihre persönliche Zukunft als auch über die Risiken der modernen Gesellschaft nachdenken wollen, und sie wollen dies »ohne Lehrervortrag tun, sondern eher in Form von Diskussionen, die der Lehrer leitet, möglichst unter Beteiligung von Menschen außerhalb der Schule, die ihnen Informationen geben können.« Man kann darin eine implizite Nachfrage nach ethischer Bildung erkennen, aber parallel dazu äußern die Jugendlichen Zweifel an der Fähigkeit ihrer Lehrer, eine solche Bildung zu vermitteln. Sie äußern ihre Furcht, daß sie die Wahlfreiheit seiner Existenz durch den einzelnen einschränken könnte.[11]

Es versteht sich von selbst, daß die Problematiken Sinn des Lebens, Sexualität usw. überhaupt nicht – noch weniger als das Thema Bürgersinn! – in der französischen Schultradition verankert sind, auch wenn sich dies unter dem Druck der Ereignisse zu ändern beginnt: Auf Grund von AIDS muß man nun einmal über Sexualität sprechen, zumindest über Präservative, und dadurch beginnt sich die Grenze zwischen Fragen öffentlicher und privater Natur zu verwischen. Im allgemeinen aber ist alles Private tabu, weil es der Verantwortung der Familie und des Individuums zugerechnet wird, auf die die nichtkonfessionelle Schule keinen Druck ausüben soll. (Die offiziellen Vorgaben für Staatsbürgerkunde riefen dies 1985 noch einmal deutlich in Erinnerung: »Dieser Unterricht … im völligen Respekt vor dem Gewissen … enthält sich jeder Einmischung in das Privatleben und in den Bereich, der allein der individuellen Freiheit vorbehalten bleibt.«) Eine bestimmte Lesart des französischen Laizismus, in diesem Fall Synonym für Neutralität, Unterlassung, Ablehnung des potentiell Störenden – dies ist natürlich nicht die einzig mögliche Lesart! – hat so zur Vergrößerung des ethischen Defizits der staatlichen Schule beigetragen.

Ein solches Paradoxon führt dazu, in Anbetracht auch der früheren Bedeutung weltlicher Moral, neidvoll auf bestimmte Erfahrungen jenseits unserer Grenzen zu schauen. In Belgien gibt es Unterricht in weltlicher Moral bis zum Ende der Pflichtschulzeit, der als Alternative zu unterschiedlichem Religionsunterricht angeboten wird. Dort werden Fragen der Staatsbürgerkunde ebenso wie der persönlichen Ethik behandelt. Dieser Unterricht ist nicht auf das Einschärfen einer festgelegten Moral ausgerichtet, sondern er soll das Individuum zum moralischen Urteil und zur Wahl ethischen Verhaltens im Respekt des Pluralismus und persönlicher

Lebensentwürfe befähigen. Zu diesem Zweck werden verschiedene methodologische Ansätze benutzt, z.B. die Erläuterung von Wertvorstellungen oder moralische Dilemmata. Dieser Kurs wird von den Schülern, die ihn wählen (sie befinden sich in der Minderheit), vor allem deshalb geschätzt, weil er einen Diskussionsraum darstellt, wo sie in Gegenwart eines Erwachsenen ihre persönlichen Sorgen äußern können.

Diese Erfahrung ist nicht ohne weiteres auf Frankreich übertragbar, und sei es nur deshalb, weil sie institutionell mit einem System einhergeht, das konfessionellen Religionsunterricht in der Schule ermöglicht. Aber man könnte sich vielleicht von dem positiven und offenen Laizismus inspirieren lassen, der dieses System charakterisiert. Es kann sicherlich nicht darum gehen, einen zusätzlichen Ethikunterricht mit Lehr- und Stundenplan ins Leben zu rufen, der unausweichlich dasselbe Schicksal erleiden würde wie der Religionsunterricht, der vor einigen Jahren angeboten wurde. Vielmehr kann man einen »nichtreligiösen Diskussionsraum« in der Schule zur Verfügung stellen, der sich entweder auf den Staatsbürgerkundeunterricht, dessen Erweiterung er darstellen würde, stützen könnte, oder aber auf bereits existierende Arbeitsgemeinschaften, das Sozialerziehungsforum, den Beratungslehrer (*conseiller d'éducation*). Dieser Diskussionsraum wäre in seiner Konzeption pluralistisch, für alle offen, und offen auch nach außen durch die Zusammenarbeit mit kompetenten Gesprächspartnern zum jeweiligen Thema. Es wäre durchaus mit den Prinzipien des Laizismus konform, wenn Vertreter religiöser oder philosophischer Strömungen miteinander bzw. mit den Schülern hier diskutierten, solange eine gewisse »Diskussionsethik« befolgt würde. Übrigens wird diese Idee schon vereinzelt verwirklicht. Aber es bleibt viel zu tun, damit diese Idee nicht auch stirbt, bevor sie richtig lebendig geworden ist.

1 Audigier (1996).
2 Joutard (1990).
3 Baubérot (1990).
4 François (1986).
5 Audigier (1996).
6 Audigier/Lagelée (1996).
7 Audigier, Cahiers Pédagogiques (1996).
8 Costa-Lascoux (1991).
9 Costa-Lascoux (1991); Audigier/Lagelée (1996).
10 Lambert (1991).
11 Hourmant (1995).

Literatur

Audigier, François, »*Impossible et nécessaire éducation civique*«. Vortrag auf der Dritten Biennale für Erziehung und Ausbildung, Paris, April 1996.

Ders. und Guy Lagelée, *Education civique et initiation juridique dans les collèges.* Paris 1996.

Baubérot, Jean, »*Vers la création d'un enseignement d'histoire des religions, symbole d'une laïcité nouvelle*«, in: *Le Christianisme du XXe siècle,* Sonderheft Nr. 1, April 1990.

Costa-Lascoux, Jacqueline, »*Le Droit à l'Ecole. L'expérience de l'éducation civique*«, in: Droit et Société 19 (1991).

Crémieux, Colette, »*L'éducation civique en France: une discipline scolaire singulière*«, in: Clio 108/109, Katholische Universität Leuwen 1996.

»*Eduquer à la citoyenneté*«, in: Cahiers Pédagogiques 340 (Januar 1996).

François, Louis, »*L'aventure de l'éducation civique et le second degré*«, in: Les Cahiers de l'Animation 57/58 (1986).

Hourmant, Louis, »*Transmettre la culture religieuse à l'Ecole publique: l'opinion des élèves*«, in: Messner, Francis (Hg.): *La Culture religieuse à l'Ecole,* Paris 1995.

Joutard, Philippe, »*Enseigner l'histoire des religions*«, in: Education et Pédagogie, September 1990.

Lambert, Yves, »*Les religions comme composante d'une éducation civique et humaine*«, in: *Enseigner l'histoire des religions dans une démarche laïque.* Tagungsakten des internationalen Kolloquiums von Besançon (November 1991), CNDP-CRDP 1992.

Nicolet, Claude/Ozouf, Mona, »*Retour à l'instruction civique?*«, in: Le Débat 34 (März 1985).

»*Les religions au lycée: le loup dans la bergerie?*«, in: Panoramiques 2 (4. Quartal 1991).

Offizielle Lehrpläne

- *Ecole élémentaire. Programmes et instructions.* CNDP – Le Livre de Poche, 1985.
- *Education Civique – Education aux Droits de l'homme: classes des collèges, 6e, 5e, 4e, 3e; Horaires/Objectifs/Programmes/Instructions,* Ministère de l'Education nationale, Neue Ausgabe 1993 (Lehrpläne von 1985).
- *Vers le nouveau collège – Programme de la classe de 6e,* Ministère de l'Education nationale, Dezember 1995.
- *Bulletin officiel de l'Education nationale,* Sonderheft Nr. 1, 13. Februar 1997: »Education civique, programmes des classes de 5e et 4e«.

Paul Valadier

Schule der Republik und/oder Schule der Nation?

Man kann sich zu Recht fragen, ob das Dilemma, das der Titel dieses Beitrags schon enthält, nicht im weiten Sinne ein scholastisches Dilemma ist, und zwar im schlimmsten Sinn des Wortes, nämlich ein sybillinisches Dilemma, künstlich, unnütz, kurz gesagt den Schöngeistern eigen, die abseits der dringenden Anforderungen der aktuellen Lebenswirklichkeit leben.

Ist die Schule in unseren sog. hochentwickelten Gesellschaften nicht tatsächlich in ihrem ganzen Ausmaß so tief in der Krise, so unfähig, ihre Aufgabe richtig zu erfüllen, da ihr der Sinn für ihre Zwecke und der klare Blick auf ihre Ziele fehlen, daß es angebrachter wäre, vernünftige und mutige Auswege aus dieser Krise zu finden, als alte Debatten wieder aufzuwärmen, deren aktuelle Bedeutung man häufig nur mit einiger Mühe erkennen kann? Darüber hinaus ist diese Debatte fast rein französisch (»hexagonal«), wie man gerne sagt; denn die Protagonisten, für die die universelle Bedeutung dieser Debatte so offensichtlich ist, scheinen mit dieser Überzeugung ziemlich allein zu sein – was die Tragweite des Universellen, mit dem sie sich brüsten, beachtlich einschränkt.

Dennoch lassen sich innerhalb dieser Debatte, die häufig eine polemische Wende nimmt, grundsätzliche Ansätze erkennen, sobald man erst einmal den Staub entfernt hat, der tatsächlich die Fakten verdeckt. Mein Ziel ist es zu versuchen, die Logik dieser Debatte aufzuzeigen, die Zusammenhänge, aber auch die Grenzen – denn es hätte keinen Sinn, eine gegensätzliche Meinung zu ignorieren, die sich den notwendigen Entwicklungen entgegenstellt und nur bewirkt, daß sich die bereits ziemlich tief verwurzelten Ansichten bestimmter Menschen noch verhärten. Nun wird die Diskussion aber so geführt, als ob ein ziemlich deutlicher Abgrund zwischen einer Doktrin der Schule als Schule der Republik und einer Doktrin, die mehr auf der Schule als der Schule der Nation beharrt, klaffen würde. Welche sind die konstituierenden Elemente eines Gegensatzes, von dem ich auch sagen würde, daß er sehr wohl einige Überschneidungen und wechselseitige Verflechtungen zuläßt?

Schule der Republik

Aus der Sicht der Schule der Republik wird zunächst und vor allem eine enge, innere und wesentliche Verbindung zwischen Republik und Schule betont. Dem republikanischen Staat obliegt es, eine erzieherische Funktion bei den zukünftigen Bürgern in dem Maße zu übernehmen, daß, sollte er diese Aufgabe nicht ernst genug nehmen, sie zugunsten anderer aufgeben oder ganz auf sie verzichten, die Republik sich selber verriete. Eine Vorstellung, die – zumindest seit dem Nationalkonvent und vor allem seit der Dritten Republik – so stark in der Geschichte verankert ist, daß die Intellektuellen während der Debatte um das Tragen des islamischen Schleiers (*foulard islamique*) einen Appell an die Öffentlichkeit richteten, in dem zu lesen war: »der freien Gewissensentscheidung gewidmet, an den Aufschwung des Wissens gebunden und allein dem natürlichen Erkenntnisvermögen der Menschen vertrauend, hat die Republik die Schule als Basis; deshalb würde die Zerstörung der Schule sehr schnell die der Republik nach sich ziehen.«[1] Die Republik steht und fällt also mit ihrer schulischen Aufgabe. Eine Verbindung, die für die eben genannten Intellektuellen selbstverständlich zu sein scheint, obwohl die Philosophen, die mit der größten Strenge und Unnachgiebigkeit die Idee der Republik in ihrer Verbindung mit der Souveränität des Staates (so Hobbes und Bodin) durchdacht haben, keineswegs die Erziehung der Bürger zu den Vorrechten des souveränen Staates gerechnet haben. Eine simple Nachlässigkeit? Beschränkung einer an die Geschichte gebundenen Perspektive oder grundsätzlicher eine andere Konzeption der Republik? Auf jeden Fall ist deutlich, daß aus dieser Perspektive die Beziehung zwischen Republik und Schule und damit zwischen republikanischer Souveränität und Erziehung der Bürger eine innere ist.

Wenn die Republik, und zwar sie allein oder vorrangig sie, eine erzieherische Aufgabe hat, umfaßt diese auch, die der Zivilgesellschaft inhärenten Fehler und Gegensätze zu beheben, bedeutet es weiter, daß sie nicht die Widerspiegelung, der Ausdruck, das offizielles Echo dieser Gesellschaft sein kann, daß sie nicht, wie Locke und die Liberalen, davon ausgehen darf, daß es der sog. Zivilgesellschaft von sich aus gelingen wird, die Konflikte und Gegensätze in ihr selbst zu überwinden. So schrieb Claude Nicolet, einer der glühendsten Verfechter dieser These: »Die Gesellschaft ist per definitionem schlecht, sie ist ein Ort voller Spannungen, Ungleichheiten, Konfrontationen, und die Republik ist gerade ein Versuch, jene in Richtung des Fortschritts zu lenken, im Namen des durch die Übereinstimmung und die Aufklärung erreichten Gemeinwillens (*volonté générale*)«.[2] Es ist also eine starke Republik nötig, um die Fehler einer Zivilgesellschaft zu korrigieren, die in dem Verdacht steht, nichts als eine eigenartige Summe aus Einzelinteressen, Privilegien, Provinzialismen, gegensätzlichen Gruppen zu sein, und das ist der Grund, schrieb eben dieser Autor in dem Bericht an das Ministerium für nationale Erziehung vom 1. November 1964, warum »einzig und allein der Staat *die* allen gemeinsame Form der Teilnahme lehren kann, deren Garant und Ausdruck er zugleich ist.« Die Republik hat also eine auf den Mängeln und der Unfähigkeit der Zivilgesellschaft basierende erzieherische Rolle, sich selbst zu verwalten und die eigenen grundlegenden Widersprüche anzunehmen. Der Gemeinwille (*volonté générale*) muß sich gegenüber den verstreuten und untereinander unzusammenhängenden Interessen Einzelner durchsetzen.

Der Staat als Garant der Einheit und des Gemeinwohls – das ist es, was eine gewisse Vorstellung der republikanischen Schule impliziert. Deren Aufgabe ist es, einen eigenen Raum zu schaffen, der nicht eine Nachahmung der Zivilgesellschaft und ihrer Widersprüche ist, sondern vielmehr eine getrennte Einheit oder ein »Heiligtum«, wie einige gerne sagen und dabei merkwürdigerweise einen sakralen und religiösen Begriff für eine Institution verwenden, deren Aufgabe es gerade ist, den Geist von jeglicher religiöser Bindung zu befreien. Denn aus dieser Sicht hat die Schule die entscheidende Aufgabe, die Menschen aus parteiischen Zugehörigkeitsverhältnissen zu lösen, das Kind von seiner ursprünglichen Gemeinschaft zu emanzipieren und es aus der Indoktrination zu befreien, deren vermeintliches Opfer oder unbewußtes Zielobjekt es ist. Der Philosophie der Aufklärung zufolge, und hier besonders der Lehre Condorcets, ist es die Aufgabe der republikanischen Schule, allen als negativ und unterdrückend geltenden Traditionen abzuschwören zugunsten eines kritischen Verstandes und einer freien Gewissensentscheidung, die beide schon von sich aus als befreiend gelten. Man versteht daher auch, warum in der Logik dieser Doktrin jede Idee, in der Schule Fächer einzuführen, die sich mit religiösen Traditionen auseinandersetzen, wie ein heimtückischer Versuch wirkt, das »trojanische Pferd« in das Heiligtum oder in die Festung einzuschmuggeln, so die Formulierung von Catherine Kintzler;[3] das hieße, so sagt sie, »religiöse Gottheiten in den öffentlichen Bereich von Staat und Schule einzuführen«. Ein derartiges Eindringen der Zivilgesellschaft und ihrer Traditionen mitten in die republikanische Schule ist selbstverständlich unerträglich. Régis Debray sagt in einer heftigen Schmähschrift nichts anderes,[4] wenn er schreibt: »In der Republik kann die Schule nur ein abgeschlossener Ort sein, abgeschirmt hinter Mauern und eigenen Vorschriften, ohne die sie ihre Unabhängigkeit (ein Synonym für Laizität) gegenüber den gesellschaftlichen, politischen, wirtschaftlichen oder religiösen Kräften, die sie nach allen Seiten auseinanderreißen, verlöre. Denn die Schule, die dazu bestimmt ist, den Menschen aus seinem Milieu zu befreien, ist eine ganz andere als die, die ihn eben dort besser integrieren will.«

Was an dieser strengen und fast jansenistischen Doktrin über den republikanischen Staat und seine Schule erstaunt, ist die Tatsache, daß sie eine sehr genaue Vorstellung von der Vernunft enthält: Diese befreit von Vorurteilen, indem sie das Kind von seiner verdächtigen Verwurzelung (a priori verdächtig) trennt; ihre Methode ist die Schulung jenes kritischen Geistes, deren Modell sich in den experimentellen Wissenschaften findet; sie geht von einem universalen Nenner aus, der sich nur durch die Emanzipation von den zufällig gegebenen Besonderheiten und sogar gegen diese gewinnen läßt. Dieses Konzept beinhaltet zugleich die Vorstellung einer kämpferischen Vernunft, denn ununterbrochen ist gegen die Rückkehr der Partikularismen anzukämpfen; und es ist außerdem Aufgabe dieser Vernunft, mit der der republikanische Staat angeblich gleichzusetzen ist (der also offentsichtlich keine eigenen Interessen zu verteidigen hat, ein wenig wie der hegelsche Beamte, der als solcher mit dem Universellen gleichgesetzt wird ...), die Nation zu einem Gemeinwillen (*volonté générale*) zusammenzuschweißen. Deshalb ist diese republikanische Schule – in den Augen der Anhänger dieser Doktrin – die einzige wirklich nationale Schule, die der Nation als »nation de l'univers«. Und deshalb konnte übrigens auch eine solche republikanische Schule – in einem nur scheinbaren Widerspruch – immer wieder einen ziemlich doktrinären Nationalismus lehren, der die Auflehnung der Philosophin Simone Weil vor dem Krieg gegen die Ansichten eines Paul Bert hervorrief.[5]

Schule der Nation

Dennoch ist es möglich, diese Vorstellung von der Republik sowie von der Vernunft, die sie enthält, in Frage zu stellen: indem man versucht, die republikanische Schule nicht als die Institution zu begreifen, die der Zivilgesellschaft ein angeblich universales Modell aufzwingt, das in Wirklichkeit den Partikularismen mißtraut und sie zerstört, sondern als eine, die versucht, diese tatsächlich in der nationalen Wirklichkeit existierenden Eigenarten anzuerkennen. Die Schule wird somit nicht als Heiligtum begriffen, das seine Rechtmäßigkeit nur der Republik verdankt, sondern als der Ort, an dem die verschiedenartigen Gruppen der Nation miteinander kommunizieren, sich kreuzen, sich gegenseitig zuhören und versuchen, sich zu verstehen. Eine solche Schule befindet sich damit nicht zwangsläufig »im Schlepptau« der Interessen Einzelner; sie vertritt die Ansicht, statt das Kind in einem – abstrakt gesehen – abgeschlossenen Raum von seinen Wurzeln zu isolieren, es eher dort aufzunehmen, wo es herkommt, um es dazu zu bewegen, die soziale, kulturelle, intellektuelle Vielfalt entdecken zu können, in deren Mitte es leben und zum Akteur werden muß. Aus dieser Sicht besteht die Toleranz nicht darin, den Wert und den Vielfalt der einzelnen Gruppen nicht zu beachten, und noch weniger darin, diese zu verdächtigen, sondern zu versuchen, sie ernstzunehmen und gleichzeitig ihre jeweiligen Bedeutungen ebenso wie ihre Grenzen abzuwägen. Die Anhänger dieser Doktrin merken übrigens an, daß, wenn zu einer Zeit, wo das Kind durch zu starke Anpassung an sein Milieu wehrlos in dessen ideologischen Bann geraten konnte, die emanzipatorische Vernunft eine wirkliche Befreiung bringen konnte, die Gefahr heute im Gegenteil besteht: Kinder, die keine Wurzeln haben, hin- und hergerissen zwischen dem allgemeinen Gerede und den Medien, die häufig aus auseinandergerissenen und krisengeschüttelten Familien kommen, aus einem von der Arbeitslosigkeit zerütteten Milieu stammen, brauchen für ihre Entwicklung viel stärker die Möglichkeit, ihre emotionalen, kulturellen und persönlichkeitsprägenden Grundlagen wiederzufinden, als sich noch mehr von ihrem Milieu zu entfernen. Anstatt das Kind von einem oft zerütteten Milieu zu »befreien«, ist es erforderlich, ihm auf der Suche nach einem emotionalen wie auch kulturellen und sozialen Halt zu helfen, der ihm die volle Entfaltung seiner Persönlichkeit ermöglicht.

Bei einer solchen Debatte sollte übrigens nicht die hitzige Diskussion vergessen werden, die in den USA um die »Kommunitarier« und die »Universalisten« (die man dort »Liberale« nennt) geführt wird.[6] Und wiederum geht es um eine Auffassung von der Vernunft. Wie kann, so fragen die »Kommunitarier«, die Vernunft ohne eine emotionale, körperliche, individuelle Verwurzelung richtig genutzt werden und sich selbst zunächst im Kind entfalten? Ohne Wurzeln verschwindet eine solche Vernunft oder versinkt in destruktiver Kritik; noch grundsätzlicher – es gelingt ihr einfach nicht, angewendet zu werden.[7] Und darüber hinaus gelangt man ohne ein Aufeinandertreffen mit der Heteronomie (*loi du père* oder verschiedene Traditionen) auch niemals zur Autonomie; nur eine oberflächliche Lektüre Kants oder der Philosophen der Aufklärung konnte zu der Annahme führen, die Autonomie werde von selbst oder automatisch erreicht, ohne über den Versuch der Vermittlung, nämlich der des Verbots, des Gesetztes oder der Autorität … Als solche ist die Vernunft ganz bestimmt nicht emanzipatorisch, da sie, von den Wurzeln abgeschnitten, verkümmert und die Angst eines Individuums erzeugt, das mangels jeglichen Zugehörigkeitsgefühls alles aufgegeben hat.

Man erkennt ziemlich deutlich, daß sich daraus eine ganze Philosophie der Schule ableitet. Um wirklich eine erzieherische und emanzipatorische Rolle einzunehmen, darf diese nicht die Ansichten Rousseaus übernehmen, indem sie glaubt, sich durch Ablehnung oder Übergehen der Einzelinteressen dem Gemeinwillen (*volonté générale*) zu öffnen. Sie muß vielmehr die Partikularismen würdigen und sie durch den Dialog auf einen universalen Nenner bringen, indem sie deren Ursprünge und Werte aufzeigt, ohne ihre Grenzen zu vertuschen. Darum sind die religiösen Traditionen nicht zwangsläufig ein furchterregendes »trojanisches Pferd«, sondern Bestandteile, die ohne Angst und Feindseligkeit berücksichtigt werden müssen, so wie man andere würdigt, weil auch sie Bestandteile der menschlichen Identität sind. Nur eine aus Vorurteilen heraus abstrakte und feindselige Vernunft, die also nicht wirklich universal ist, kann das, was Voraussetzung für die Selbstbestätigung und für die Möglichkeit der Vernunft selbst ist, ins Nebensächliche und Überflüssige zurückdrängen. So können diese Traditionen eine emanzipatorische Funktion einnehmen, insofern als sie diese technische, abstrakte oder einfach fälschlicherweise universalistische Vernunft mildern können. Übrigens, so fragen die Anhänger dieser These außerdem, ist es wirklich wahr, daß der republikanische Staat sich von sich aus mit dem Universalen gleichsetzt – vertritt er nicht eher selbst Einzelinteressen, sogar zweifelhafte Vorurteile, z.B., wenn er eine sehr (zu?) spezielle Vorstellung von der Vernunft übernimmt und die religiösen Traditionen in den Obskurantismus zurückdrängt?

Wenn er sich als kämpferisch und gegen sämtliche Gefahren gewappnet bezeichnet, gibt er damit nicht seine eigene Voreingenommenheit preis, und wäre es nicht angebracht, ihn an eine bescheidenere Aufgabe zu erinnern, nämlich die, den Staat der Zivilgesellschaft zu verkörpern und nicht einen schützenden Staat, einen angeblichen Erzieher der sog. Gesellschaft?

Zusammenfassung in Form von Fragen

Es wäre nicht richtig, die Doktrien, deren Logik ich zu skizzieren versucht habe, in zwei völlig unversöhnliche Lager aufzuspalten. Man wird sich jedoch sehr wohl der Problemstellungen der beiden Positionen bewußt, die beide stark genug sind, um eine Debatte in Gang zu halten, die sich kaum ihrem Ende nähert. Man kann dem sogar noch hinzufügen, daß diese Problemstellungen jedes Lager durchqueren (wenn man diese Kriegsmetapher immer noch verwenden möchte). Jean Boussinesq zitiert eine Definition der Laizität, die von dem Prälaten Poupard im *Dictionnaire des religions* vorgeschlagen wird, der zufolge »die Laizität … die Achtung des Staates vor der Kultur der Nation in all ihren Facetten ist«, die er für »richtig« hält, und fügt hinzu, daß der Prälat Poupard »genausogut aus den Reden von Jaurès oder Briand von 1905 hätte zitieren können, die nichts anderes aussagten.«[8] Bestünde die Spaltung demzufolge zwischen jansenistischen Anhängern der Laizität, der republikanischen Schule und den Anhängern einer pluralistischen Vorstellung, die sich der Vielfalt der nationalen Reichtümer gegenüber offen zeigt? Wie der Streit um den Schleier (*querelle du foulard*) an der Schule gezeigt hat, ist diese Spaltung nicht nur theoretischer Art, sondern bezieht auch äußerst konkrete praktische Konsequenzen und eine gesamte Vorstellung von der Schule, ihrer Rolle, ihres Aufbaus und ihrer Stellung in der Gesellschaft mit ein.

Diese Debatte spricht somit einen heiklen Punkt an, der das Wesen und den Platz der Schule im Staat betrifft. Wenn es auch keinesfalls sicher ist, daß die Schule ein »Heiligtum« darstellen und das Kind somit mit einer Art Sicherheitsgürtel vor der schlechten Gesellschaft schützen muß (was, nicht zu vergessen, die jansenistische Vorstellung der »*petites écoles*« war), so muß sie dennoch ein eigener Bereich der Erziehung sein, der somit auch Abstand von den unmittelbaren Erwartungen der Produktion und der sozialen Anpassung bieten kann. Andernfalls wird die Schule ausschließlich Roboter hervorbringen oder Jugendliche, die so »angepaßt« sind, daß sie keinerlei Fähigkeit besitzen werden, Autonomie zu erlangen und sich weiterzuentwickeln. Welchen unabhängigen eigenen Bereich zwischen der am Jansenismus grenzenden Strenge des Heiligtums und der konformistischen Anpassung an die Bedürfnisse der Gesellschaft muß die Schule schaffen, und wo genau verlaufen die Grenzen?

Schließlich, und das ist für mich das Wichtigste, bringt diese Debatte eine bestimmte Vorstellung von der Vernunft auf. Die »Laizisten« müßten sich, weniger als andere, gegenüber derjenigen Betrachtungsweise zurückhaltend zeigen, der zufolge verschiedene Formen der Vernunft existieren, oder verschiedene, historisch festgelegte Arten, die Anwendung der Vernunft zu verstehen. Sie könnten zugeben, daß das rationalistische Ideal der Aufklärung einmal außerordentlich bedeutend war, genauer gesagt zu einer Zeit, als es darum ging, den Geist vom entfremdenden Einfluß allzu erdrückender Traditionen zu befreien, und daß es durchaus zu Recht ein genau umrissenes Modell der Schule entwerfen konnte. Aber könnten sie sich nicht auch eingestehen, daß die Vernunft, wenn sie zu stark vom emotionalen Bereich abgekoppelt ist und die Wurzeln ignoriert, aus denen sie ihre Stärke und ihre Kritikfähigkeit zieht, in der Negativität untergeht, daß sie ihre emanzipatorische Rolle aufgibt und destruktiv wird; und daß eine Schule, die dem Kind nicht hilft, zu seinen Wurzeln zurückzufinden und zu diesen eine enge lebendige Beziehung zu haben, ihrer Aufgabe nicht nachkommt zu verhindern, daß dieses aus dem Gleichgewicht gerät, sich zu Gewalttaten hinreißen läßt und von Gurus jeder Art manipuliert wird, daß es also in keiner Weise unabhängig ist oder einen weitblickenden, hellsichtigen Bürger verkörpert, sondern vielmehr

Objekt aller Irrationalismen ist, die unter hochtrabenden Namen, darunter dem der Nation, der Abstammung oder der Religion vorrücken? In dieser Hinsicht ist die »emanzipierte« Schule nicht diejenige, die von den traditionellen Wurzeln befreit, sondern diejenige, die der Angst, die die Gegenwart des Fremden hervorruft, entgegenwirkt, die es also ermöglicht, sich mit der eine Nation bestimmenden kulturellen Vielfalt auseinanderzusetzen und sie zu verstehen.

Aber liegt nicht einer der Gründe der augenblicklichen Krise der Schule in der Gewalt, die durch die Angst vor dem Fremden und seinen Unterschieden erzeugt wird: Wie kann die republikanische Schule ihre Aufgabe erfüllen, wenn sie nicht dazu erzieht, dem Anderen in seinem Anderssein, das ihn ausmacht, begegnen zu können? Wenn sie also nicht auf diesem Weg einen öffentlichen Bereich der gegenseitigen Verständigung und der Anerkennung der gesellschaftlichen und kulturellen Vielfalt ermöglicht?

1 In: Le Nouvel Observateur, 2. bis 8. Nov. 1989, S. 59.
2 Le Monde, 22. Dez. 1989, S. 16.
3 Le Monde des Débats, Dez. 1992, S. 11.
4 »Êtes-vous démocrate ou républicain?«, in: Le Nouvel Observateur, 30. Nov. bis 6. Dez. 1989, S. 118.
5 Simone Weil, Œuvres complètes, Bd. II: Ecrits historiques et politiques, Bd. II.1: L'engagement syndical (1927 – Juillet 1934), Paris: Gallimard 1988, S. 234-235.
6 Z.B. Libéraux et communautariens. Textes réunis par André Berten, Pablo da Silveira et Herbé Pourtois, Paris: PUF 1997.
7 Ein Punkt, der besonders von Charles Taylor hervorgehoben wurde: Sources of the Self. The Making of the Modern Identity. Harvard University Press, 1989, oder Charles Larmore, Modernité et morale, Paris: PUF 1993, S. 83ff.
8 Les cahiers rationalistes, Nr. 445, Dez. 1989, S. 78.

Sechste Diskussionsrunde

Paul Viallaneix: Paul Valadiers Bild einer jansenistischen, aggressiven und unerbittlichen Republik, die der Institution Schule einen strategischen Platz einräumt, muß wohl nuanciert werden. Ich verweise hierzu auf die Schriften von Claude Nicolet[1] und Régis Debray,[2] der noch polemischer ist. Der Begriff Vernunft (*raison*) darf nicht mißverstanden werden. Mit der Verteidigung der Republik und ihrer staatlichen Schule spricht man sich nicht für eine Vernunft der Überzeugung aus, die für die Verschiedenheit der Kulturen und die unterschiedliche Herkunft der Menschen blind ist, sondern man fühlt sich einem Modell verbunden, das die kritische Erziehung und Übung des Geistes zum Inhalt hat. Die Herkunft und die Traditionen, die zufälligen kulturellen Bedingungen, denen jedes Individuum durch seine Geburt ausgesetzt ist, das alles hat zunächst nichts mit Werten zu tun. Die Schule hat die Aufgabe, aktive Staatsbürger heranzuziehen. Daher muß sie ein abgeschlossener Raum bleiben, der den Einflüssen der Gesellschaft entzogen ist. In diesem abgeschlossenen Raum muß, im Sinne cartesianischen Zweifels, jeder die Möglichkeit haben, sich vom Unreflektiert-Zufälligen des Gegebenen loszureißen. Diese Forderung hat zugegebenermaßen etwas Strenges, Jansenistisches. Das darf allerdings nicht heißen, daß man sie als Wert und als Bestreben herabwürdigt – im Gegenteil. Die Disziplin und die institutionellen Regeln, durch die sie ermöglicht wird, bleiben in meinen Augen das einzige demokratische, allen zugängliche Mittel, jedes Individuum zu seiner eigenen Bestimmung wiedergeboren werden zu lassen. Darin liegt eine Art republikanische Taufe für ein zweites Leben: das Leben als aktiver, zu kritischem Denken fähiger Bürger, dem die Wahrnehmung seiner Rechte und die Erfüllung seiner Pflichten zuzutrauen ist. Nachdem die Schüler im Rahmen der Schule die grundsätzliche Erfahrung gemacht haben, alle hergebrachten Meinungen in Frage zu stellen und kritisch zu überprüfen, können sie zu ihrem ursprünglichen Glauben zurückkehren. Sie werden ihm nun aber auf ganz andere Weise zugehören als zuvor. Sie glauben nicht mehr blind, sondern im Bewußtsein der Grenzen wie auch der Legitimität ihres Verhaltens und der Werte, aus denen es sich begründet. Die Schule und die Vernunft sind es, die jeden Menschen zu einer Persönlichkeit machen und ihn dem natürlichen Metabolismus der Glaubenswahrheiten und hergebrachten Meinungen entziehen.

Charles Coutel: Jean-Paul Delattres Vorstellung des Staatsbürgerkundelehrplans ist überaus interessant und anregend, was die damit verfolgte Absicht betrifft. Das Problem ist allerdings, daß all das seit 1991 in der Lehrerausbildung nicht angewandt wird. Meines Erachtens ist das ein schwerwiegendes politisches Versäumnis, daß die Erstellung und Koordinierung eines Staatsbürgerkundelehrplans für ganz Frankreich verhindert. Die Leitung des Erziehungsministeriums wäre gut beraten, sich mit der Leitungsebene der Hochschulen zusammenzusetzen.

Was den Begriff »Vernunft« angeht: Ich glaube, daß ein Satz aus dem Jahre 1791 uns wieder einmal weiterhelfen könnte: »In der staatlichen Schule geht es um den Beweis der Wahrheit, bevor man zur Wahrheitsliebe erzieht.« Man muß in der Tat wagen, alles zu überprüfen, zu diskutieren, zu lehren. Man muß auch definieren, was unter dem Elementarwissen zu verstehen ist, das den Einzelnen unabhängig macht von der Urteilskraft der anderen. Das Elementarwissen als definierbares, übertragbares Handwerkszeug, das sich jeder aneignen kann, eröffnet den Zugang zu komplexerem Wissen, das subtilere Denkvorgänge ermöglicht. Die Vorstellung von kritischer Vernunft geht mit der Vorstellung von der Einfachheit des Wissens einher. Das Verschwinden des Begriffes »Elementarwissen« aus der Diskussion und den Lehrplänen erscheint mir als Zeichen einer beunruhigenden Trennung zwischen Wissenschaftlern, Lehrern und Entscheidungsträgern. Gerade darin aber liegt m.E. die Wurzel für die derzeitige Krise der Schule. Diese Behauptung impliziert ganz offen eine rationalistische oder intellektualistische These, aber vor allem heißt das doch, daß jeder Lehrer natürlich selbst alles genau kennen muß, was er unterrichtet. Es gibt aber Gegenstände, über die man per definitionem nicht alles wissen kann und die aus eben diesem Grunde nicht Teil der legitimen Spanne des Elementarwissens sein können. Diese Gegenstände haben zweifellos ihre Berechtigung. Allerdings ist der Ort, wo sie gelehrt werden, nicht in erster Linie die Schule. Um ein einfaches Beispiel zu nennen: Ich kann die Liebe nicht lehren, weil ich niemals alles über die Liebe wissen kann. Ich kann sie nicht als Wissensgebiet umreißen, das tendenziell erschöpfend behandelt werden könnte. Aus demselben Grund kann man eine Zugehörigkeit, eine Zustimmung, eine Begeisterung usw. nicht für die Schule definieren. Genauso ist es mit dem Unterricht von Religionen.

Paul Valadier: Es versteht sich, daß ich nichts gegen die kritische Vernunft habe. Ich behaupte einfach nur, daß es für ihr Vorhandensein minimale Voraussetzungen gibt, deren Ursprung nicht eindeutig und auch nicht vorrangig vernünftig ist. In solchen Diskussionen sollte man sich weder über die Schule noch über die Kinder etwas vormachen. Lange hat die Schule ihre Aufgabe vollständig erfüllt, indem sie jedem erlaubte, seinen Glauben kritisch in Frage zu stellen. Gleichzeitig spielten die soziale und ideologische Herkunft eine ausschlaggebende Rolle für die Individuen. Heute ist die Situation völlig anders. Wir haben es mit völlig destrukturierten Jugendlichen ohne ideologische, religiöse, ja selbst gefühlsmäßige Bezugspunkte zu tun. Wenn man für das alte republikanische Modell des kritischen Geistes eintritt, stürzt man sie in einen Relativismus der Werte und bringt diese in eine Anomie mit verheerenden Folgen. Ich behaupte, daß sich die republikanische Schule von einst, die für die Veränderung einer vorwiegend ländlich und christlich geprägten Welt gedacht war, genau in diesem Punkt heute in ihr Gegenteil verkehrt. Indem sie die Schüler noch stärker desorientiert, als sie es ohnehin sind, wird diese Schule mit Sicherheit integristische Reaktionen in der Gesellschaft, Sekten- und Drogenerscheinungen usw. hervorrufen. Kritische Vernunft kann nur aus der Loslösung von Traditionen und vorhandenen Wurzeln entstehen. Wenn der Übung kritischer Vernunft nichts vorausgeht, kann sie nur zum Schwanken des Einzelnen zwischen verschiedenen Bezugspunkten führen, ohne daß sie ihn in die Lage versetzte, wählen oder sich einem Standpunkt anschließen zu können. Man sollte sich auch in der Philosophie nicht täuschen: Auch das ist reinster Kantscher Gehorsam.

JEAN-PAUL DELATTRE: Ich muß mich gegen das dramatische Bild wenden, das von der vollständigen Abwesenheit von Themen in der Lehrerbildung gezeichnet wird, die sich auf die Staatsbürgerkunde beziehen. Auch wenn Staatsbürgerkunde kein Einstellungskriterium für das französische Erziehungsministerium darstellt, gibt es im ersten Jahr der Lehrerbildung an den Universitätsinstituten für Lehrerbildung (IUFM) Ausbildungsanteile mit ausdrücklichem Bezug zu diesem Fach. Obwohl die IUFM natürlich über eine gewisse Freiheit in der Anwendung des Lehrplans verfügen, werden auf diesem Gebiet ganz klare Anforderungen an sie gestellt. Im übrigen geht es bei den Fortbildungspraktika, die in der Verantwortung der Inspektoren der einzelnen Schulbezirke liegen, in erheblichem Umfang um Fragen der Staatsbürgerkunde. Sie ist quasi ständig Thema von Informationen und Kolloquien. Aus meiner Sicht kann man also nicht von einem Defizit auf diesem Gebiet sprechen.

1 *L'Idée républicaine en France. Essai d'histoire critique 1789-1924*, Paris: Gallimard 1982; Ders., *La République en France: état des lieux*, Paris: Le Seuil 1992.

2 *Que vive la République*, Paris: Odile Jacob 1989.

Rudolf von Thadden

Kirchengeschichte als Kulturgeschichte

Es gehört zu den unglücklichen Polarisierungen unserer Zeit, daß religiöse Wirklichkeitsbereiche in unserem Bildungswesen entweder ausgeblendet oder konfessionalisiert werden. Obwohl längst offenkundig ist, daß die Prozesse der Modernisierung der Welt keineswegs nur die der Säkularisierung verstärken, und trotz mannigfacher Anzeichen dafür, daß dem Rückgang kirchlicher Bindungen keine Minderung der religiösen Bedürfnisse entspricht, findet in fast allen Schulsystemen Deutschlands Religionsunterricht nur konfessionsgebunden statt. Extra ecclesiam nulla religio.[1]

Dabei wächst sowohl im Bereich der Kirchen als auch in der säkularen Gesellschaft das Bewußtsein der vielfältigen Verflechtungen von Christentum und Kultur. So wird in einer viel beachteten Denkschrift der Evangelischen Kirche in Deutschland (EKD), die unter dem Titel »Gestalt und Kritik. Zum Verhältnis von Protestantismus und Kultur im neuen Jahrhundert« erschienen ist, die kulturprägende Wirkung des Christentums in Erinnerung gerufen. Ja, mehr noch, es wird darauf aufmerksam gemacht, daß die Kirchen trotz aller Säkularisierungserscheinungen »eine wichtige kulturelle Rolle« behalten. Es komme darauf an, »daß sie sich nicht in die Nische verkriechen, sondern in Auseinandersetzung mit der Kultur der jeweiligen Gegenwart eine spezifische kulturelle Gestalt annehmen.«[2]

Für das Bildungswesen wird daraus allerdings nicht die Folgerung gezogen, daß religiöse Wirklichkeitsbereiche kulturgeschichtlich zu behandeln seien, sondern es wird nur die »Pflege der kulturellen Gestalt des Glaubens« als Aufgabe betont. Darüber hinaus wird angeregt, »die Entwicklung der Kultur kritisch [zu] begleiten« und einen kirchlichen Beitrag »zur Verständigung über Kriterien für dieses [kulturelle] Urteilen« zu leisten. Von einer Relativierung oder kulturgeschichtlichen Umformung des konfessionellen Religionsunterrichts in der Schule ist nicht die Rede.[3]

Dies gibt angesichts der völlig anders laufenden Diskussion in Europa zu denken. In Italien ist z.B. angeregt worden, kirchliche Beiträge in Staat und Gesellschaft als kulturelle zu behandeln und entsprechend Kirchensteuern als Kultursteuern zu erheben. Und in Frankreich kommen auf dem Hintergrund der dort herrschenden laizistischen Tradition einer konsequenten Trennung von Staat und Kirche Ausprägungen des christlichen Glaubens ohnehin nur als Faktoren der Kultur und der »histoire religieuse« im Unterricht vor. Die kulturelle Dimension des Glaubens ist hier die allein »hoffähige«.[4]

In Deutschland werden Glaubensfragen dagegen stärker in Zusammenhang mit Fragen der Ethik und der Lebensgestaltung gesehen. Der Denkschrift der EKD zufolge ist »die Bildungsverantwortung der Kirche für den Religionsunterricht … als ein exemplarischer Beitrag zur Schulentwicklung im Sinn des Konzepts der öffentlichen Schule in der pluralistischen Gesellschaft zu verstehen«; dieser Unterricht soll deswegen »gemäß den Grundsätzen der Religionsgemeinschaften« erteilt werden. Nur für »Schülerinnen und Schüler, die keines der an einer Schule vorgesehenen Angebote an Religionsunterricht wahrnehmen, kann und sollte der Staat ein in seiner Verantwortung erteiltes gleichberechtigtes Fach im Bereich der Wertorientierung (»Ethik« oder »Praktische Philosophie« mit religionskundlichen Elementen) einrichten.[5]

Was hier völlig herausfällt, ist der Bereich der Kirchengeschichte als Kulturgeschichte. Obwohl die Denkschrift ausdrücklich betont, daß »ohne Bildung« »Fanatismus und Fundamentalismus« drohen,[6] spricht sie nur von Religionsunterricht in kirchlicher Verantwortung und übersteigt deswegen nicht die gespaltene Diskussionsebene: konfessionelle Glaubenslehre oder konfessionslose LER (Lebensgestaltung, Ethik, Religionskunde). Eine für alle Schülerinnen und Schüler angebotene konfessionsneutrale Kulturgeschichte der Religionsgemeinschaften kennt sie nicht.

Dies mag mit einer im protestantischen Deutschland aufgekommenen Verengung der Kirchengeschichte zu einer bloßen Frömmigkeits- und Theologiegeschichte zusammenhängen. Ihr zufolge genossen und genießen die weltlichen Bindungen der Kirchen eine geringere Aufmerksamkeit als die geistlichen Inhalte; Probleme der Gestalt des Glaubens erschienen und erscheinen als weniger wichtig als die seiner theologischen Lehre.[7]

Auch in den katholisch geprägten Teilen Deutschlands stößt ein kulturgeschichtlich bestimmter Religionsunterricht auf Widerstände. Hier ist es weniger eine Geringschätzung der »»äußerlichen« Gestalt- und Wirkungsprobleme der Kirche als vielmehr eine Angst vor den Aufweichungen ihrer dogmatischen Grundlagen, die zur Ablehnung einer überkonfessionellen Kulturgeschichte der Religionsgemeinschaften führt. Kultur erscheint als mindere Wirklichkeit der Religion.[8]

In beiden großen Konfessionskirchen wird dabei nicht genügend bedacht, daß ein hoher Preis für die konfessionell fixierte Behandlung religionskundlicher Unterrichtsgegenstände bezahlt wird: die Ausblendung des allgemeinen kulturellen Erbes einer reichen Christentumsgeschichte nicht zuletzt auch im Blick auf die säkularisierte Welt. Wenn Themen des Glaubens und der Glaubensgeschichte nur konfessionell vermittelt werden, dann erreichen sie diejenigen nicht, die außerhalb einer Glaubensgemeinschaft stehen, aber doch in deren kulturellem Umfeld und Wirkungsbereich leben. Die große Zahl der kirchlich nicht gebundenen Menschen erfährt nichts mehr über die christlichen Grundlagen unserer europäischen Welt.[9]

Dabei gehen die großen Stationen und Weichenstellungen der Religionsgeschichte alle Bürger unseres Landes etwas an. Ob man evangelischer oder katholischer Christ ist, ob man sich als Jude oder Muslim bekennt oder gar keiner Religionsgemeinschaft angehört, man muß in Europa wissen, seit wann eine Kirche im Dorf steht und welche kulturelle Bedeutung dies für die dort lebenden Menschen gehabt hat und hat. Ein Bürger eines europäischen Landes muß Kenntnis davon haben, wie sich das Verhältnis von geistlichen und weltlichen Autoritäten im Laufe der Geschichte in Europa entwickelt hat und wo die Grenzen zwischen den Wirklichkeitsbereichen von Glauben und Vernunft verlaufen. Der biblische Satz: »Gebt dem Kaiser, was des Kaisers ist, und Gott, was Gottes ist« bildet ein Kernstück europäischer Kulturgeschichte.[10]

Auch die konfessionellen Ausdifferenzierungen des Christentums verdienen eine kulturgeschichtliche Betrachtung. So ist es für jeden Bürger wichtig zu wissen, warum etwa Kruzifixe in katholisch geprägten Bundesländern wie Bayern eine öffentliche Bedeutung haben, in den protestantischen Regionen des Nordens und Ostens hingegen nicht. Nicht minder beachtenswert sind die Folgen der Reformation und der Gegenreformation für das Bildungswesen in Deutschland und anderen Ländern Europas. Wer die Bedeutung der Bibelübersetzungen im 16. Jahrhundert nicht kennt, wird kaum ermessen können, wie die Lesekultur ihren Platz in den städtischen Gesellschaften und darüber hinaus gewonnen hat. Die Hochschätzung der »Schrift« als Maßstab des rechten Glaubens ist ein zentraler Gegenstand moderner Kulturgeschichte.[11]

Zu den allgemeinbildungsrelevanten Themen gehören auch innerprotestantische Differenzierungen wie die zwischen Luthertum und Calvinismus. Hier stehen dann aber nicht die theologischen Unterschiede zwischen Luther und Calvin zur Debatte, sondern die verschiedenen kulturellen Ausprägungen des Protestantismus in der eher provinziellen, kleinstaatlichen Lebenswelt Deutschlands einerseits und der weltoffenen, urbanen Gesellschaft Westeuropas andererseits. Die beiden protestantischen Bekenntnisse gewinnen so auch unter mentalitätsgeschichtlichen Gesichtspunkten an Interesse.[12]

Im 19. Jahrhundert haben nicht zuletzt die Säkularisierungsprozesse in den verschiedenen europäischen Ländern kulturgeschichtliche Bedeutung. Sie verdienen in vergleichender Perspektive Beachtung: in protestantischen und katholischen Milieus, in städtischen und ländlichen Lebenswelten, aber auch in verschieden gewachsenen europäischen

Kulturen in Deutschland, Frankreich, England, Italien, usw. Phänomene wie der französische Laizismus oder der deutsche Kulturprotestantismus gehören in den Unterrichtsplan von Schulen.[13]

Schließlich bietet das 20. Jahrhundert reichlich Stoff an kulturgeschichtlich relevanten Themen der Religionsgeschichte. So ist der Nationalsozialismus nicht nur unter dem Gesichtspunkt des Verhältnisses von Staat und Kirche von Interesse, er bedarf der Diskussion auch im Blick auf seine eigenen religiösen und pseudoreligiösen Komponenten. Hier ergeben sich auch produktive Vergleichsmöglichkeiten mit dem Kommunismus, der ja – kulturgeschichtlich betrachtet – aus einer laizistischen Wurzel erwachsen ist und folglich zu anderen Verhaltensweisen gegenüber den Kirchen neigte und neigt.[14]

In der Gegenwart verdienen die verschiedenen außerchristlichen Religionen und Kulturen Aufmerksamkeit, allen voran der Islam, der zunehmend in der europäischen Welt präsent ist. Hier geht es nicht nur um ein Minimum an Informationen über die entsprechenden Lehrmeinungen, sondern auch und vor allem um kulturgeschichtliche Kenntnisse, ohne die ein Verstehen von Verhaltensweisen nicht möglich ist. Die ganze Diskussion über die Grenzen und Möglichkeiten einer multikulturellen Gesellschaft gewinnt so an Farbe.[15]

In der Summe wird man sagen können, daß eine so verstandene Kulturgeschichte ein wichtiger Beitrag zu dem auch in der Denkschrift hervorgehobenen Orientierungswissen ist, das man braucht, um sich in der komplizierter werdenden Welt von heute zurechtzufinden. Sie hilft, sowohl die Beweggründe als auch die Ausdrucksformen des menschlichen Handelns besser zu verstehen; und sie vermittelt Erklärungsansätze, welche die Kommunikation unter Menschen verschiedener Prägung erleichtern, wenn nicht erst ermöglichen.[16]

Es ist überflüssig zu betonen, daß ein kulturgeschichtlich verankertes Orientierungswissen auch für den Aufbau der europäischen Völkergemeinschaft wichtig ist. Wer die Lebensformen und Lebenswelten der Menschen kennt, bringt bessere Voraussetzungen für ein Verständnis des Stellenwerts der Normen mit, die sie in ihrem Denken und Handeln bestimmen. Er sieht den Boden, auf dem Wertvorstellungen und -ordnungen wachsen, und kann sie deswegen in ihren geschichtlichen Bedingtheiten erfassen und tolerieren. Deutungsmuster mit Absolutheitsanspruch verlieren ihre Suggestivkraft.

Die Diskussion über das Verhältnis von Glaube und Kultur wird also erweitert werden müssen. Auch wenn es im Sinne der Denkschrift unbestritten ist, daß sich der Kulturbeitrag der Kirchen »nicht in der christlichen Prägung, die aus der Vergangenheit in unsere Gegenwart hineinragt, … erschöpft«, gibt es keinen Grund, der kulturellen Gestalt des

Glaubens nicht verstärkt Aufmerksamkeit zu schenken und den Religionsunterricht in der Schule nur als konfessionelle Glaubenslehre durchzuführen. Eine kulturgeschichtlich verstandene Kirchen- und Religionsgeschichte für alle Schülerinnen und Schüler ohne Rücksicht auf ihre religiösen Bindungen ist dringend nötig.

1 Dazu Detlef Pollack, Enttäuschungssichere Selbsttäuschung der Moderne. Individualisierung statt Säkularisierung? – ein religionssoziologischer Einspruch, in: Frankfurter Rundschau, 10.06.1997, S. 18.

2 Gestaltung und Kritik. Zum Verhältnis von Protestantismus und Kultur im neuen Jahrhundert, Hannover 1999 (EKD-Texte, Nr. 64), S. 5.

3 Ebd., S. 60ff; 64f.

4 In diesem Sinne: Histoire de la France religieuse. Hg. Jacques LeGoff, 4 Bde., Paris: Ed. du Seuil 1988ff.

5 Gestaltung und Kritik, S. 44ff.

6 Ebd., S. 43.

7 Vgl. Rudolf von Thadden, Kirchengeschichte als Gesellschaftsgeschichte, in: Ders., Weltliche Kirchengeschichte. Ausgewählte Aufsätze, Göttingen 1989, S. 11ff.

8 Dazu Hans Maier, Zum Religionsunterricht, in: Ders., Religion und moderne Gesellschaft, Freiburg i.Br. 1985, S. 90ff.

9 Zur Debatte über das neuzeitliche Säkularisierungsproblem s. Hartmut Lehmann (Hg.), Säkularisierung, Dechristianisierung, Rechristianisierung im neuzeitlichen Europa: Bilanz und Perspektiven der Forschung, Göttingen 1997.

10 Diese Frage erörtert Wolfgang Huber am Beispiel eines christlichen Feiertages: Umkehr wohin? Eine Rede zum Buß- und Bettag 1990, in: Wieviel Religion braucht der deutsche Staat? Politisches Christentum zwischen Reaktion und Revolution. Hg. Walter Sparn, Gütersloh 1992, S. 151ff.

11 Vgl. dazu Hans Erich Bödeker u.a. (Hg.), Der Umgang mit dem religiösen Buch. Studien zur Geschichte des religiösen Buches in Deutschland und Frankreich in der frühen Neuzeit, Göttingen 1991.

12 Vgl. dazu Ernst Troeltsch, Die Soziallehren der christlichen Kirchen und Gruppen. Gesammelte Schriften, Bd. 1, Tübingen, 3. Aufl. 1943, S. 512ff; 605ff.

13 Etwa Gangolf Hübinger, Kulturprotestantismus und Politik. Zum Verhältnis von Liberalismus und Protestantismus im wilhelminischen Deutschland, Tübingen 1944.

14 Vgl. Günther Heydemann/Lothar Kettenacker (Hg.), Kirchen in der Diktatur. Drittes Reich und SED-Staat, Göttingen 1993.

15 Dazu Diana Pinto, Sur l'immigration. Modèle américain, modèle français, in: Le Débat, H. 39, 1986, S. 184ff.

16 Gestaltung und Kritik, S. 45f.

Autorinnen und Autoren

Jean Baubérot École Pratique des Hautes Études, Paris

Marianne Birthler ehemalige Kultusministerin von Brandenburg, Potsdam

Jean Boussinesq Ligue de l'enseignement, Paris

Françoise Champion »Groupe de Sociologie des Religions et de la Laïcité« am Centre National de la Recherche Scientifique, Paris

Charles Coutel Universität im Artois, Douai

Jean-Paul Delattre Ministère de l'Education Nationale, Paris

Gerd Harms ehem. Staatssekretär im Ministerium für Bildung, Jugend und Sport von Brandenburg, Potsdam
z.Zt. Kultusminister des Landes Sachsen-Anhalt, Magdeburg

Christoph Hartmann Pädagogisches Theologisches Institut, Drübeck

Wolfgang Huber Landesbischof von Berlin-Brandenburg, Berlin

Christian Krause Landesbischof von Braunschweig, Braunschweig

Henri Madelin Chefredakteur der jesuitischen Zeitschrift »Études«, Paris

Ernst Gottfried Mahrenholz Bundesverfassungsrichter a. D., Karlsruhe

Jean-Paul Martin »Groupe de Sociologie des Religions et de la Laïcité« am Centre National de la Recherche Scientifique, Paris

Patrick Michel Centre National de la Recherche Scientifique, Paris

Brigitte Sauzay Direktorin des BBI / Bundeskanzleramt, Bonn

Richard Schröder Humboldt-Universität, Berlin

Faruk Sen Direktor des Zentrums für Türkeistudien, Essen

Rudolf von Thadden Direktor des BBI / Universität Göttingen

Paul Valadier Sèvres Zentrum, Paris

Paul Viallaneix Universität Blaise Pascal, Clermont-Ferrand

Udo Winkler Kultusministerium, Dresden